国际传播研究丛书

# 讲好新时代北京故事
## "大外宣"战略下首都国际传播能力研究

范 敏 著

中国传媒大学出版社
·北京·

#### 图书在版编目（CIP）数据

讲好新时代北京故事："大外宣"战略下首都国际传播能力研究 / 范敏著. -- 北京：中国传媒大学出版社，2025.5. --（国际传播研究丛书）.

ISBN 978-7-5657-3934-7

Ⅰ.F299.21；G206

中国国家版本馆CIP数据核字第2025Y35Q18号

## 讲好新时代北京故事："大外宣"战略下首都国际传播能力研究
JIANGHAO XINSHIDAI BEIJING GUSHI DAWAIXUAN ZHANLUEXIA SHOUDU GUOJI CHUANBO NENGLI YANJIU

| | |
|---|---|
| 著　　者 | 范　敏 |
| 责任编辑 | 于水莲 |
| 特约编辑 | 张斯琪 |
| 责任印制 | 李志鹏 |
| 封面设计 | 风得信设计·阿东 |

| | | | | |
|---|---|---|---|---|
| 出版发行 | 中国传媒大学出版社 | | | |
| 社　　址 | 北京市朝阳区定福庄东街1号 | 邮　　编 | 100024 |
| 电　　话 | 86-10-65450528　65450532 | 传　　真 | 65779405 |
| 网　　址 | http://cucp.cuc.edu.cn | | |
| 经　　销 | 全国新华书店 | | |
| 印　　刷 | 唐山玺诚印务有限公司 | | |
| 开　　本 | 710mm×1000mm　1/16 | | |
| 印　　张 | 17.5 | | |
| 字　　数 | 269千字 | | |
| 版　　次 | 2025年5月第1版 | | |
| 印　　次 | 2025年5月第1次印刷 | | |
| 书　　号 | ISBN 978-7-5657-3934-7 | 定　价 | 88.00元 |

本社法律顾问：北京嘉润律师事务所　郭建平

# 目 录

绪 论 ……………………………………………………………………… 1

## 第一章 "大外宣":地方国际传播新赛道 …………………………… 13

### 一、中国国际传播新形势:内外宣界限日益模糊 ………………… 17
（一）内外宣关系的历史梳理 ………………………………… 17
（二）内外宣界限日益模糊的表现 …………………………… 24
（三）内外宣界限日益模糊的成因 …………………………… 27
（四）内外宣界限日益模糊的影响 …………………………… 29

### 二、布局"大外宣":为地方开辟国际传播新赛道 ……………… 30
（一）"大外宣"战略的提出与内涵 ………………………… 31
（二）布局"大外宣":为地方开辟国际传播新赛道 ……… 35

## 第二章 "大外宣":讲好新时代北京故事的机遇与挑战 ………… 41

### 一、"大外宣"战略给讲好新时代北京故事带来的机遇 ………… 44
（一）构建更清晰的"北京"国际形象的机遇 ……………… 45
（二）凸显更"现代"的北京国际城市品牌的机遇 ………… 47
（三）更好开发、利用首都传播资源的机遇 ………………… 51

二、"大外宣"战略给讲好新时代北京故事带来的挑战 ……………… 58
　　（一）创新国际传播议题设置的挑战 ………………………………… 59
　　（二）构建北京特色对外话语和叙事体系的挑战 …………………… 64
　　（三）建设国际传播平台、渠道的挑战 ……………………………… 71

## 第三章　首都国际传播议题设置能力建设 ……………………………… 77

一、中国国际传播总的议题设置导向 …………………………………… 81
　　（一）核心议题的选择 ………………………………………………… 83
　　（二）核心议题的提炼 ………………………………………………… 86
二、首都国际传播的议题设置导向 ……………………………………… 90
　　（一）基于北京的城市定位、发展目标与形象设计 ………………… 91
　　（二）立足北京的传播需求 …………………………………………… 93
三、首都国际传播的议题设置策略 ……………………………………… 96
　　（一）全国政治中心类议题设置策略 ………………………………… 97
　　（二）全国文化中心类议题设置策略 ………………………………… 101
　　（三）国际交往中心类议题设置策略 ………………………………… 105
　　（四）国际科技创新中心类议题设置策略 …………………………… 109
　　（五）国际一流的和谐宜居之都类议题设置策略 …………………… 114

## 第四章　首都国际传播话语和叙事能力建设 …………………………… 119

一、话语和叙事能力：国际传播必备能力 ……………………………… 122
　　（一）话语和叙事、话语体系和叙事体系 …………………………… 123
　　（二）话语和叙事能力：国际传播必备能力 ………………………… 125
二、提炼北京标识性概念，提升首都国际传播话语能力 ……………… 130
　　（一）立足政务新名词：提炼"北京想讲的" ……………………… 131
　　（二）开发政务新名词：提炼"国外受众想听的" ………………… 136

三、讲好北京故事，提升首都国际传播叙事能力 ……………… 144
　　（一）创新深层叙事结构的两大路径 ……………………… 144
　　（二）创新北京故事的深层叙事结构 ……………………… 153
　　（三）创新北京故事的叙事手段 …………………………… 157

**第五章　首都国际传播媒体融合能力建设** ………………………… 173
　一、技术融合策略 ……………………………………………… 177
　　（一）立足内容生产加速创新技术落地应用 …………… 180
　　（二）立足全媒体传播体系开发技术融合新场景 ……… 184
　二、平台渠道融合策略 ………………………………………… 187
　　（一）加强各级各类媒体的融合 ………………………… 188
　　（二）加强大众、小众、分众传播的融合 ……………… 193
　　（三）加强多种外宣方式的融合 ………………………… 196
　三、产品形态融合策略 ………………………………………… 199
　　（一）适配差异化内容传播定位 ………………………… 200
　　（二）契合不同平台、渠道特点 ………………………… 204

**附　录** ……………………………………………………………………… 209

**北京日报报业集团二十年"走出去"调研报告**
　——以《欧洲时报》"北京新闻"专版为例 ……………………… 211

**北京市政府脸书账号 Discover Beijing 国际传播调研报告**
　——基于影像故事符号表征与意义建构的视角 ………………… 231

**参考文献** ………………………………………………………………… 261

# 绪 论

党的十八大以来，中国特色社会主义进入新时代，我国社会主要矛盾已经转化为人民日益增长的美好生活需要和不平衡不充分的发展之间的矛盾，中华民族迎来了从站起来、富起来到强起来的伟大飞跃。2020年全面建成小康社会、完成脱贫攻坚任务、实现第一个百年奋斗目标后，中国开始了全面建设社会主义现代化国家、向第二个百年奋斗目标进军的征程。① 为此，以习近平同志为核心的党中央作出了把握新发展阶段、贯彻新发展理念、构建新发展格局的重大战略决策。可见，在新时代，中国发展正处于从世界大国走向世界强国的关键期，中国发展理念、发展道路、发展模式的影响力和吸引力显著增强，中国扮演着世界和平建设者、全球发展贡献者、国际秩序维护者的重要角色，前所未有地走近世界舞台中央。② 新时代的中国故事因此受到国际社会的更多关注，中国故事也更加显著地成为世界故事。在这一背景下，传统内外宣界限日益模糊，对内对外一体、中央地方互补的"大外宣"理念逐渐成为一种共识，并上升至战略传播层级。

当下，**党的二十大为国际传播赋予了新的历史使命，习近平总书记提出要讲好新时代中国各方面发展故事，尤其是"中国式现代化""建设中华民族现代文明"的故事**，这推动对外讲好中国故事发展到新阶段。身为首都，新时代北京故事是新时代中国故事的重要且首要部分，但在西方媒体主导的"他塑"下，国际社会对北京的认知不均衡、不完整，不乏严重偏差。"大外宣"战略下，除了职业新闻机构，政府、企事业单位、社会组织与个人都是重塑北京新形象的主体，都有责任对外讲好新时代首都北京故事，将之作为新时代中国故

---

① 习近平：新发展阶段贯彻新发展理念必然要求构建新发展格局［EB/OL］.（2022-08-31）［2023-01-01］. https://www.gov.cn/xinwen/2022-08/31/content_5707604.htm.
② 深刻把握新发展阶段、新发展理念、新发展格局的内在逻辑［EB/OL］.（2022-12-09）［2023-02-09］. http://pinglun.youth.cn/ll/202212/t20221209_14186109.htm.

事的北京部分、中国式现代化的北京实践、中华民族现代文明的北京篇章。**新媒体时代，上述传播主体借助形态多样的"委办局"**①**媒体、企事业组织媒体、社交媒体、个人自媒体，与职业新闻媒体一起，扩展了"媒体"的内涵与外延，并表现出各有所长，且统筹协调得当可相互借力的巨大潜力，成为首都国际传播的生力军。**我们迫切需要将这些生力军及其丰富的媒介手段有机整合起来，强化其"以外宣意识做内宣"的自觉性，使之以一股合力推动首都国际传播能力的提升。但实际情况是，对于这一点的必要性、可能性与具体策略，无论是外宣主管部门还是包括职业新闻机构在内的各传播主体都认识不足，导致首都丰富的媒体资源尚未得到充分挖掘，各传播主体也尚未在国际传播能力建设方面做好抓住机遇、迎接挑战的充分准备。

为此，**本书基于国家战略传播规划和北京外宣实际，从首都媒体资源整合的目的出发，以媒体为切入口，以新时代北京故事五大核心议题及子议题为主轴，从议题设置、话语和叙事、媒体融合三方面的能力建设入手，探讨对各级各类北京地方媒体作整体部署，从而提升首都国际传播能力的策略路径。**

国际传播研究如果涉及策略、路径，一般都会围绕不同传播主体做分类论述，而本书选择以"媒体"为切入口，并非忽略传播主体，只是应当前传媒生态的变化，**将媒体作为传播主体多样化媒介手段的集中体现与研究切口**。之所以如此设计，首先是因为今天"媒体"一词的内涵与外延都发生了巨大的改变。传统媒体时代，"媒体"是职业新闻机构的代称，是与政府、企事业单位、社会组织、个人等并列的传播主体，但新媒体时代，"媒体"的内涵与外延被大大扩展，既仍然是可单列的传播主体，同时也成为其他传播主体自主开展传播活动的介质、手段。这样一来，通过对不同级别、类型、性质的媒体进行考察，就可以管窥不同传播主体的理念与行为。其次，尽管不同的传播主体有各自不同的传播角色与定位，其传播策略在微观操作层面上亦有千差万别的

---

① "委办局"是政府机构的简称。"委"通常指政府中的委员会，如发展和改革委员会、教育委员会等；"办"通常指政府中的办公室或办公厅；"局"则是指政府中负责某一具体领域的行政管理部门，如公安局、卫生局、教育局等。

内容侧重、话语风格、叙事特点和形式偏好，但它们都要遵循媒体运作的基本规律，也都有提升传播能力的需求，比如都需要在议题设置、话语和叙事、媒体融合等诸多方面探索创新路径。而**在"大外宣"战略及"大外宣"格局构建中，各传播主体不能再是各自为政、分散作战的孤立个体，相反应当被有机地整合起来，相互策应、互为借力，在国际舆论场上形成一个有关中国故事、北京故事同声相应、同气相求的良好局面**。笔者曾多次为政府部门，以及民企、国企做新闻业务培训，深感它们都有强烈的提升传播能力与水平的需求，这说明如果对这些需求引导得当，**如对其在议题设置、话语和叙事、媒体融合等方面的媒体实践作整体部署，就有望推动这些媒体资源向符合国家及地区战略传播规划的方向聚拢**。如此，对于首都国际传播来说，很值得探讨的就是，如何将身份多元、形态丰富的各级各类北京地方媒体有机地纳入"大外宣"的统筹视野中，充分开发并整合其传播潜力，推动它们在议题设置、话语和叙事、媒体融合方面形成合力。可见，就本书意欲整合首都媒体资源，借由对各传播主体的媒体实践作整体部署，从而提升首都国际传播能力这一研究目的来说，以媒体为切入口的思路有其合理性、实操性，也有一定的开创性。

应当指出的是，整合媒体资源、对各级各类媒体作整体部署的手段是多样的，如行政的、经济的、社会的手段等。但从本书侧重的传播实务的角度看，就首都国际传播而言，关键在于：一方面，应在思想认识上准确把握北京外宣首先是首都外宣的本质特征，以及北京外宣的机遇与挑战，加快推动各传播主体改变"内外宣有别"的认识误区，树立起"大外宣"观念，培养"以外宣意识做内宣"的自觉性，主动对外讲好新时代北京故事；另一方面，应在具体操作上对标国家与北京的外宣需求，从中微观层面为各级各类北京地方媒体具体规划议题设置、话语和叙事、媒体融合方面的目标、侧重、思路，并引导各媒体向此聚焦。

本书主体部分共五章，具体内容如下：

**第一章**题为"'大外宣'：地方国际传播新赛道"。第一章首先简要回顾内外宣关系的变化过程，指出传统内外宣界限日益模糊是当前中国国际传播面临的新形势；其次，借政策文献梳理"大外宣"战略的提出与内涵，指出新形势对国际传播提出的新要求是在战略传播的高度构建对内对外一体、中央地方互补的"大外宣"格局；最后，结合地方国际传播日益多元的传播主体，指出新媒体时代，可以以"媒体"为切入口，对身份多元、形态丰富的各级各类地方媒体作整体部署，提升其"以外宣意识做内宣"的自觉性，跑好"大外宣"格局为其开辟的国际传播新赛道。

第二章题为"'大外宣'：讲好新时代北京故事的机遇与挑战"。身为首都，北京更有条件统筹协调本地丰富的媒体资源，依托形态多样的各级各类地方媒体，对外讲好新时代北京故事，并成为讲好新时代中国故事的"全国标杆"。但是，由于对打通内外宣之间壁垒的认识与策略不足，也缺乏整体的部署，这些资源尚未被充分开发利用，因此第二章通过剖析"大外宣"带来的机遇与挑战，探究作为基层地方媒体的北京各传播主体的传播优势与相互配合的空间、潜力，深入论证亟须将首都各级各类媒体有机整合起来，协同跑好国际传播新赛道的必要性与可能性。首先，剖析机遇，一是针对国际社会对京认知有"都"无"城"、过度政治化的偏差，构建更清晰的"北京"国际形象的机遇；二是针对国际社会对京认知传统有余而现代不足的偏差，凸显更"现代"的北京城市品牌的机遇；三是借首都之利，更好地开发、利用首都传播资源的机遇。其次，剖析挑战，包括创新国际传播议题设置、构建北京特色对外话语和叙事体系、建设国际传播平台渠道的挑战。

第三章题为"首都国际传播议题设置能力建设"。针对上述第一个挑战，须加强议题设置能力以提升"讲什么"的能力。身居首都，不管何种身份与形态的媒体，议题设置都要有以首都站位，透过北京看到中国的格局和担当。因此，第三章首先根据习近平总书记指出的中国国际传播核心议题，从中国故事、中国声音、中国特色三个方面，分类概述中国国际传播总的议题设置导向；其次，基于北京"四个中心"的城市定位、"国际一流的和谐宜居之都"的发展目标、"最新、最美、最好北京"的形象设计，立足北京外宣兼具首都外宣、国家外宣的双重职能与扭转被动"他塑"的需求，概述首都国际传播的议题设置导向；最后，在这两个导向的引领下，系统梳理新时代北京故事中的政治中心、文化中心、国际交往中心、国际科技创新中心、国际一流的和谐宜居之都五大核心议题、子议题与典型案例，并逐一提出议题设置策略。

第四章题为"首都国际传播话语和叙事能力建设"。针对上述第二个挑战，须加强话语和叙事创新以提高"怎么讲"的能力。党的二十大报告指出，要加快构建中国话语和中国叙事体系。加强和改进国际传播工作，要用中国理论阐释中国实践，用中国实践升华中国理论。为此，第四章首先指出话语和叙事能力是国际传播必备能力，前者的核心要求一是要打造融通中外的新概念、新范畴、新表述，二是要提炼标识性概念；后者的核心要求一是要创新中国故事的深层叙事结构，二是要创新叙事手段。基于以上核心要求，接下来论证应以提炼北京标识性概念提升首都国际传播的话语能力，具体来说，就是以反映北京城市治理最新理念与实践成果的政务新名词为抓手，通过探究其所指、能指特征，挖掘其蕴含的融通中外的元素，使其成为北京的标识性概念。最后再论证应以讲好北京故事提升首都国际传播的叙事能力，具体来说，先针对西方中心主义范式下二元对立的叙事结构，从文体、文本层面，为上述五大议题的深层叙事结构逐一提出创新策略；接着，从视角、修辞、语体、语用层面，为叙事视角、情节、话语指出创新路径。

第五章题为"首都国际传播媒体融合能力建设"。针对上述第三个挑战，须加强媒体融合以提高"怎么传"的能力。为此，第五章结合五大议题的典型案例与北京新闻奖获奖作品，分别从三个方面提出策略：第一是技术融合策略，包括立足内容生产加速创新技术落地应用、立足全媒体传播体系开发技术融合新场景；第二是平台渠道融合策略，包括加强各级各类媒体的融合，加强大众、小众、分众传播的融合，加强多种外宣方式的融合；第三是产品形态融合策略，包括适配差异化内容传播定位、契合不同平台渠道特点。

除主体部分，本书的附录部分收录了两份针对首都国际传播代表性案例的调研报告，它们分别是对《北京日报》与《欧洲时报》合作创办的"北京新闻"专版,以及对北京市政府脸书(Facebook)官方账号 Discover Beijing 的调研报告。这两份调研报告均由笔者带领研究生完成。

本书认为,通过文献研究可知,北京虽已是世界最知名的城市之一,但在西方媒体主导的"他塑"下,其国际形象长期存在有"都"无"城"、过度政治化,以及传统有余现代不足的认知偏差。因此,基于北京的首都定位,以新时代中国故事的北京部分、中国式现代化的北京实践、中华民族现代文明的北京篇章来对外讲好新时代北京故事,对于增强中华文明传播力影响力意义重大,唯有如此才能从根本上重塑北京的国际形象。"大外宣"战略下,北京要统筹协调好丰富的地方媒体资源,从议题设置、话语和叙事、媒体融合三方面的能力建设入手,对各级各类北京地方媒体作出整体部署,从而提升首都国际传播能力。

具体来说,本书提出如下观点:

第一,"大外宣"战略下,要做好首都国际传播,需要对本地各级各类媒体的传播内容、表达方式、传播手段等都有一个战略性的整体规划,增强其"以外宣意识做内宣"的自觉性,主动对外讲好新时代北京故事,助力提升首都国际传播能力。

所谓"以外宣意识做内宣",在内外宣界限日益模糊的新形势下,是指主动考量国内议题的外宣潜力、国际影响,以最适切的议题设置、话语和叙事方式、传播手段,充分释放其中可能的国际传播价值与国际传播效能,兼顾国内、国际传播的需求。

第二,首都国际传播的议题设置要有一个总的导向,即立足北京城市治理的世界意义、国际经验,完整呈现新时代北京风貌。

这个总的导向要以新时代北京故事的五大核心议题及子议题为主轴。具体而言,全国政治中心故事类议题下有城市规划、城市法治、城市治理、城市安全的子议题,设置关键是跳出西方媒体偏好以国家政治符号指代北京的话语框架,以北京进入新发展阶段后的城市转型和良好政务环境营造为纲,统领各子议题,打造中国解决国际难题——"大城市病"的"北京样板"。全国文化中心故事类议题下有古都文化、红色文化、京味文化、创新文化的子议题，设置关键是继续强化北京作为世界文脉标志的国际印象，并突出表现其不断革新文化生产关系以适应文化生产力发展的前沿探索。国际交往中心故事类议题下有服务国家总体外交、服务首都高质量发展的子议题，设置关键是凸显中国的开放是世界的机遇。国际科技创新中心故事类议题下有科学中心建设、创新高地建设、创新生态营造的子议题，设置关键是以"科技为人""科技向善"，突出应对全球挑战的"北京智慧"；同时，鉴于科学技术较少政治色彩与意识形态分歧，该类议题的设置可作为助力北京外宣、中国外宣冲破西方媒体政治化、意识形态化操弄中国议题的突破口。国际一流的和谐宜居之都故事类议题下有生态环境改善、公共服务提升、智慧城市建设的子议题，设置关键是凸显"以人为本""以人民为中心"是兼具中华优秀传统文化与现代民主精神的理念，也是最大公约数性质的人类共同价值、现代先进文明。

**第三，增强各级各类媒体话语创新的主动性，引导其结合自身实际，以政务新名词为抓手提炼融通中外的标识性北京概念，协同构建北京特色话语体系。**

进入新时代以来，北京加快转型步伐，逐步形成了中国城市及世界首都发展的独具特色的"北京方案""北京经验"，从话语层面看，就是涌现出一系列政务新名词。这意味着不断有新的政务事项诞生，同时也意味着不断有表征这些政务事项的新概念、新范畴、新表述被打造出来。北京政务新名词作为一张透视城市治理理念与成果的话语名片，为首都国际传播带来源源不断的新议题，并不断更新其话语体系。首都各级各类媒体可以此为抓手，结合自身实际集思广益，通过探究这些政务新名词的所指、能指特征，提炼其蕴含的既是"我们想讲的"，又是"国外受众想听的"，符合国际惯例和国别特征的符号、修辞元素，使其成为北京标识性概念。

**第四，增强各级各类媒体叙事创新的主动性，引导其结合自身实际，从文体、文本层面创新深层叙事结构，从视角、修辞、语体、语用层面创新叙事手段，协同构建北京特色叙事体系。**

叙事结构尤其是构筑文本底层逻辑的深层叙事结构,是叙事体系的核心。创新北京深层叙事结构,一可以从文体入手,如从"京派"叙事文化中汲取养分,同时抓住"四全媒体"的建设契机,构建富有首都特色的新媒体时代的"新闻图式"。新的"新闻图式"在作为内容载体的同时,本身亦是对北京故事背后之"道"的述说,是北京特色叙事体系的文体外化。二可以从文本入手,展现对西方中心主义思维范式下二元对立叙事的超越:如全国政治中心议题以"转型—治理"叙事超越西方"都—城"对立的结构;全国文化中心议题以"文化生产力—生产关系"叙事超越西方"传统—现代"的割裂结构;国际交往中心议题以"开放—机遇"叙事超越西方的"中国挑衅—规则捍卫"结构;国际科技创新中心议题以"创新—变革"叙事超越西方的"中国偷窃—世界受害"结构;国际一流的和谐宜居之都议题以"人本—发展"叙事超越西方的"官员政绩—人权受损"或"中国发展—世界遭灾"结构。

创新北京叙事手段,须在视角层面加强自述、他述的融合,但要注意避免仅把"外嘴"当作"装饰""点缀"的形式主义;在修辞层面加强讲述、陈情、说理的融合,既旨在改变只有北京的"事"却没有北京"故事"的现象,更旨在增强北京故事的说服力,使其更加深入人心;在语体、语用层面加强政策话语、学术话语、大众话语的融合,丰富北京叙事的表现形态,提高传播效能。

**第五,在国际传播中加快推进媒体深度融合,为缩小与西方主流媒体的差距、打破"西强我弱"国际舆论格局提供契机,首都国际传播媒体融合能力的提升可从技术融合、平台渠道融合、产品形态融合三方面入手。**

技术融合方面,要善于借力"北京云·融媒体"市级技术平台,既要立足于内容领域的全链条生产,加速创新技术落地应用,还要立足于全媒体传播体系,开发技术融合新场景,让首都国际传播发挥国际交往基础设施的作用,助力"数字北京"和"国际交往中心"建设。平台渠道融合方面,以自主可控为目标,逐步从"借船出海"发展为"造船出海"。为此,一要加强各级各类媒体的融合,如开拓北京内容的分众化、垂类化国际传播平台渠道,营造"小而美"的区域国际传播生态等;二要加强大众、小众、分众传播的融合,从精细化"航道"类型入手,让北京故事的出海"航道"既可以是综合性"主干道",也可以是区域化、个性化"支流";三要以公共外交的理念加强多种外宣方式的融合,把线上线下、"走出去""引进来"都充分利用起来。产品形态融合方面,首先要适配差异化内容传播定位,如基于新时代北京故事所含五大核心议题的差异,分别做出特色化、个性化的产品,或者基于北京地方媒体的身份、形态差异,做出能够相互策应、互为借力的品牌化产品;其次要契合不同平台、渠道的特点,以当前重点拓展的海外社交平台来说,要在增加融媒产品的社交元素,以及利用好短视频"风口"增强融媒产品的可视化效果两方面多下功夫。

相较已有的同类研究,本书力图在以下方面有所创新。

**第一,力图研究问题有创新**。首先,在国家外宣仍是关注重点,而地方外宣尚未充分挖掘本地媒体资源的背景下,本书站在"大外宣"战略的高度,将身份多元、形态丰富的各级各类媒体都纳入国际传播能力建设的范围,拓宽了相关领域的研究视野;其次,本书立足于中央对讲好中国故事的最新部署,以讲好"新时代"北京故事为研究落点,提升了研究的问题意识。

**第二,力图研究思路有创新**。首先,在形态丰富的媒体已成为多元传播主体日益倚重的传播手段的背景下,本书**从媒体资源整合而非个别主体传播策略提升的目的出发**,以媒体为切入口,借由对不同传播主体的媒体实践作整体部署,探讨如何加强首都国际传播能力建设,既表现出对传媒业前沿动态的洞察,更充分彰显了"大外宣"思维;其次,相对于同类研究偏宏观、重理论建构,本书以政策研究、媒体实务研究、国际舆论研究为依托,基于对中央与北京相关政策扎实的文献研究,以及国际社会对北京的认知现状,**对标党和政府的战略传播规划和北京外宣实际**,为提升首都国际传播能力提出有针对性、可操作的策略。以上研究思路有一定开创性。

**第三,力图学术观点有创新**。首先,本书提出"大外宣"战略下,首都各级各类媒体都有对外讲好新时代北京故事的必要性与可能性,须从传播内容、表达方式、传播手段诸方面对其有一个战略性的整体规划,推动它们主动树立"以外宣意识做内宣"的观念；其次，本书**首次系统梳理新时代北京故事包含的五大核心议题、子议题与典型案例**，并以此为主轴，逐一论证议题设置角度，将之作为整合首都国际传播议题资源的总导向；**首次提出以政务新名词为抓手，提炼融通中外的北京标识性概念**，以此整合首都国际传播的话语资源，构建北京特色话语体系；**首次针对西方媒体叙事，提炼新时代北京故事的五大深层叙事结构**，以此整合首都国际传播的叙事资源，构建北京特色叙事体系的核心。以上观点在国内有较高原创性。

在对北京一些地方媒体的调研中，本书的主要观点得到积极反馈，已有相关论文发表，希望这些观点在实践中得到进一步运用、验证，为"大外宣"格局构建提供"北京样本"，也为首都各级各类媒体担负起新的文化使命提供参考。此外，本书以媒体为切入口，从议题设置、话语和叙事、媒体融合三方面能力建设入手，为整合首都媒体资源，提升首都国际传播能力提出的具体策略，对中央及其他地方国际传播都有借鉴意义，有助于加强当前战略传播中的战术部署。

鉴于研究条件及作者精力能力所限，本书也存在诸多不足，如对首都各级各类媒体的实地调研、案例分析还须加强，研究方法还可更丰富，附录部分的调研报告还可再补充、完善等。

# 第一章

"大外宣"：地方国际传播新赛道

## 第一章 "大外宣":地方国际传播新赛道

新中国成立以来,中国的国际传播有过多种称谓,如对外宣传、对外传播、国际传播、跨文化传播、全球传播、战略传播等。不同称谓折射的是不同历史时期或不同视角下,对中国与世界交往形势的判断、交往方式的战略定位与路径选择,包括制度安排、机构设置、媒体布局等;而贯穿其中的一条主线是,中国的国际传播日益打破对内与对外、我者(中国)与他者(世界)之间的界限,以"大传播""大外宣"的视野,把中国故事、中国式现代化进程更深地嵌入世界故事、世界文明以及世界新秩序中。这在习近平总书记于2021年5月31日主持中共中央政治局第三十次集体学习的讲话中得到印证,他指出党的十八大以来,我们大力推动国际传播守正创新,理顺内宣外宣体制,初步构建起多主体、立体式的"大外宣"格局,我国国际话语权和影响力显著提升。

但同时,习近平总书记指出,我们"面临着新的形势和任务",必须"加强顶层设计和研究布局,构建具有鲜明中国特色的战略传播体系"。① 所谓战略传播,是指为国家的战略目标、战略利益服务的传播,核心就是要充分调动各方力量,形成举国范围内各级、各类传播资源的系统联合、协调运作,而这离不开"大外宣"格局的支撑。当前,我国战略传播的一大中心工作是"增强中华文明传播力影响力"②,推动世界了解更多关于新时代中国各方面发展的故事,尤其是推动世界更透彻地理解2022年10月党的二十大报告指出

---

① 习近平主持中共中央政治局第三十次集体学习并讲话[EB/OL].(2021-06-01)[2023-08-08]. http://www.gov.cn/xinwen/2021-06/01/content_5614684.htm?IsRedirectHit=20481191.
② 习近平:高举中国特色社会主义伟大旗帜 为全面建设社会主义现代化国家而团结奋斗——在中国共产党第二十次全国代表大会上的报告[EB/OL].(2022-10-25)[2022-11-10]. http://www.gov.cn/xinwen/2022-10/25/content_5721685.htm.

的"以中国式现代化推进中华民族伟大复兴"①,以及2023年6月习近平总书记在文化传承发展座谈会上提出的"建设中华民族现代文明"②的深刻内涵与意义。这意味着,**"对外讲好中国故事"在今天,发展到了必须突出新时代中国故事的新阶段**。为此,中央和地方都应行动起来,形成合力,共同承担起这一职责和使命。新媒体时代,除了职业新闻机构,政府、企事业单位、社会组织乃至个人,都已经或有可能成为国际传播的新主体,他们都主要通过大众媒介手段——或者依托职业新闻机构所办新闻媒体,或者依托自办媒体,在自我推广、宣介的同时,客观上融入了从中央到地方各个层级的国际传播活动中。**这些形态多样的"委办局"媒体、企事业组织媒体、社交媒体、个人自媒体,与职业新闻媒体一起,扩展了"媒体"的内涵与外延,并表现出各有所长,且统筹得当可相互借力的巨大潜力,因而业已成为无论是中央还是地方层面的国际传播中的新亮点与生力军**。"大外宣"战略下,如何吃透中央精神,把这些身份多元、形态丰富的各级各类媒体有机整合起来,做好统筹规划,尽快构建中央媒体和地方媒体互为补充、传统媒体和新兴媒体协同并进,与我国综合国力和国际影响力相匹配,多层次、多形态、立体化的"大外宣"格局,打造中央和地方各类媒体积极参与的国际传播媒体集群③,就显得格外重要且迫在眉睫。

本书也正是基于这一顶层设计与传媒业的最新动态,以各传播主体都借助并倚重的媒体为切入口,借由对各传播主体的媒体实践作整体部署,探讨地方国际传播能力提升策略。对于地方外宣部门及各级各类地方媒体来说,这都意味着无论在思想上还是实操上,它们都需要有一些新的认识、新的作为,故此,须先梳理"大外宣"战略的观念史,深入理解习近平总书记所说

---

① 习近平:高举中国特色社会主义伟大旗帜 为全面建设社会主义现代化国家而团结奋斗——在中国共产党第二十次全国代表大会上的报告[EB/OL].(2022-10-25)[2022-11-10]. http://www.gov.cn/xinwen/2022-10/25/content_5721685.htm.

② 习近平在文化传承发展座谈会上强调 担负起新的文化使命 努力建设中华民族现代文明[EB/OL].(2023-06-03)[2023-12-08]. http://jhsjk.people.cn/article/40005345.

③《习近平新闻思想讲义(2018年版)》编写组. 习近平新闻思想讲义[M]. 北京:人民出版社,2018:171.

的"新的形势和任务",即当前中国国际传播面临的新形势,及其对中国国际传播提出的新的战略任务。

## 一、中国国际传播新形势:内外宣界限日益模糊

当前,中国的国际传播面临着传统内外宣界限日益模糊的新形势。内宣与外宣是中国新闻业的十大关系之一[1],也是中国对外传播、国际传播史上持续探索、争鸣的重要问题。值此新的历史时刻,提纲挈领地梳理学界业界对内外宣关系的认识过程,准确把握如今内外宣界限日益模糊的表现、成因与影响,有助于我们更好地理解实施"大外宣"战略、构建"大外宣"格局的必要性和紧迫性,也有助于我们更好地理解新媒体时代地方媒体开辟国际传播新赛道的历史逻辑、现实意义和实践紧迫性。

### (一)内外宣关系的历史梳理

#### 1. 从"内外一体"到"区别内外"

新中国成立至1978年改革开放前,中国的外宣工作追求的是超验的"内外一体"的宣传目标,即"力图'从思想上武装外国人民,推动世界革命'"[2]。这与新中国成立初期由于面临国内外反动势力对国家主权与领土安全的严重威胁,因而奉行革命外交思想的举措分不开,即与帝国主义主导的资本主义世界及其外交体系决裂,并把反对帝国主义、推动国际主义合作、维护国家独立以及捍卫国家的主权和安全视作中国外交的主要任务和使命。[3]为了贯彻这一思想,势必需要"推广中国的革命经验,发扬国际主义义务,帮助兄弟党和殖民地半殖民地民族取得解放斗争胜利"[4],还需要"为增进中国与各国人

---

[1] 李彬.试探新中国新闻业的"十大关系"[J].山西大学学报(哲学社会科学版),2014(2):85-118.
[2] 段连城.对外传播学初探[M].北京:中国建设出版社,1988:60.
[3] 赵可金.建设性领导与中国外交转型[J].世界经济与政治,2012(5):42-57+157.
[4] 杨奎松.新中国的革命外交思想与实践[J].史学月刊,2010(2):62-74.

民的友谊和合作，为保卫世界和平服务"①，这样一来，内宣工作的内容与方式自然会辐射到外宣工作中，形成"内外一体"的传播格局。

不过，"内外一体"的做法在实践中常常因"无视境内外受众在主客观方面的差异""手法粗糙、缺乏针对性"②而受到批评，如曾负责外交工作的周恩来就曾批评对外宣传"把国内的硬搬来对国外，不用脑筋，不管对象"③，因此"区别内外"的要求在当时也被提了出来。如周恩来说，"我们的读物是供给国外的""要争取广大中间读者"④，他还强调，要注意选择对外传播的内容，不能把对内宣传的内容硬搬到对外宣传中，"要研究一下，对外又不要丧失原则，又要有效果，有不同的特点"⑤。刘少奇在《对外广播事业局工作指示》中提出对外广播和对内广播的对象不同，应该分开。毛泽东也曾在多个批示中指出，"国家不同，做法也不能一样""不要强加于人"。⑥中新社、外文出版社等新闻出版单位也在各自的业务规范中明确应区别对待对内广播、对内出版与对外广播、对外出版。⑦

其实，这种根据不同对象、不同环境（包括国际对象、国际环境）开展文化工作和宣传工作的思想，早在抗日战争时期，党内一些领导就已提出，其实质是既"以我为主"地坚持自己的原则和立场，同时又注重传播的差异化和针

---

① 谢良鸿.向世界说明中国 让中国走向世界：新中国外宣事业五十年［J］.新闻战线，1999（10）：26-29.
② 阎立峰.外宣"内外有别"原则：地理与心灵的辩证法［J］.现代传播（中国传媒大学学报），2008（4）：46-48.
③ 爱泼斯坦.周恩来和对外书刊出版［C］//沈苏儒，译.周恩来生平和思想研讨会组织委员会.周恩来百周年纪念：全国周恩来生平和思想研讨会论文集（上、下）.北京：中央文献出版社，1999：949.
④ 爱泼斯坦.从《保盟通讯》到《中国建设》［M］//沈苏儒，译.周东元，齐文公.中国外文局五十年回忆录.北京：新星出版社，1999：194-195.
⑤ 爱泼斯坦.从《保盟通讯》到《中国建设》［M］//沈苏儒，译.周东元，齐文公.中国外文局五十年回忆录.北京：新星出版社，1999：194-195.
⑥ 罗俊.亲切关怀 终生难忘［M］//周东元，齐文公.中国外文局五十年回忆录.北京：新星出版社，1999：2.
⑦ 李昌，马贝贝，刘纯怡.我国国际传播能力建设研究述评［J］.昆明理工大学学报（社会科学版），2019，19（1）：101-108.

对性。① 不过，总体来说，改革开放前，内宣外宣"一篇稿"，缺乏"内外有别"宣传技巧的情况还是更为普遍，就连外国友人也一针见血地指出，这一时期我们的对外宣传是"很糟的""失败的"②。

**2. 从"区别内外"到"内外有别""外外有别"**

改革开放后，随着国家的工作重心转移到经济建设上，中国对"文革"阶段的阶级斗争话语体系、外宣工作领域的"左"倾错误思想都进行了反思、整改，且随着中国与世界的交往日渐频繁，对外传播的目标遂从推动世界革命，转为向世界宣传中国、说明中国，以增进国际社会对中国的了解，为社会主义现代化建设营造有利的舆论环境。③ 内宣、外宣分立的"内外有别"原则，便在"区别内外"的基础上逐渐确立起来，成为很长一段时间内起主导作用的对外传播思想。

"内外有别"指的是针对不同的传播对象，通过设置职能相异的内宣和外宣机构，发送不同的信息文本，使内宣、外宣之间的界域清楚、互不影响，以期取得不同的传播效果。对于外宣来说，当时为其设定的宣传目标是成为"窗口"和"纽带"。④

为此，从20世纪70年代后期起，中央宣传部办公厅多次发布针对加强和改善外宣工作的通知，强调要注意外宣的针对性和宣传对象的差异性。1979年5月，中央宣传部办公厅发布通知，提醒各报刊和有关部门"注意内外有别的原则"⑤。1980年9月，又有通知指出："对外宣传必须十分注意针对性，从内容到形式、风格都要适合宣传对象的特点。照搬国内一套，不能解答外国人

---

① 徐艳珠，张志安.中国共产党百年对外传播观念变迁轨迹［J］.出版发行研究，2021（10）：54-61.
② 姜飞，张楠.中国对外传播的三次浪潮（1978—2019）［J］.全球传媒学刊，2019，6（2）：39-58.
③ 刘小燕，李静.中国共产党百年对外传播思想源流考察［J］.编辑之友，2021（6）：80-90.
④ 阎立峰.外宣"内外有别"原则：地理与心灵的辩证法［J］.现代传播（中国传媒大学学报），2008（4）：46-48.
⑤ 中央宣传部办公厅.中央宣传部关于在宣传报道中应注意内外有别的通知（1979年5月11日）［M］//中央宣传部办公厅.党的宣传工作文件选编（1976—1982）.北京：中共中央党校出版社，1994：680.

的问题；内容单调刻板，调子太高，人家看不懂，不感兴趣。"[①]1990年10月，第二次全国对外宣传工作会议提出外宣工作"内外有别"以及"原则性与灵活性相统一"的方针。同年12月，中央宣传部办公厅再次发布通知，指出对外宣传不能机械照搬对内宣传的内容和方法，而应该坚持"内外有别"的原则，在外宣工作中充分考虑其他国家和民族与我们在文化习俗、生活方式、语言文字、价值观念、宗教信仰以及政治制度等方面的不同，采取不同的传播方式以实现预期的外宣效果，要求"加强对不同国家和地区宣传的针对性""讲究对外宣传的艺术和方法"。[②]2004年4月8日的《中共中央关于加强和改进新形势下对外宣传工作的意见》再次做出类似表述，强调国家外宣工作须坚持"内外有别，注重实效"的原则。[③]

与之相应，管理机构方面，从中央到地方都成立了专门负责外事、外宣工作的职能部门。1980年4月，中央对外宣传小组成立，专责协调国际以及港澳台侨宣传方面的重要事务，这标志着外宣工作被纳入顶层设计的范畴。1992年，该"小组"更名为中共中央对外宣传办公室，并与国务院新闻办公室实行"两个牌子、一套班子"管理。比照中央的建制，各省市也相继设立了外宣办（处）。媒体机构方面，1990年，由新华社、《人民日报》、中国国际广播电台、中央电视台、《中国日报》、中国新闻社六大央媒与中国外文局共同组成的"外宣国家队"建立起来。[④]

值得一提的是，传播学理论在该时期被引入中国，带动了我国外宣工作从宣传转向传播的理念转变，使"内外有别"的思想原则在另一种范式——"跨文化传播"的范式下也得以确立。

---

① 中央宣传部办公厅.中共中央关于建立对外宣传小组加强对外宣传工作的通知（1980年9月16日）[M]//中央宣传部办公厅.党的宣传工作文件选编（1976—1982）.北京：中共中央党校出版社，1994：711.
② 中央宣传部办公厅.中共中央关于加强和改进对外宣传工作的通知（1990年12月29日）[M]//中央宣传部办公厅.党的宣传工作文件选编（1988—1992）.北京：中共中央党校出版社，1994：1922，1924.
③ 袁良卓.修辞劝说视角下的外宣翻译研究[M].北京：中国传媒大学出版社，2017：13.
④ 史安斌，张耀钟.新中国形象的再建构：70年对外传播理论和实践的创新路径[J].全球传媒学刊，2019，6（2）：26-38.

不仅如此,在"内外有别"的基础上,中国对外传播思想进一步细化、深化,国家不仅认识到"内"与"外"的差异,还注意到"外"与"外"的不同,进而提出"外外有别"的外宣原则。①"外外有别"要求开展对外传播时要微观、具体,加强对各个国家的具体研究,不能以一种宣传策略走遍世界。"外国人和海外同胞,由于生活在不同的社会中,他们的生活方式、思维方法和语言习惯都和我们有很大的不同,而各个国家和地区的情况也很不相同。"②外宣不仅要和内宣区分开来,还要区别不同国家、不同地区的差异性,以及同一国家不同阶层、不同群体的特殊性,依据符合特定传播对象的特殊规律开展传播。

### 3. 从"内外有别"到"内外并举"

20世纪90年代以后,我国社会内部发生了巨大的变化,这种变化比刚刚开始改革开放时更剧烈也更深刻,给我们一贯坚持的"内外有别"原则带来了挑战:③一是社会主义市场经济的建立使"内外有别"的原则失去了存在的内在根据;二是"内外有别"原则的初衷,是为了解决外宣因缺乏受众意识而不讲传播技巧的形式问题,即使内容随形式变化也变得"内外有别"了,也是从增强传播的针对性角度而言的,但在现实的传播实践中,这一原则却在一些僵化、教条的宣传思维下,被简单化地理解为"家丑不可外扬",如对一些突发事件和热点事件采取瞒、捂、盖等手段,以致造成我国在国际舆论中的被动局面;④三是网络社会的崛起使坚持"内外有别"原则在诸多方面显得不合时宜。

放眼彼时的世界,随着世界范围内信息技术的迅速发展,电子媒介逐渐取代传统媒介,成为对外传播的主要媒介形式,西方国家开始将国际卫星电视与广播融合起来,实行"双轨并行"的媒介体制。在这一双重背景下,中央提出

---

① 刘小燕,李静.中国共产党百年对外传播思想源流考察[J].编辑之友,2021(6):80-90.
② 张昆.国家形象传播[M].上海:复旦大学出版社,2005:52.
③ 李彦冰.全球化背景下我国对外传播"内外有别"原则的困境与出路[J].华北水利水电大学学报(社会科学版),2010(2):24-27.
④ 李昌,马贝贝,刘纯怡.我国国际传播能力建设研究述评[J].昆明理工大学学报(社会科学版),2019,19(1):101-108.

了"内外并举"的大外宣要求,并在对外电视与广播整合的基础上,构建起一个与内宣力量协同发展的"外宣协作网"。[①]

具体来说,1994年4月,中共中央对外宣传办公室、国务院新闻办公室印发了《进一步做好新形势下对外宣传工作的意见》的通知,明确指出"'两台一报一刊'(指中国国际广播电台、中央电视台、《中国日报》和《北京周报》——笔者注)是我国外宣'手段的重点'……对外宣传要发挥整体优势,形成合力……"[②]1994年10月,中央又提出:"广播电视并重、内宣外宣并举、中央与地方联合、发挥系统优势……联合起来走广播电视大外宣的路子……建立一个以中国国际广播电台为龙头,以各省市电台为依托,相互弥补,互相支持的全国性的广播对外宣传协作网。"[③]为配合"外宣协作网"政策的落地,中央电视台和中国国际广播电台纷纷和国内地方台组成"联合体",制作和销售外宣节目。

1996年之后,为应对与世界传媒大鳄实力悬殊的挑战,以及加入世贸组织后产业开放带来的压力,国内传媒业开始走上产业化发展的道路,外宣媒体也不例外,"大外宣"协作网得以进一步升级。其结果就是20世纪90年代末,传统"外宣国家队"纷纷开始集团化发展,不同形式地建立起经营广播、电视、电影、传输网络、互联网站、报刊等多种业务的综合性国家级传媒集团。这不仅使"内外并举"得到了更多硬件设施的支持与体制机制的保障,还为下一个阶段中国外宣原则的调整奠定了基础。

#### 4. 从"内外并举"到"内外一体"

"内外并举"侧重内外宣机构在内容生产方面的协调、合作,强调共享传播资源、丰富外宣内容,其蕴含的思想已初具"大外宣"战略的雏形。不过这

---

① 姜飞,张楠.中国对外传播的三次浪潮(1978—2019)[J].全球传媒学刊,2019,6(2):39-58.
② 姜飞,张楠.中国对外传播的三次浪潮(1978—2019)[J].全球传媒学刊,2019,6(2):39-58.
③ 姜飞,张楠.中国对外传播的三次浪潮(1978—2019)[J].全球传媒学刊,2019,6(2):39-58.

个时期"大外宣"所谓的大,一般仅限于广播电视系统内部,而且有条件参与到"并举"体系中、与"国家队"形成"并举"之势的,仅限于沿边、沿海等具有境外传播地理特殊性的地方广播电视系统,如黑龙江、内蒙古、云南、福建等地的广播电视台。这种传播属于地方国际传播中的周边传播,范围、主体都有限。

进入21世纪,尤其是2008年国际金融危机后,在全球化、网络化,以及世界正经历百年未有之大变局等复杂背景下,我国对外传播的外部环境和内在需求又相继发生显著变化,在"内外并举"中就开始出现的内外宣界限模糊的趋势更加突出。这使得我们对内外宣关系又有了新认识,如:内宣和外宣是相互支持且具有一定共性的,"面对全球一张网,需要全国一盘棋"[①];对内报道要有外宣意识,考虑国际影响,对外报道要有内宣意识,兼顾国内舆论感受[②];要以内宣资源支撑外宣发展,以外宣发展促进内宣变革,实现内宣外宣相互促进、协同联动[③]。由此,因应形势,"大外宣"的内涵得到进一步扩展,"内外并举"也由此嬗变为"内外一体"。

从字面上看,相隔半个多世纪,中国对外传播的指导思想似乎回到了新中国成立之初的原点,但这其实是事物发展螺旋式上升的表现,此"内外一体"已非彼"内外一体"。同时,在"内外一体"的总格局下,此前的"外外有别"思想受贴近不同区域、不同国家、不同群体受众进行分众传播、精准传播的新传播观念的推动,其内涵与实践也得到进一步丰富。

综上,尽管单从文字表述上看,"内外有别""内外并举""内外一体"的内涵差异很大甚至相互对立,但结合相应的时代背景,三者又都各有其合理性——这就是为什么即使我们在主张"内外有别"时,也常有对"内外并举"的诉求;反之,在战略层面倡导"内外一体"的"大外宣"思想下,基于对国

---

① 刘亚琼.论新时代宣传思想工作对内与对外的统一[J].思想教育研究,2019(8):97-100.
② 步新娜,魏继昆."构建网上网下一体、内宣外宣联动的主流舆论格局":基于习近平相关论述的分析[J].党的文献,2021(2):56-63.
③ 黄典林,张毓强.国际传播的地方实践:现状、趋势与创新路径[J].对外传播,2021(9):67-71.

内外受众差异或某些特殊情境的考虑，依然有必要坚持技巧、方法等战术层面的"内外有别"。这说明，我们在各阶段处理内外宣关系时，并非简单地"以新代旧"，相反，经历的是一个在不同观念的扬弃中最终推动认识螺旋式上升的过程。所谓"内外"之争，究其实质，并无绝对的对错，只是源于不同历史时刻下看待问题的角度不同——而不管哪种角度，都要体现对国内国际形势的准确判断，做到既融入世界，又坚定维护自身的意识形态安全与国家利益。

## （二）内外宣界限日益模糊的表现

由以上对内外宣关系的历史梳理可知，"内外一体"的"大外宣"战略思想之所以能形成，很重要的现实依据是因为在内外因的驱动下，曾经分明的内外宣界限日益模糊。这主要表现在两个方面。

**1. 国内传播与国际传播的内外联动**

内外宣界限日益模糊的第一个表现是国内传播与国际传播出现内外联动，这主要受到来自两个方向的力量的推动。

一方面，随着中国经济与综合实力的快速发展，世界对中国的信息需求日益增长，不少国际知名媒体增加了在华传播资源的投放，如增加驻华记者站及记者的数量，且驻华记者站不仅被建在北京、上海、广州、香港等常规重点城市，还深入武汉、南京、成都、西安等新发展起来的城市。对华报道量也就此显著增长，比较有代表性的如《经济学人》杂志于2012年开辟了中国专栏，这是该杂志在英国和美国之后开辟的第三个国家专栏。在此之前，《经济学人》有六个专栏，分别是美国专栏、英国专栏，美洲专栏、亚洲专栏、欧洲专栏、中东/非洲专栏，上一次该杂志专门为一个国家开辟专栏还是在1942年（开辟了美国专栏）。[①] 外媒对中国关注的持续增加，无疑大幅提升了中国国内新闻的世界曝光度——从中国的角度看，就是使内外宣界限日益模糊。

另一方面，秉承人类命运共同体理念的中国，正日益主动地参与国际事务

---

① 李杰琼，王擎. 媒介融合时代的经济新闻报道［M］. 北京：清华大学出版社，2020：109.

以及国际规则、国际组织的建设，主动为世界提供公共产品和服务，从而日益深入地把自己嵌入世界之中——如近三年相继提出全球发展倡议、全球安全倡议、全球文明倡议及一系列配套举措，把中国的文明史观和政治理念更宏阔地阐发、推进到全球治理中，这也使得国内国际传播出现了内外宣联动。以最典型的对"一带一路"倡议的国际传播为例。"一带一路"是"丝绸之路经济带"和"21世纪海上丝绸之路"的简称，是2013年习近平总书记提出的一个国家级顶层合作倡议，旨在促进相关国家或地区的政策沟通、设施联通、贸易畅通、资金融通、民心相通。截至2022年12月，已有150个国家、32个国际组织参与共建"一带一路"[1]，使之成为横贯欧亚的政治、经济、文化合作圈。"一带一路"打通了国内国际的界限，与之相关的新闻传播既是国内的也是国际的。此外，在2009年实施的"走出去"战略的推动下，中国媒体"走出去"的程度日益深入、方式日益多样，表现之一是与国际媒体积极开展合作传播。参与其中的既有中央级的"国家队"外宣媒体，也有地方外宣媒体和部分以往并不承担外宣任务的地方媒体，合作对象既有国家媒体也有区域性媒体，如中国国际广播电台、黑龙江地方媒体与俄罗斯媒体，中国报道社与东盟地区媒体，广西人民广播电台与东盟国家广播电视媒体，中国与金砖国家媒体都有合作传播。这样的国际合作，意味着中国更主动地消弭了内外宣的界限，向世界敞开了大门。

**2. 国内新闻被二次传播的现象增多**

内外宣界限日益模糊的第二个表现是国内新闻被二次传播的现象增多。"二次传播"是基于"首次传播"衍生而来的一个传播学概念，是指新闻或事件在首次传播之后，经过另一媒介又一次被传播。在一般读者、观众、听众眼里，"二次传播"最明显的表现形式就是转述、转播、转载。有的新闻稿件或事件被二次传播以后，还可能被其他媒介继续传播下去，形成三次、四次或无

---

[1] 中国政府与巴勒斯坦政府签署共建"一带一路"谅解备忘录［EB/OL］.（2022-12-07）［2023-02-07］. https://mp.weixin.qq.com/s/N2tRqQ5RrYtCMlWX5_ju2g.

数次传播，但相对于首次传播来说，它们都可被划入二次传播的范畴。[①] 从外宣工作的传播效果角度来看，一家媒体的报道被境外媒体二次传播的数量和频率，能够侧面反映该媒体国际传播能力的强弱，并能反映其是否能对国际舆论形势的走向造成直接影响。[②] 因此，这是衡量我国媒体国际影响力的重要指标，而如果从其对内外宣互动产生的影响的角度看，这也是感知内外宣边界日益模糊的一个指标。

在 2008 年的"5·12"汶川大地震中，由于我国政府采取了"有控制地开放信息源"的做法，加之国内媒体的快速反应以及 24 小时不间断的新闻报道，我们的新闻多被包括西方媒体在内的世界各国媒体所转载、传播。[③] 2009年"走出去"战略刚开始实施，我国媒体所刊发的稿件被境外媒体尤其是西方媒体转载后形成二次传播的频率就明显升高，外宣报道的覆盖面显著扩大。例如，仅在 2009 年的 1 至 7 月，《中国日报》及其所属网站就有 7,548 条稿件被美联社、路透社、法新社、合众国际社、彭博社、《纽约时报》、《华盛顿邮报》、《华尔街日报》、《今日美国》、《卫报》、英国广播公司（BBC）、美国有线电视网（CNN）、美国之音（VOA）等数百家境外主流媒体转引 62,791 条次。[④] 如果说中央级外宣媒体的二次传播是其既定的目标，那么诸如杭州地方媒体借举办 2016 年二十国集团领导人峰会（G20）主动推动二次传播，形成境内、境外和市内、市外一体化传播的实践，[⑤] 则让我们看到了国内国际新闻联动的另一种可能与未来趋势。

二次传播与上文提到的外媒增加驻华记者站及记者的数量从而提高对华报道量不同。外媒记者在华实地采访后发出新闻报道，是基于中国信息源的新

---

[①] 聂恒玉.如何提升新闻的二次传播价值［J］.新闻战线，2008（12）：53-54.
[②] 童猛.努力扩大"二次传播"切实增强外宣实效：以《中国日报》稿件被境外媒体转载情况为例［J］.新闻战线，2009（9）：22-24.
[③] 程曼丽.从信息流动结构的变化看我国对外传播的走势［J］.电视研究，2009（1）：8-10.
[④] 童猛.努力扩大"二次传播"切实增强外宣实效：以《中国日报》稿件被境外媒体转载情况为例［J］.新闻战线，2009（9）：22-24.
[⑤] 孙超，张刘卓，李旭峰，等.后 G20 时代，用"四大传播"讲好杭州故事［J］.对外传播，2017（10）：69-71.

闻传播、国际传播，二次传播则是外媒转载中国的媒体信息、信号而形成的新闻传播、国际传播。① 外媒增加对中国信息的报道，意味着境外记者将以更广泛、甚至更超出我们预想的方式深入中国故事的发生现场，从某种意义上说，在这种情况下，中国的国内事务是被动进入国际舆论场的；对中国媒体报道的二次传播则不同，它一定程度改变了国际信息的流向。在以往的国际传播中，由于信息资源占有上的不平衡，我们往往只能转载、转播西方四大通讯社以及美国有线电视网、英国广播公司等国际广播电视机构的新闻报道，信息反向流动的情况很少发生，而在二次传播中，中国的国内事务是主动进入国际舆论场的。② 值得注意是，不管主动还是被动，这些现象都在客观上导致我国内外宣界限日益模糊。

## （三）内外宣界限日益模糊的成因

内外宣界限之所以变得如上所述的日益模糊，既有全球化、新媒体技术革命的客观成因，也有世界对中国的信息需求提质升级、中国自塑形象的主体性增强的主观成因。

### 1. 全球化与新媒体技术革命

伴随21世纪以来经济全球化的风起云涌，世界范围的人、物、信息的流动变得愈加普遍和频繁，互联网技术带来的人类信息交往方式、传播生态与业态的深刻变革更是加剧了这一趋势，使得发生在地球上任何角落的事件都有可能受到全世界的关注，区域性事件与世界性事件之间不再有无可逾越的鸿沟，一国的国内传播因此常常具有国际传播的性质。③ 这在客观上导致中国的国内事务不再会像以前那样被人为"圈定"在内宣范畴内，一城、一地都有可能随时因为一个热点事件的爆发而成为国际社会关注的焦点。地方宣传部门也常常会被推到国际舆论斗争的风口浪尖，承担起化解国际舆论压力、引导国际舆论

---

① 程曼丽. 从信息流动结构的变化看我国对外传播的走势 [J]. 电视研究，2009（1）：8-10.
② 程曼丽. 从信息流动结构的变化看我国对外传播的走势 [J]. 电视研究，2009（1）：8-10.
③ 丁柏铨. 时代变迁与中国对外传播理论和实践的发展 [J]. 中国地质大学学报（社会科学版），2011，11（4）：96-103.

走向、阐明正面观点、展示自身优势的任务。反过来讲，有了新媒体技术带来的传播便利，以往受限于本土传播的地方媒体，也有机会结合自身特点和优势，挖掘国际传播潜力，逐渐将地方内外宣融合起来。①

**2. 世界对中国的信息需求提质升级**

随着中国跃升为世界第二大经济体，中国在世界政治、经济、军事、文化等各方面的影响力日益显著，国际社会认识中国、了解中国、预测中国的需求越来越强烈，因此对中国的一举一动都非常关注，且这种关注越来越不满足于宽泛的国家层面，而是逐渐下沉到更加基层、微观的层面，如在地域上，从北京、上海等超大型城市向二线，乃至三、四线城市和乡村延伸；②在对象上，从官员、社会精英向民间人士、普通民众拓展。重庆、西安等"抖音城市"的成功"出圈"，与李子柒、"阿木爷爷"等草根网红在海外社交平台的"一夜爆红"，都充分印证了世界对中国有着方方面面且事无巨细的巨大信息需求。③

**3. 中国自塑形象的主体性增强**

与此同时，中国也深感在总体"西强我弱"的国际舆论格局下，尚未形成与自身综合国力和国际地位相匹配的国际话语权，因此必须调动内宣、外宣的各方资源，全面、立体、真实地向世界讲述自己，以应对国际舆论对中国的种种误解、歪曲甚至抹黑。于是，伴随国家对外开放步伐的加快以及统筹国内国际两个大局的战略部署的逐步完成，在传统上承担外宣任务的中央机关、部委、媒体等专门机构之外，地方政府、部门、媒体，乃至各企事业单位、社会组织、个人等，也被寄予厚望，主动开拓地方外宣、区域外宣，勇于向外部做自我展示和业务拓展，用地方故事讲好中国故事、用地方形象丰富中国形象。④如此，传统意义上的国内事务与国际事务的界限不再分明，内宣、外宣

---

① 史小今. 地方国际传播能力建设新路径探析［J］. 对外传播，2022（6）：63-66.
② 史小今. 地方国际传播能力建设新路径探析［J］. 对外传播，2022（6）：63-66.
③ 史安斌. 推动国际传播上升为战略传播［EB/OL］.（2021-06-05）［2022-10-05］. https://www.sohu.com/a/470551702_162522.
④《对外传播》编辑部课题组. 新形势下地方国际传播实践探索与发展路径［J］. 对外传播，2021（7）：57-62.

也就自然地融合在一起了。习近平总书记主持中共中央政治局第三十次集体学习时的讲话中对战略传播体系的构想，更是把内外宣的协同上升到国家战略的新高度，还明确强调各级党委（党组）要把加强国际传播能力建设纳入党委（党组）意识形态工作责任制，各级领导干部要主动做国际传播工作，主要负责同志既要亲自抓也要亲自做。① 这势必进一步推动国内事务与国际事务的联动、内宣与外宣的深度融合。

### （四）内外宣界限日益模糊的影响

就服务国家总体发展战略，提升中国国际传播能力而言，内外宣界限的日益模糊拓展了我们对传统外宣职能的认识，同时凸显了明确中国国际传播新的战略任务，即构建新的外宣格局的紧迫性。

**1. 拓展对传统外宣职能的认识**

内外宣界限日益模糊意味着超国界、跨文化、融媒体、多主体的交流日益普遍，传统分属国内传播和国际传播的领域会出现越来越多的交叉。这一变化深刻影响了人们对国际交往的认识，全球传播、跨文化传播、公共外交、形象传播、品牌传播等一系列新理念、新动向，极大地触动了以往基于民族国家地理疆界与主权概念上的对对外传播、国际传播的固有思维，使我们意识到，外宣工作的目标不能只是作为手段、工具充当联通内外的"窗口""纽带"，其功能也不能局限于服务国内经济社会发展，而是可以在很大程度上成为国家治理、全球治理的一个镜鉴。因此，外宣工作必须被赋予更契合国际、国内两个大局的全新内涵，如"在新的历史起点担负起新的文化使命"②、提升国家文化软实力、塑造大国形象、参与国际政治经济文化新秩序建设、构建人类命运共同体等。

**2. 凸显构建新的外宣格局的紧迫性**

我们对外宣职能的以上新认识反映在实践中，就是中国国际传播积极进

---

① 习近平主持中共中央政治局第三十次集体学习并讲话［EB/OL］.（2021-06-01）［2023-12-08］.https://www.gov.cn/xinwen/2021-06/01/content_5614684.htm.
② 习近平在文化传承发展座谈会上强调 担负起新的文化使命 努力建设中华民族现代文明［EB/OL］.（2023-06-03）［2023-12-08］. http：//jhsjk.people.cn/article/40005345.

取，借全球化与新媒体技术革命之势，加大了主动作为、主动发声的力度。从中央到地方都展现出越来越强烈的主动意识，积极"借船出海"甚至"造船出海"，如与海外媒体开展多样化的合作传播，利用海外社交平台自主进行内容与渠道建设，通过推动二次传播来主动影响国际议程，大规模资源投入和推进公共外交等。这些举措取得十分可喜的成果，但相对我国综合国力和国际地位来说，还有诸多不尽如人意之处。以二次传播为例，不仅数量有限，而且即便某些内容被二次传播了，也时常被以某种解构甚至对抗的方式呈现，并未完全按照我们预期的议程展开。

可见，尽管外宣工作在政府的大力推动和扶持下，借助新媒体带来的传播门槛降低的便利，已经在国际传播赛道上实现了局部的"弯道超车"，但在以美国为首的西方媒体总体把持着国际传播资源与话语霸权的今天，内外宣界限的日益模糊对尚处于话语弱势、渠道弱势一方的中国来说，仍然意味着相当程度的不对称竞争，以往在"内外有别"屏障下有所防备、保留的信息变得不再以我们的主观意志为转移。当此客观现实与中国快速崛起、美国相对衰落这一当下最深刻的地缘政治变局相结合时，其消极影响会更加明显，即西方国家可以更便捷地运用各种传播手段，渗透中国的国内舆论场，同时在国际舆论场上围堵、打压中国，渲染反华的舆论声势，这使得中国面临的"挨骂"问题和意识形态安全问题变得前所未有的紧迫。我们比以往任何时候都更强烈、更清醒地意识到必须主动出击，化遭遇舆论战的重大挑战为向世界展示、推介中国的重大机遇，因此，全面系统地厘清思路、统筹构建新的外宣格局也变得前所未有的紧迫。

## 二、布局"大外宣"：为地方开辟国际传播新赛道

面对内外宣界限日益模糊的现实及其蕴藏的挑战，2009年，中央开始实施以加强媒体国际传播能力为目标的媒体"走出去"战略。党的十八大以来，党中央站在国家的战略高度，又相继提出一系列新的外宣指导思想，如：讲好中国故事、传播好中国声音、阐释好中国特色；打造融通中外的新概念、新范

畴、新表述，加快构建中国话语和中国叙事体系、提高国际话语权；提升国家文化软实力，构建大国形象；推动构建人类命运共同体；打造旗舰媒体集群、参与国际传播新秩序构建；构建具有鲜明中国特色的战略传播体系，增强中华文明传播力影响力等。这一系列新的外宣指导思想构成了中国对外传播、国际传播新的历史使命，势必要求对在"内外并举"时期就已被提出的"大外宣"概念进行全方位、多层次、宽领域地扩容增量、整体升级。可见，新时代的"大外宣"是因应中国国际传播面临的新形势而提出的新发展战略，纵观该战略思想的形成过程、具体内涵与构建思路，**地方国际传播必须明确更自觉、自为的使命担当，"广开门路"，统筹协调好本地的各种传播资源，尤其是形态多样的各级各类地方媒体资源，将其有机地整合为一个"大外宣"传播矩阵，共同跑好国际传播新赛道。**

## （一）"大外宣"战略的提出与内涵

### 1. "大外宣"战略的提出

如前所述，20 世纪 90 年代中后期，"大外宣"概念就已经被提出，不过当时主要受国际卫星电视与广播融合的技术驱动，且范围、主体主要限于中央以及开展周边传播的地方广播电视系统内部，动机、职能都相对单一。到了 21 世纪，特别是党的十八大以来，"大外宣"工作意识被不断强化，并逐渐发展为一个完整的战略构想。

2005 年，中央外宣办提出"构建全方位、多层次、宽领域的大外宣格局"的工作规划，强调组织、统筹、协调，发挥合力，拓展渠道。[1] 时任中共中央对外宣传办公室主任、国务院新闻办公室主任赵启正提到，继承与发展对外宣传事业，向世界持之以恒地说明中国，需要更多普通公众的支持和参与，共同探索一个全新的"大外宣"的战略格局。[2]

---

[1] 刘小燕，李静. 中国共产党百年对外传播思想源流考察［J］. 编辑之友，2021（6）：80-90.
[2] 赵启正. 对外宣传的继承与发展：序姚遥《新中国对外宣传史》［J］. 对外传播，2014（9）：20-21.

2009年，外交部成立了公共外交办公室，推动公共外交成为创新外宣工作的重要手段，各类民间组织、智库、基金会等社会力量都被纳入"大外宣"战略，多元主体的"复调传播"模式初具雏形。①

2012年，习近平总书记在多个重要场合阐发"大外宣"思想。

在2013年的全国宣传思想工作会议上，习近平总书记虽然没有直接谈外宣工作，但提出要树立"大宣传"的工作理念，并指出要"动员各条战线各个部门一起来做，把宣传思想工作同各个领域的行政管理、行业管理、社会管理更加紧密地结合起来"②。对外宣传无疑也要融入这个"大宣传"的格局。③

在2014年的中共十八届四中全会第二次全体会议上，习近平总书记指出，"讲好中国故事，不仅中央的同志要讲，而且各级领导干部都要讲；不仅宣传部门要讲、媒体要讲，而且实际工作部门都要讲、各条战线都要讲……要动员各方面一起做思想舆论工作，加强统筹协调，整合各类资源，推动内宣外宣一体发展，奏响交响乐、大合唱，把中国故事讲得愈来愈精彩，让中国声音愈来愈洪亮"④。

在2018年致中央电视台建台暨新中国电视事业诞生六十周年的贺信中，习近平总书记强调，要"统筹广播与电视、内宣和外宣、传统媒体和新兴媒体，加强国际传播能力建设"⑤。在同年的全国宣传思想工作会议上，习近平总书记提出，"要完善国际传播工作格局，创新宣传理念、创新运行机制，汇聚更多资源力量"⑥。

---

① 史安斌，张耀钟. 新中国形象的再建构：70年对外传播理论和实践的创新路径［J］. 全球传媒学刊，2019.6（02）：26-38.
② 习近平在全国宣传思想工作会议上的讲话［EB/OL］.（2014-08-09）［2022-10-15］. https：//www.cac.gov.cn/2014-08/09/c_1115324460.htm.
③ 史安斌，钱晶晶. 习近平外宣思想初探［J］. 对外传播，2015（11）：46-49+1.
④ 让全世界都能听到并听清中国声音［EB/OL］.（2019-01-10）［2022-10-15］. http：//jhsjk.people.cn/article/30514168.
⑤ 习近平致中央电视台建台暨新中国电视事业诞生60周年的贺信［EB/OL］.（2018-09-26）［2022-10-15］. http：//jhsjk.people.cn/article/30314694.
⑥ 习近平：举旗帜聚民心育新人兴文化展形象 更好完成新形势下宣传思想工作使命任务［EB/OL］.（2018-08-22）［2022-10-15］. http：//jhsjk.people.cn/article/30244975.

在2020年的中央全面深化改革委员会第十四次会议上，习近平总书记提出，要加快构建网上网下一体、内宣外宣联动的主流舆论格局，建立以内容建设为根本、先进技术为支撑、创新管理为保障的全媒体传播体系。①

2020年新冠疫情暴发后，国际舆论场上出现了一些不和谐的声音，一些国家将疫情政治化、标签化，抹黑污蔑中国。在2020年2月的十九届中共中央政治局常委会会议上，习近平总书记有针对性地提出要"占据主动，有效影响国际舆论"②，为此，国内主流媒体也要积极主动参与开展国际舆论斗争，统筹内外宣，消除国际社会疑虑。③

在2021年主持中共中央政治局第三十次集体学习时的讲话中，习近平总书记指出："党的十八大以来，我们大力推动国际传播守正创新，理顺内宣外宣体制，打造具有国际影响力的媒体集群……初步构建起多主体、立体式的'大外宣'格局……必须加强顶层设计和研究布局，构建具有鲜明中国特色的战略传播体系。"④战略传播是21世纪在美国兴起的一种新的传播理念，是指政府或组织为实现特定战略利益，动员协调各种资源，向特定目标受众传递信息、施加影响的过程。⑤相较于以往的信息传播，它更强调以维护国家战略利益为主要目标，从战略层面出发去安排传播活动；更强调对国家各种资源（包括多种机构、多种媒介资源、内容资源等）的全面调用、系统联合与协调运作；更强调对受众的精准定位、双向沟通以改变受众的认知、行为等；更强调媒体报道方面的时效性、主动性以抢占先机与话语权。⑥习近平总书记的这一重要指示意味着"大外宣"格局不仅要进一步巩固、完善，还要站在国家战略

---

① 习近平主持召开中央全面深化改革委员会第十四次会议［EB/OL］.（2020-06-30）［2022-10-15］. http：//jhsjk.people.cn/article/31765476.
② 习近平：在中央政治局常委会会议研究应对新型冠状病毒肺炎疫情工作时的讲话［EB/OL］.（2020-02-15）［2022-10-15］. https：//www.court.gov.cn/xinshidai/xiangqing/219701.html.
③ 夏康健，崔士鑫.习近平总书记关于推进国际传播能力建设重要论述的发展脉络和深刻内涵［J］.中国出版，2021（13）：8-13.
④ 习近平主持中共中央政治局第三十次集体学习并讲话［EB/OL］.（2021-06-01）［2023-08-08］. http：//www.gov.cn/xinwen/2021-06/01/content_5614684.htm?IsRedirectHit=20481191.
⑤ 唐润华，韩娜.我国反恐战略传播机制初探［J］.新闻记者，2017（3）：14-21.
⑥ 郑保卫，王青.当前我国国际传播的现状、问题及对策［J］.传媒观察，2021（8）：13-19+2.

高度加快构建,这是中国国际传播新形势下的新发展战略,也是对中国国际传播赋予的更高的职责使命和更艰巨、紧迫的任务。

### 2."大外宣"战略的内涵

"大外宣"战略是新时代内宣与外宣关系的总结,是百年未有之大变局下从战略传播的高度提出的外宣工作新理念。

概括习近平总书记以上讲话精神可看出,"大外宣"战略传递出外宣工作两大趋势:其一,部门外宣概念开始淡化,国家外宣观念进一步增强,对外传播不再被视为某一管理部门权限范围内的事,而成为国家层面的整体性的战略任务;其二,专门的外宣媒体的概念开始淡化,对外传播不再是专门的外宣媒体孤军作战,而是转变为所有类型的媒体,以及社会各界都要被调动起来的、集全民优势于一身的协同作战。[①]

具体而言,新形势下的"大外宣"要在多个层面实现"内外一体"。这个"内外一体"既是传统意义上打通国内国际报道的"一体",更是在"构建具有鲜明中国特色的战略传播体系"精神的指引下,打破各种壁垒、畅通各个环节、理顺内宣外宣体制的"一体"——这需要在顶层设计上,打通媒体、外宣、外交、文旅、国安等各条战线各个部门,且各级党委(党组)都要把加强国际传播能力建设纳入意识形态工作责任制。此外,新形势下"大外宣"的"内外一体"还包括:在传播主体上,汇聚中央与地方政府、内宣与外宣、国内与国外、传统媒体与新兴媒体,以及企事业单位,民间组织、智库、基金会等各种社会机构乃至个人等资源和力量,形成多元复调的"一体";在传播内容上,超越对所谓正面负面、好事坏事的简单化理解,把真实、立体、全面的中国作为"一体";在传播手段和方式上,实现网上网下、内宣外宣联动,且加快媒介的深度融合,融全程、全息、全员、全效的"四全媒体"为"一体";在传播对象上,配合我国大国外交、周边外交、发展中国家外交、多边国际组织外交为"一体"的外交工作,努力扩大知华友华朋友圈为"一体"。

---

① 程曼丽.从信息流动结构的变化看我国对外传播的走势[J].电视研究,2009(1):8-10.

## （二）布局"大外宣"：为地方开辟国际传播新赛道

提出"大外宣"战略，是为了布局"大外宣"，即构建多主体、立体式的"大外宣"格局。媒体"走出去"工程被加快推进后，在传统外宣国家队基础上建立的"1+6+N"的工作体系是"大外宣"格局构建的重要成果。这里的"1"指的是一家旗舰媒体，即中国国际电视台（也称中国环球电视网）；"6"指的是六家央媒，即新华社、《人民日报》、中国国际广播电台、中央电视台、《中国日报》、中国新闻社；"N"泛指其他部门。

当前，在中央的倡导下，地方省市逐渐认识到国际传播的重要性、必要性，在专门的地方外宣媒体之外，地方政府及其下属部门、企事业单位、社会组织、个人等都纷纷加入"N"体系，跑上了"大外宣"为地方开辟的国际传播新赛道，从而极大地充实、丰富了"1+6+N"的"大外宣"工作体系。

### 1. 地方新闻媒体

地方新闻媒体开展对外传播并非晚近之事，早在20世纪90年代中后期，周边传播就已经开始；随后，沿海城市和传媒业发达的省市，如上海、广东、浙江、湖南等，凭借经济和媒体技术的优势在海外落地电视信号；接着，随着互联网技术的迅猛发展以及各种新媒体形式的兴起，出现了与境外媒体合作的或自办的对外网站，以及入驻海外社交平台等。如今，这类地方新型主流外宣媒体已经从经济发达地区扩展到欠发达的中西部省份，呈现多点开花的态势，其多样化的传播产品已成为地方对外传播的重要平台。其中，上海报业集团旗下的澎湃新闻就是一个典型的例子。2016年，澎湃新闻推出了全新英文产品"第六声"（Sixth Tone），它基于西方用户习惯讲述中国故事，以个性化的方式探索建立自己的对外话语体系，引起西方媒体的广泛关注，成为地方媒体外宣实践与创新的范例。[①]

因此，从某种意义上来说，国际传播对于部分省市的地方新闻媒体而言，

---

① 王宁，郭可. 新时代中国对外传播媒体的变革和发展［J］. 对外传播，2018（12）：19-21.

早已是深耕不辍的领域，并非完全的"新赛道"，但值得注意的是，从全国范围来看，开展外宣业务的省市仍是少数，就算有，也多集中在省会城市或重点城市一级，且多以专门的外宣媒体或外宣部门为主——相当于中央级外宣媒体或部门的地方版，与一般内宣媒体、内宣部门分属不同的业务和管理范畴。然而，随着2018年中央提出加强县级融媒体中心建设，有学者认为，县级融媒体中心也有望在未来三五年，通过讲好本地故事和协助县委宣传部统筹县域范围内的对外传播主体，加入"大外宣"格局，助力构建涵盖中央、省区、市县三级媒体的国际传播体系。① 不仅如此，还有学者通过研究发现中文媒体（这里的"中文媒体"指的是非外宣类新闻媒体——笔者注），尤其是本地中文媒体对外媒新闻选择的影响力逐渐加强，因此地方发展对外传播，还需要重视一直被忽略的中文媒体。② 这些观点、建议，让我们意识到国际传播不仅可以在如此基层的层面做，而且可以在国内传播中找到新的突破口。那么，对于这些尚未被纳入"大外宣"布局视野的非外宣类地方新闻媒体来说，国际传播无疑成为其"新赛道"。

**2. 地方政府**

地方政府开展的对外传播，侧重点在城市外宣，旨在发挥区域特色优势，打造国际化城市形象与城市品牌，其频频推出的"爆款"活动或传媒作品已成为地方国际传播中的亮丽风景。从2014年开始发布的《中国城市海外网络传播力建设报告》，每年对我国337个地级及以上城市（自治州、地区、盟）的海外网络传播效果进行评估，这说明地方国际传播从量上看已颇具规模。从质上看，直辖市、副省级城市和省会城市总体占据海外网络传播力的前端，北京、上海、广州、深圳更是稳定地处于"头部"，但同时，武汉、成都、重庆、杭州、西安、南京、宁波、哈尔滨等"新一线城市"或"一带一路"沿线城市也迅速崛起。地方政府借区域特色开展城市外宣的方式和手段多种多样，如成

---

① 黄典林，张毓强. 国际传播的地方实践：现状、趋势与创新路径［J］. 对外传播，2021（9）：67-71.
② 唐佳梅. 区域对外传播共识的补充与修正：《纽约时报》《泰晤士报》《海峡时报》十年涉穗报道分析［J］. 现代传播（中国传媒大学学报），2010（5）：153-154.

都、长沙、秦皇岛等地借助网红地标；泰州、邢台、聊城等地借助当地知名企业；天津、兰州、西双版纳傣族自治州等地借助网红博主；广州、拉萨、西双版纳等城市借助长短视频；济南、广州、杭州等地借助当地举办的大型国际活动；南京、福州、兰州等地借助地域文化名片。① 不过，总体来看，各地方政府的对外传播能力参差不齐，存在两极分化明显的问题。

**3.地方企事业单位、社会组织、个人**

企事业单位开展的对外传播，从级别上看，目前仍以中央级、国家级为主。例如，高校方面，属于教育部直属高校的清华大学、北京大学、浙江大学和复旦大学长年居于内地高校海外网络传播力"头部"，学术成果、传统文化、国际议题是其传播亮点，同时它们也注重通过高校互动、平台联动发挥传播集群优势。企业方面，属于央企的南航、东航等航空企业，中国移动等通信企业始终处于海外网络传播力前列，中石化等能源化工企业也进步显著，绿色环保、全球减贫、民生福祉，与共建"一带一路"国家和地区市场的发展是央企海外传播的热点议题。② 相比之下，开展对外传播的高科技民企如果以其"出生地"或总部所在地看，则可视为地方国际传播的重要力量，如深圳的华为、腾讯、比亚迪、大疆，北京的小米、京东、字节跳动、美团、百度等。③

社会组织方面，以最具代表性的智库为例，据《全球智库报告2020》，中国智库已达1,413家，位居世界第二。中国现代国际关系研究院、中国社会科学院、清华-卡内基全球政策中心、国务院发展研究中心、中国国际问题研究院、中国与全球化智库、北京大学国际战略研究院、上海国际问题研究院8家中国智库，连续三年入选全球百强智库榜单。在研究领域方面，中国多家智库入选"国防和国家安全研究""国内经济政策研究""外交政策与国际事务研

---

① 《2022中国大学、央企、城市海外网络传播力建设系列报告》发布［EB/OL］.（2023-01-06）［2023-10-06］. https://baijiahao.baidu.com/s?id=1754276239685409627&wfr=spider&for=pc.
② 《2022中国大学、央企、城市海外网络传播力建设系列报告》发布［EB/OL］.（2023-01-06）［2023-10-06］. https://baijiahao.baidu.com/s?id=1754276239685409627&wfr=spider&for=pc.
③ 4月中国百企海外传播力报告：华为、小米、腾讯关注度最高［EB/OL］.（2022-05-18）［2023-08-08］. https://baijiahao.baidu.com/s?id=1733132573997859256&wfr=spider&for=pc.

究""国内健康政策研究""全球健康政策研究""国际发展政策研究""国际经济政策研究"等不同研究领域的全球最佳智库榜单,其国际影响力和知名度逐步提升。① 这些智库主要集中在学术科研实力雄厚的北京、上海,是两地国际传播的独有优势。

个人方面,全球化、新媒体时代下,人人都可以成为国际传播的参与者,出国留学、工作、参会、旅游、生活等都是个人参与构建"大外宣"格局的方式。尤其是那些积极接受外媒采访或在海外社交平台上拥有较大粉丝群的个人,在信息发布、观点表达的同时,也深刻地影响着粉丝对其所在国家、城市的了解和形象感知。近年来,一大批像四川绵阳的李子柒、山东聊城的"阿木爷爷"、云南保山的"滇西小哥"这样带有鲜明地方特色的普通自媒体用户,通过讲述身边的故事或展示个人生活成长的环境,传播中国地方美食、技艺、风物、传统文化,频频"火爆出圈",赢得数以百万计的国际粉丝,收获了意想不到的积极效果,俨然地方形象大使——诚如澳大利亚媒体所称:"滇西小哥的个人频道让世界迷上了云南。"②

以上成绩说明我们已初步构建起多主体、立体式的"大外宣"格局,国际话语权和影响力显著提升,不过也存在亟须下大力气,使"大外宣"布局更完整、更高效的地方。

第一,诚如前所述,中央、省区、市县的三级媒体国际传播体系尚存在空白,一个重要原因就在于长久以来形成的内外宣有别的惯性思维。许多非外宣定位的市县级媒体、内宣媒体往往自认为层级太低,所涉国内、地方新闻缺乏外宣价值,外国受众也看不到,因而长期以来未将国际传播纳入自己的业务范畴。然而"大外宣"战略下,这种观念显然已不合时宜,缺乏对"内宣外宣一体""内宣外宣联动"中"一体""联动"精神的真正透彻的理解。

第二,通过对以上地方国际传播主体概况的梳理,我们发现非职业新闻机

---

① 《全球智库报告 2020》:中国智库数量居世界第二[N/OL].新京报,2021-02-01[2023-08-08].https://baijiahao.baidu.com/s?id=1690494736819568008&wfr=spider&for=pc.
② 阿木爷爷、李子柒、滇西小哥……他们这样把中国文化"安利"给世界[EB/OL].(2020-07-20)[2023-08-08].https://baijiahao.baidu.com/s?id=1672722282566809600&wfr=spider&for=pc.

构的地方政府、企事业单位、社会组织、个人开展的国际传播，也多借助大众媒介手段，而且与以往主要依托以央媒为主的职业新闻媒体"借船出海"的方式不同，新媒体时代，他们自行创办形态多样的"委办局"媒体、企事业组织媒体、社交媒体、个人自媒体，自主开拓传播平台渠道，成为职业新闻媒体之外的另一大媒体力量。如据《2020中国百强城市海外传播影响力指数报告》，中国GDP排名前一百的城市在四大海外社交平台〔脸书（Facebook）、推特（原名Twitter，现名X）、油管（YouTube）、照片墙（Instagram）〕的账号开通率已经过半，共有51个城市开通各类账号293个，其中，厦门、成都、上海均拥有5个以上的官方账号，正在逐渐完善其传播矩阵。①又如，截至2022年8月，北京的小米科技有限责任公司针对不同国家设立了32个不同的推特账号，不但体系化地自办媒体，而且在区域化、分众化的精准传播方面做出了自办媒体的独到努力。比如，针对英国市场消费水平较高的特点，"小米英国"侧重突出产品的高科技智能效果，并与用户积极互动，共建社群文化；针对印度市场消费水平较低的特点，"小米印度"则侧重突出产品的性价比优势、展示各种优惠促销信息，并重点发布能彰显其企业社会责任心的公益活动信息。**国际传播生态的这一新变化应该促使地方外宣部门重新思考"媒体"一词在今天的内涵与外延，更重要的是需要进一步思考，如何"吃透"习近平总书记提出的"地方各类媒体积极参与""传统媒体和新兴媒体协同并进"的精髓要义，如何以"一盘棋"的战略规划统筹好跑在国际传播新赛道上的各级各类地方媒体。**

从本书侧重的传播实务的角度看，要解决以上两个问题，首先需要各传播主体在思想认识上，大胆突破级别、身份、性质等多方面自我设限的禁区，主动走出"内外宣有别"的认识误区，树立"大外宣"观念、"以外宣意识做内宣"的自觉，跑好国际传播新赛道；其次需要在具体操作上，以媒体为切入口，对各传播主体的媒体实践作整体部署，引导各级各类媒体资源向地方外宣

---

① 城市国际传播如何破局？成都"造船出海"走出一条创新之路［EB/OL］.（2021-09-15）［2023-04-10］. https://mp.weixin.qq.com/s/TGLFrl5SqGmJBv77siliag.

需求聚拢。

在内外宣界限日益模糊的新形势下，所谓"以外宣意识做内宣"，是指主动考量国内议题的外宣潜力、国际影响，以最适切的议题设置、话语和叙事方式、传播手段等，充分释放其中可能的国际传播价值与国际传播效能，兼顾国内、国际传播的需求。对各传播主体的媒体实践作整体部署，是指将身份多元、形态丰富的各级各类地方媒体有机纳入"大外宣"的统筹视野中，在传播内容、表达方式、传播手段等方面，引导其自觉以地方外宣需求规划自己的传播活动，以相互策应、互为借力之势，在国际传播舆论场上同声相应、同气相求，协同发出中国、地方好声音。无论哪方面的改进、革新，都是中国国际传播理论与实践的一次飞跃，对地方外宣部门以及各级各类地方媒体来说，则是一个全新的发展空间、一个重大的发展机遇，当然，面对加强国际传播能力建设这一"陡然"新增的时代课题，这也是一场严峻的挑战，各传播主体必须对这一新赛道精耕细作。

# 第二章
## "大外宣":讲好新时代北京故事的机遇与挑战

内外宣界限日益模糊的现实，已使我们意识到以新的"大外宣"理念应对国际传播形势变化的必要性、紧迫性，新冠疫情的暴发更强化了这一认识。自 2019 年年底以来，我们亲身感受到中国每一地、每一处的疫情防控、疫苗接种及其他相关事务，几乎都被置于全世界的聚光灯下，并被西方媒体的报道视角和立场左右，这再次说明国际话语权仍然被西方世界所垄断。只有充分利用新传媒生态下的各种传播资源，尽快构建起具有鲜明中国特色的战略传播体系，加速推进"大外宣"战略的实施与"大外宣"格局的建设，中国才有可能改变总被"他塑"的不利局面，真正展开富有主体性的"自塑"。

作为多主体、立体式"大外宣"格局中的重要"一体""一级"或"一维"，地方外宣必须尽快树立战略传播观，把各级各类地方媒体——无论是外宣或非外宣定位的职业新闻媒体，还是地方政府、企事业单位、社会组织、个人所办的"委办局"媒体、企事业组织媒体、社交媒体、个人自媒体，都有机统筹进地方国际传播的"大盘子"里，推动这些形态多样的媒体形成"以外宣意识做内宣"的自觉，探索、创新开辟国际传播新赛道的策略路径。这对于以前从未考虑过外宣定位，或即使有外宣定位但一直以来"各自为政"的各级各类地方媒体来说，意味着报道思想、范围、领域、策略、技巧的重大改变，这既是其自身提升国际影响力、跻身国内甚至国外旗舰媒体集群的难得机遇，也是推动地方外宣提质升级的难得机遇——当然，也是严峻挑战。从这个意义上说，**抓住各级各类地方媒体的国际传播能力建设，也就抓住了地方国际传播能力建设的纲领，二者相辅相成、彼此促进。**

北京，大国首都，全国政治中心、文化中心、国际交往中心和国际科技创新中心①，这一特殊的城市功能定位，决定了**北京外宣首先是代表国家外宣的**

---

① 2016 年提出的是"全国科技创新中心"，2021 年改名为"国际科技创新中心"。

首都外宣，因此北京在"大外宣"格局构建中拥有诸多先天优势、先发机遇，更有条件，也更应有意识地去统筹协调首都丰富的媒体资源，以形态多样的本地媒体为抓手，开创首都国际传播新局面。当然，也正因为北京外宣首先是代表国家外宣的首都外宣，北京有责任对外讲好新时代北京故事，并进一步**成为讲好新时代中国故事的"全国标杆"**，这使得北京在更有力地布局"大外宣"、提升国际传播能力方面，面临着严峻挑战。

本书所用的"北京地方媒体""北京媒体"概念，是指新媒体时代被赋予了新内涵的北京各级各类地方媒体，主要有四类：一是北京市属及各区县级的职业新闻媒体，如市级的《北京日报》《北京晚报》《新京报》《北京青年报》《北京商报》《劳动午报》与北京广播电视台、各区县级的融媒体中心，及其各自旗下的网站、新媒体平台等；二是北京市政府及其下属部门所办"委办局"媒体，如"首都之窗"等各类政府公务网站、"平安北京"等政务新媒体、《北京》杂志等政府外宣媒体、Discover Beijing 等"委办局"在海外社交平台上开设的账号等；三是北京属地社会媒体，如北京企事业单位、社会组织等所办企事业组织、行业媒体；四是北京民众个人所有的自媒体。

## 一、"大外宣"战略给讲好新时代北京故事带来的机遇

新媒体时代，身份多元、形态丰富的各级各类地方媒体业已成为地方国际传播的新亮点与生力军。但是，长期以来，在外宣是中央级外宣媒体、部门的专门任务的观念影响下，除专门的地方外宣媒体或个例外，绝大多数地方媒体都没有"以外宣意识做内宣"的自觉，更没有为自己规划过国际传播的定位。不过，业已提升至国家顶层设计高度的"大外宣"战略以及新媒体时代新的传媒生态打破了这一思维惯性，给各级各类地方媒体都划出了一条传播力、影响力竞争的新赛道。在这条赛道上，一些原本在各方面（包括传媒领域）发展相对滞后的传统省份，却因立足当地的地域特色，找准了符合自身形象与发展需求的国际传播切入口，在更广阔的国际传播竞争中闯出了一条新路，足见"大

外宣"带给地方外宣及其媒体的机遇。北京外宣、北京地方媒体自然也有这样的机遇,不过,鉴于背靠首都的先天优势,其机遇的具体表现与一般地方外宣、地方媒体不尽相同。

## (一)构建更清晰的"北京"国际形象的机遇

### 1."北京"国际形象:有"都"无"城"的模糊

与其他地方开展国际传播最首要的任务是向外推介所在省份或城市不同,北京是一个早已具备高世界知名度的城市。2008年,美国期刊《外交政策》(Foreign Policy)首次发布"全球城市指数"排名,根据这一排名,北京已跻身"全球城市"之列,在商业活动、人力资源、信息交流、文化积累及政治参与等方面,仅次于伦敦、巴黎、纽约和东京四大城市。① 发生在北京的新闻、故事因此常常"自带流量",这是首都开展国际传播的得天独厚的优势。

然而,这里有一个很容易被忽视的问题,即"北京"这个概念、符号在国际新闻、信息的流通中——尤其是在外媒的报道中,通常并非单指北京市,而是时常成为中国、中国政府的代称,因而常被附着上过多的政治化、意识形态化的色彩。一项对《费加罗报》(Le Figaro)、《泰晤士报》(The Times)、《纽约时报》(The New York Times)等国际知名媒体新闻报道的研究显示,在传统媒体的新闻报道中,"北京"是代表中国的政治符号。② 虽然在社交媒体上,"北京"的概念、内涵相对多元,但依然经常被打上政治符号标识,如一个有关海外三大主流社交媒体(推特、脸书和照片墙)建构的北京城市形象的研究指出,这些媒体"极端地夸大了北京作为'都'的在国家层面的象征意义,而背离了北京作为'城'的最基本的日常现实",使人对北京产生了"看得见的国家,看不见的城市"的印象。③ 虽然任何国家的首都都很自然地会被符号化

---

① The 2008 Global Cities Index [EB/OL]. (2008-10-31) [2023-04-10]. http://foreignpolicy.com/2009/10/06/the-2008-global-cities-index/.
② 欧亚. 推特平台的北京国际形象及其传播模式研究 [J]. 对外传播, 2021 (5):61-64.
③ 马诗远,郑承军. 新信息环境下海外社交媒体中的北京形象研究 [J]. 现代传播(中国传媒大学学报), 2021, 43 (7): 150-157.

为所在国的象征，但也并不意味着它们必须付出牺牲自身城市个性的代价，比如有对《纽约时报》的研究就指出："相形之下，《纽约时报》以东京指代日本政府的情况并不多见。"①这说明，北京的国际知名度相当程度上是源自其作为"都"的国际形象，而其作为"城"的国际形象则是比较模糊的。

城市形象是城市个体形象叠加形成的公众印象②，城市国际形象则是指国际社会对城市的总体感知印象和综合评价，是一座城市的历史文化底蕴和经济社会发展水平的综合反映。城市国际形象是城市重要的无形资产，良好的国际形象不仅能折射出城市的魅力和吸引力，同时具有强大的凝聚力和辐射力，有效助力于城市扩大对外交往、吸引海外投资和人才、增强国际影响力。③但北京国际形象遭遇的这种有"都"无"城"、过度政治化、缺乏清晰个性的认知尴尬，显然不利于其发挥上述功能。

**2. 构建更清晰"北京"国际形象的地方媒体优势**

造成这种现象的原因很复杂，若从传播者的一方来说，恐怕和我国的外宣任务长期由中央级媒体、部门承担不无关系。中央级媒体、部门的定位使其必然从宏观大局出发，以全国性、世界性等因素来考量传播对象的新闻价值，在这一标准下，与北京有关的新闻大多还是全国性新闻，只不过发生在北京"地界"而已——在按地域划分的新闻类型中，这类新闻严格说来属于国内新闻而不属于"北京新闻"。久而久之，这样的北京确实容易让人产生只是"国家代言人"的身份错觉。要想改变这种情况，方法之一是"建立好渗透在日常生活中的深度'连接'，塑造好'接地气'的北京形象"，即"摆脱宏大叙事，将传播浸润在国际受众的平凡日子里，置入他们的阅读环境，建立个体与城市在生命意义上的持久而稳定的连接。一沙一世界，一花一天堂。每个个体在其与城市的连接中，只有捕捉到属于自己的独特意义，这个城市才会在他的心里扎

---

① 欧亚，熊炜. 从《纽约时报》看北京城市形象的国际传播[J]. 对外传播，2016（6）：48-50.
② 转引自王永杰，陈林会，刘青. 大型体育赛事促进城市形象传播的价值、经验与推进路径[J]. 体育文化导刊，2022（6）：36-41+61.
③ 姚宜. 广州城市国际形象探析：基于"外国人眼中的广州城市形象"调查[J]. 城市管理与科技，2015，17（5）：27-30.

根、开花、结果，而不是浮光掠影。千万个个体心里的城市图片，才能定格成城市形象的底色"。① 这样的任务，恰是以中微观视角讲述城市故事为己任的地方媒体——北京媒体可以且适宜承担的，因为地方媒体，尤其是新媒体时代非官方的企事业单位、社会组织、个人所办的灵活多样的企事业组织媒体、社交媒体、个人自媒体，擅长把观察、感知、报道城市的触角，伸向大街小巷、家长里短的每一个微细之处；而"大外宣"战略又从顶层设计上拓展了"外宣"这一概念的外延，由此使得各级各类北京地方媒体都有机会加入对外讲好新时代北京故事的队伍中，也就为首都国际传播充分整合各类媒体资源，积极有为地构建一个更清晰的"北京"国际形象提供了难得的机遇。

## （二）凸显更"现代"的北京国际城市品牌的机遇

### 1. 北京国际城市品牌：传统有余现代不足的偏差

城市是人类文明的结晶与汇聚人类智慧的高地，在当今以民族国家为主体的全球竞争中，城市往往发挥着"国家名片"的作用。② 北京要想在全球二百多个国家和地区的难以计数的城市中脱颖而出，发挥一提及就能让人联想到其独特之处的中国"名片"作用，就必须成体系、有规划地进行城市品牌设计、开发与传播。

美国商学教授凯文·凯勒（Kevin Keller）首次提出，包括城市在内的某个地理位置或空间区域与产品和服务一样，都可以成为品牌。③ 所谓城市品牌，是基于城市的历史文脉、地理环境、产业优势等提炼整合出鲜明的城市基因，在推广城市形象过程中传递给大众的核心优势价值。④ 可见，城市品牌是城市风貌的综合展现，也是城市营销的产物，是特定城市在人们心中的价值印

---

① 马诗远，郑承军. 新信息环境下海外社交媒体中的北京形象研究［J］. 现代传播（中国传媒大学学报），2021，43（7）：150-157.
② 陈先红，李旺传，邓思蕊. "英雄武汉"城市品牌塑造与传播策略研究［J］. 武汉理工大学学报（社会科学版），2022，35（1）：22-34.
③ 凯勒. 战略品牌管理［M］. 卢泰宏，吴水龙，译. 北京：中国人民大学出版社，2014.
④ 李军凯，张婷. 城市文化品牌塑造与传播［J］. 新闻战线，2021（9）：86-88.

记。[①] 通过城市营销，人们得以知道并了解某一区域，更重要的是，将某种形象和联想与这个城市的存在自然地联系在一起。[②] 根据不同类型和性质的城市在国际、国内所发挥的政治、经济或文化作用，以及城市自身的个性特点，城市品牌可被分为政治型品牌（往往是国际性组织所在地或国家的首都）、经济型品牌（国际性或地区性的经济活动中心，又或是资本集聚地或工业生产中心）、交通型品牌（依靠其优越的地理位置而成为国内或国际交通要冲）、文化型品牌（具有独特而古老的文化遗产与传统，或现代科技、教育、文化产业特别发达）、旅游型品牌（以旅游业为城市经济的主要支柱，并以旅游业的发展为城市发展的根本动力）、人居型品牌（生态环境好，市民生活质量高，适宜居住）、产品型品牌（拥有独一无二或处于垄断地位的产品或服务，享有较高"原产地"商誉）。[③] 一个城市可能兼具多种品牌类型。

从对城市品牌概念的理解中，也能看到其与城市形象的关系。二者的相同之处在于，从根本上说，它们都属于公众感知的范畴，但相对而言，城市形象是一个更综合、更抽象的心理投射，城市品牌则需要依托具体可感的物质基础。人们对一个城市的形象的感知，往往首先从感知这个城市所拥有的品牌开始。比如，一提起巴黎，人们第一反应大概都是"浪漫之都""名品之城"，之所以如此，是因为巴黎拥有众多由世界级博物馆、建筑群构成的标志性旅游品牌，荟萃了众多美食、美酒、香水、时装、化妆品等时尚品牌，还有知名时装秀、电影节、马拉松等节庆赛事品牌。这些品牌的形成既是历史文化沉淀所致，也是商业推广、产品营销经年累月作用于人们认知的结果。它们形塑了巴黎的不同侧面，结合起来则构建起巴黎作为国际文旅胜地、时尚前沿、商业都会的城市形象，使"巴黎"成为法国最亮眼的城市品牌之一。

当前，打造城市品牌已成为推动城市发展、构建城市国际形象的重要战略举措，即使是像巴黎这样品牌知名度已经很高的城市，依然坚持不懈地开展

---

① 张燚，张锐. 城市品牌论 [J]. 管理学报，2006（4）：51-56.
② 赵继敏. 基于游客凝视理论的城市文化品牌与差异资源开掘：以北京和上海为例 [J]. 上海城市管理，2017，26（4）：86-89.
③ 龙添启. 城市品牌的类型和评价指标体系 [J]. 西部皮革，2019，41（16）：88.

城市品牌建设，尤其是依据变化的内外部环境，不断丰富其城市品牌的内涵。2015 至 2016 年，法国经历了多次重大恐怖袭击事件，受此影响，巴黎的外国游客数量骤减，其"浪漫之都"的城市形象严重受损。为改变这一现状，巴黎市政府发布了名为"巴黎，我爱你"（Paris Je T'aime）的城市宣传片，提出了"不只要凝视巴黎，而是要亲自感受它！"的宣传口号，重新进行了城市品牌定位——既注重城市外在形象特征，又强调其齐心应对危机的内在精神，以此重塑巴黎"光明之都"的形象。①

北京也是一座名声在外的国际知名城市，是中国最亮眼的城市品牌之一。虽然诚如前文所述，北京国际形象中作为首都的政治角色被过度渲染，一定程度上"架空"了其作为城市的其他角色与价值，但北京毕竟是一座有着悠久历史文化传统的城市，其在独具魅力的皇家建筑、城市园林、民俗京味、美食文化、戏曲艺术等领域积淀下的众多以"老字号"为代表的文化、商业、旅游品牌，有很高的国际辨识度，深受国际受众喜爱。有研究指出，除却对符号化的"政治北京"的消极舆论，绝大部分海外积极舆论都集中于北京"文化北京"的身份，足见其作为一个城市文化品牌的影响力。该研究还指出，在海外三大主流社交媒体推特、脸书和照片墙中，照片墙上与北京相关的舆论以中立或正面为主，特别是对北京作为文化中心的内容讨论最多，持正面态度的帖子占比也最高。导致这种差异的原因之一与社交媒体平台的性质有关。推特、脸书传播的信息偏时政，以图片分享为主的照片墙则偏日常生活动态，所以前两者关于北京的政治内容居多，政治偏向明显，后者则以记录北京的文化风采见长，更为真实客观。②

不过，虽然北京的城市文化品牌亮眼，也不输于其他国际知名城市，但细究之下我们会发现，国际受众对北京文化品牌的印象主要集中于传统文化、古代文明，严重缺乏对北京现代文化、现代文明的认知。习近平总书记多次提出

---

① 李芮.巴黎城市形象宣传片的传播策略［J］.青年记者，2020（12）：98-99.
② 马诗远，郑承军.新信息环境下海外社交媒体中的北京形象研究［J］.现代传播（中国传媒大学学报），2021，43（7）：150-157.

"积极推动中华文化走出去",着力提高"中华文化感召力"①"增强中华文明传播力影响力"②,都是把中华文化、中华文明作为一个整体,即使是单独提及优秀传统文化,也强调要讲清楚其"历史渊源、发展脉络、基本走向"③"把优秀传统文化中具有当代价值、世界意义的文化精髓提炼出来、展示出来"④,党的二十大以来更是提出了"中国式现代化""增强中华文明传播力影响力""建设中华民族现代文明"等命题,这更加提醒我们必须充实北京的城市品牌,凸显其中更"现代"的元素。

#### 2. 凸显更"现代"北京国际城市品牌的地方媒体优势

在城市品牌的塑造,即城市品牌化的过程中,媒体的作用至关重要。媒体以何种方式传播城市品牌,如着重介绍、推广哪些方面的品牌,以及通过什么途径、手段突出、强化这些品牌,能在相当程度上塑造这个城市最终在人们心中的印象,甚至能条件反射般地唤起人们对这个城市的价值定位、情感偏向。国家外宣、地方外宣,说到底都是在做打造品牌、提升形象的工作,只不过前者打造国家品牌、提升国家形象,后者打造地方品牌、提升地方形象。结合上述研究呈现的北京城市品牌传播现状,我们能更深刻地认识到,与构建更清晰"北京"国际形象的策略一样,对冲西方媒体带来的不利的舆论影响,打造北京国际城市品牌,尤其是凸显更"现代"北京国际城市品牌的最好载体是活色生香的城市烟火、日常生活、人生百态,而这同样是单一中央级外宣媒体、部门难以充分胜任,而扎根城市基层、与城市脉动同频共振的北京地方媒体适宜且擅长的。

放眼全国,在"大外宣"战略的政策推动与招商引资、吸引国际游客等需

---

① 习近平主持中共中央政治局第三十次集体学习并讲话[EB/OL].(2021-06-01)[2023-08-08]. http://www.gov.cn/xinwen/2021-06/01/content_5614684.htm?lsRedirectHit=20481191.
② 习近平:高举中国特色社会主义伟大旗帜 为全面建设社会主义现代化国家而团结奋斗——在中国共产党第二十次全国代表大会上的报告[EB/OL].(2022-10-25)[2022-11-10]. http://www.gov.cn/xinwen/2022-10/25/content_5721685.htm.
③ 习近平:把培育和弘扬社会主义核心价值观作为凝魂聚气强基固本的基础工程[EB/OL].(2014-02-26)[2023-08-08]. http://cpc.people.com.cn/n/2014/0226/c64094-24464564.html.
④ 习近平:举旗帜聚民心育新人兴文化展形象 更好完成新形势下宣传思想工作使命任务[EB/OL].(2018-08-22)[2022-10-15]. http://jhsjk.people.cn/article/30244975.

求的刺激下，各地方参与国际传播的意识和热情都空前高涨，尤其是近年来，随着中国在区域经济平衡方面逐步取得许多巨大成就，以及产业转型升级、"一带一路"倡议等发展红利的持续释放，在北京、上海、广州、深圳这类传统一线城市之外，崛起了一大批以南京、杭州、武汉、成都、重庆、西安、长沙、合肥等为代表的"新一线城市"，各地政府都在积极调用各种传播资源，借助各种媒体平台、形式，辛勤探索、打造城市品牌。但是，由于世界知名度相对较低，这些城市几乎都面临着一个相似的难题：在国际受众面前比较"面生"，城市品牌传播需要从零开始。相比之下，北京是一座业已具备深厚城市品牌（特别是城市文化品牌）基础和国际认知基础的城市，因此北京地方媒体具备显著的先发优势，从而有条件再进一步，突破国际社会对北京国际城市品牌似乎只有文化，特别是只有传统文化、古代文明的刻板印象，赋予北京国际城市品牌更丰富全面、更"现代"的内涵，以更贴近北京的真实样貌。这是"大外宣"战略带给首都国际传播讲好新时代北京故事的又一机遇。

### （三）更好开发、利用首都传播资源的机遇

不管何种身份、形态的地方媒体要被带动、整合起来参与地方国际传播，都要对其原本聚焦国内、地方的市场定位与内容生产作出重大调整，这会面临很多困难。从传播实务层面看，最主要的困难集中在题材、人才、平台三个方面。

题材属于传播议题。统筹地方媒体开展国际传播，意在向世界展示所在城市的发展水平，推介其特色优势，提升城市的国际曝光度和美誉度。因此，深挖城市故事、充分展现本土个性是必要且首要的；但另一方面，我们也要看到，国际传播需要克服跨文化传播的障碍，而且，统筹地方媒体开展国际传播的目的远不止于获得世界的"凝视"，更重要的是吸引国际游客、投资、开展商贸活动等——这意味着地方媒体在选择传播题材时，还要考虑如何体现对国际受众的接近性，也就是说，找到兼具本土化与国际性的传播议题。当然，所谓国际性的内涵与具体表现是非常丰富的。

首先，从地理意义上看，靠近国界、边界省市的地方媒体可以围绕周边传播做文章，挖掘国际传播的特色题材，如云南、广西面向东南亚、东盟，吉林面向东北亚，黑龙江面向俄罗斯开展国际传播等。其次，国际性也可以体现在与国际组织、机构合作开展活动。例如陕西、甘肃等"一带一路"沿线省市围绕丝路文化、品牌合作、经济交流挖掘国际传播的特色题材；杭州借助二十国集团领导人峰会、博鳌借助亚洲论坛、乌镇借助世界互联网大会、贵阳借助中国国际大数据产业博览会等，挖掘国际传播的特色题材。最后，国际性还可以是人文交流意义上的，如地方媒体采制外国人在当地的工作、生活、旅游故事，邀请国际人士做嘉宾、做消息源、开专栏，引入知名外国记者、评论员、主持人、专栏作者等。上海澎湃新闻的"第六声"（Sixth Tone）之所以能迅速成为地方外宣创新的一大品牌，一个重要原因就是其善于借助"外脑""外口"发声，在多元的传播主体与上海国际化大都市开放气质的融合中，挖掘到了国际传播的特色题材。这些因地制宜，巧妙地将本土化与国际性结合起来的优秀案例各具特色，给地方外宣、地方媒体开拓国际传播题材以有益启发，但相对数量庞大、国际性资源禀赋差异悬殊的中国省市而言，以上经验很多还是可遇不可求、难以复制的。

再来看人才困难，人才属于传播主体。国际传播面向异域的、跨文化的受众，面对的是完全不同于国内的传播场景，这对传播者的语言能力、思维方式、知识储备、政治素养、传播技能等都提出了很高的要求。随着中国国际传播事业的推进，这些要求在不同阶段又有不同的内涵。习近平总书记在主持中共中央政治局第三十次集体学习并讲话时指出："要全面提升国际传播效能，建强适应新时代国际传播需要的专门人才队伍。"[①] 今天的新时代是百年变局、民族复兴交错叠加的时代，是传播技术、传播生态大变革的时代，也是更加注重传播策略、传播效能的时代。如此时代下的国际传播人才必须经专门训练、有专门素养，还须形成专门储备，这对于"国家队"级别的外宣部门来说

---

① 习近平主持中共中央政治局第三十次集体学习并讲话［EB/OL］.（2021-06-01）［2023-08-08］. http://www.gov.cn/xinwen/2021-06/01/content_5614684.htm?IsRedirectHit=20481191.

都是高标准、高要求，对地方来说自然更是大挑战。为解决人才问题，中央级外宣媒体加强了和新闻、外语、国际关系等领域相关高校或高校中相关专业的合作，如中国日报社与复旦大学在2022年7月已迎来第四轮战略合作，目标之一就是"共同厚植对外传播人才的培养沃土，携手培养深谙国情世情、又有全球叙事能力的高层次复合型国际传播人才"①。近年来，这样的合作在地方也活跃地开展起来，方式多种多样。有的是地方院校通过与中央级外宣媒体合作，建设实习实训基地，加大国际传播人才供给、提高人才质量，同时借此为地方国际传播开辟平台。例如，2022年6月，中央广播电视总台国际在线与湖南科技大学合作，其中一项目标就是"在校园新闻宣传方面，借助国际在线平台，创新国际传播能力，传播科大声音"②，而传播科大声音，也就是传播湘潭声音、湖南声音；有的则是地方媒体直接与地方高等院校合作，不过受高校专业配置或师资、生源条件所限，这些合作并不完全针对国际传播人才的培养。我们更应看到的是，和地方发展面临的诸多难题一样，在发达省市对各种资源的虹吸效应下，优秀国际传播人才主要聚集在"北上广深"这些老牌一线城市，对于广大作为"后起之秀"的省市来说，在未来一段时间里，人才匮乏仍将是地方国际传播亟须突破的主要瓶颈。

最后来看平台困难。平台属于传播渠道，大量国际传播实践告诉我们，在传播技术极大地凸显渠道作用的新媒体时代，光有媒介自身的建设是不够的，渠道建设至关重要。没有渠道，再好的内容也可能无法触达受众，也就无法产生传播效果。渠道可以由媒体自建，也可以借助第三方平台建设。当前，我国以媒体形式开展的国际传播主要有自建网站、与国内其他媒体尤其是中央级外宣媒体合作、与海外华文媒体合作、与境外主流媒体合作、在海外社交平台上创办账号等渠道。第一种属于自建渠道，第二、三、四种属于借助第三方平台。最后一种情况比较复杂，推特、脸书、照片墙、油管等海外社交平台的入

---

① 中国日报社与复旦大学签署战略合作框架协议［EB/OL］.（2022-07-07）［2023-04-10］. https://baijiahao.baidu.com/s?id=1737661039206610964&wfr=spider&for=pc.
② 开启媒体＋高校合作！湖科大与国际在线合作［EB/OL］.（2022-06-21）［2023-04-10］. https://www.163.com/dy/article/HACI6L7N05168VJR.html.

口把关权并不掌握在中国手里，所以严格意义上仍然属于第三方平台；近年来崛起的 TikTok 是中国开发的海外社交平台品牌，可归为自建渠道，可惜由于一直遭到美国政府打压而充满变数。但无论如何，由于社交媒体具有非常突出的自媒体性质，且国际化程度高，可直接面对的受众群体广泛，故而仍可以在宽泛意义上被理解为自建渠道。两类渠道各有利弊，自建渠道自主性强，但引流任务艰巨，借助第三方平台建设的渠道则相反，可以搭平台的流量顺风车。理想的渠道建设是双管齐下，但对于国际受众不够"脸熟"的地方省市来说，依托一个合适的第三方平台"借船出海"，被给予了更多重视。迄今为止，各地探索出了多种开展国际传播的形式：如建立"丝绸之路卫视联盟"这样的地方媒体国际传播合作体——该联盟于 2016 年成立时由陕西、甘肃、宁夏、青海的四家地方卫视组成，2017 年又吸纳了东南卫视、广西卫视、新疆卫视以及斯里兰卡电视台；与境外媒体开展版面合作、节目落地合作；中外合作拍摄并联合播出宣传片、纪录片、综艺节目；挖掘友城资源，开展公共外交活动等。[①] 不过，平台建设常常有一个"名气"悖论：你需要平台的名气，但平台也希望你有一定名气——平台资源紧张时更是如此，这无形中加大了地方国际传播至少是迈出第一步的难度。

首都国际传播也是地方国际传播，北京媒体也是地方媒体；但首都国际传播不是一般的地方国际传播，北京媒体也不是一般的地方媒体。借身为首都之利，它们在以上三个方面都有显著的相对优势，"大外宣"战略激活了这些优势，为其充分利用这些优势提供了难得的机遇。

**1. 题材方面：主场传播的机遇**

在挖掘国际传播特色题材方面，除了与地方省会城市相似的一般性资质外，北京的首都身份还给其国际传播提供了其他地方难以复制的主场传播的机遇，为其源源不断地提供国际传播议题。

主场，与客场相对。主场举办活动，会给主场国、主场地的新闻传播带来

---

① 《对外传播》编辑部课题组. 新形势下地方国际传播实践探索与发展路径 [J]. 对外传播，2021（7）：57-62.

议题设置、新闻素材收集、人员采访等多方面的便利，也是开展国家形象、城市形象国际传播的绝佳时机。作为中国首都，在北京举办的主场外交活动、主场国际赛事、主场国际活动、主场重大政治活动、主场重大庆典等远远多于其他省市。如果没有"大外宣"战略，这些优势更多情况下仅限于北京地方媒体的国内、京内传播，现在则不同，这些优势为北京地方媒体开展主场国际传播提供了机会，也为其找到兼具本土化与国际性的国际传播路径创造了条件。

在全力以赴服务国家主场外交，精益求精开展北京主场外宣的时代要求下，北京提出要把首都主场外宣优势用足，即充分利用在京举办的主场活动，策划、组织、开展具有首都特点、北京特色的新闻发布、外媒采访、展览展示、外宣品推送、品牌活动、合作传播等形式多样的外宣活动，全方位、多角度展示全面、立体、真实的北京，以首都风范、古都风韵、时代风貌展示国家形象，传播中华文化，服务民族复兴。主场传播，是北京结合"四个中心"城市定位和首都的特殊重要地位，开展新时代首都外宣的重要主战场。[①] 这些要求反映了北京市委、市政府对北京主场传播这一重大机遇的重视，更是为首都媒体在其间发挥潜力，提供了保障、指明了方向、开辟了空间。

**2. 人才方面：主力传播的机遇**

首都开展国际传播在人才资源方面，储备充足、实力雄厚；而若从多元传播主体的角度广义地理解"人才"，那么首都国际传播还可借助其他地方国际传播少有的主力传播，扩充人才队伍，这是"大外宣"战略下，首都国际传播更好开发、利用首都传播资源的第二大机遇。

先就专门人才资源而言。北京传媒业发达，汇聚了中央与地方两级媒体、多样态的传统与新兴媒体、多层次的官方与民间媒体，其中不乏位列外宣"国家队"的国际、国内知名媒体。借地利之便，各层级、各类型媒体之间的人才交流与流动是便捷而经常化的，这对首都国际传播人才队伍建设无疑大有裨益。同时，北京的新闻传播教育资源丰富，集中了中央与市属两级的多家重量

---

[①] 徐和建.新形势下的首都国际传播新思考[J].对外传播，2021（8）：35-39.

级新闻传播院校，近年来，一些院校有针对性地加大了对国际传播人才培养的力度。例如，2021年，中国人民大学新闻学院增设了国际新闻与传播系，这一举措标志着该学院建成了贯穿本硕博，由全英文国际新闻本科项目、国际新闻传播硕士项目以及"一带一路"全英文硕士项目构成的国际新闻与传播人才一体化培养体系，学院还与中国外文出版发行事业局、中央广播电视总台等外宣机构开展了国际传播人才培养和学术研究合作。①2024年，北京外国语大学也获批增设"国际新闻与传播"本科专业。②这些人才培养项目无疑都会充实首都国际传播人才储备。

再就多元传播主体意义上的人才资源而言。新媒体时代下的社交传播丰富了传播主体的内涵，使传播者从职业新闻机构内部人员扩大到无限宽泛的公众，从这个意义上说，每一个公众都是潜在的传播人才。反映到地方国际传播领域，一个城市的国际性人口流动越频繁，有关这个城市的新闻、信息的国际流动就越广泛，尽管这个过程在大多数情况下都是自发的，但如果能有意识地影响其中的一些关键人群——如外国主力人群，即影响有影响力的人，让他们成为地方国际传播中一支"高能"的人才队伍，往往能产生四两拨千斤、以一当十的效果，这就是主力传播的要义。而且，这种通过主力传播拓展国际传播人才的思路，在北京是最有条件落地实施的。北京举办的主场活动多，来京出席活动的国家政要、使馆人员、高端智库成员、媒体公司高层、国际组织与国际赛事负责人等主力人群就多，无疑为北京提供了得天独厚的、"送上门来的"国际传播契机。各级各类北京地方媒体如果能牢牢锁定这些人群，通过集体采访、专访、专题通气会、学术沙龙、约稿、组织活动、公共外交等方式增进与他们的交流互动，让他们自觉自愿地成为北京的关注者、热爱者、传播者，并借由他们拓展"朋友圈"，营造于京有利的国际舆论环境，就无异于培养了一

---

① 新闻学院成立国际新闻与传播系［EB/OL］.（2021-10-18）［2023-08-08］. https：//news.ruc.edu.cn/archives/347143.
② 北京外国语大学获批增设"国际新闻与传播"本科专业［EB/OL］.（2024-03-22）［2024-03-30］. https：//baijiahao.baidu.com/s?id=1794204857689321817&wfr=spider&for=pc.

批首都国际传播的"高端"编外人员。①2020 年颁布并实施的《北京市推进全国文化中心建设中长期规划（2019 年—2035 年）》指出的"加强新闻发言人、国际新闻评论员、专家学者、文化交流使者和出境人员'五支队伍'建设"②，就包含了这个国际传播人才建设思路，首都国际传播要抓住机遇，充分用足这些人才资源。

### 3. 平台方面：首都效应的机遇

首都效应带来的传播平台优势也很显著，这是"大外宣"战略下，首都国际传播更好开发、利用首都传播资源的第三大机遇。

对内来说，北京的首都身份使其成为中国最重要的地方城市之一，北京新闻、北京故事具有全国意义，是中央级媒体、部门国际传播的重要内容，这给北京与中央的合作带来机遇，而"搭乘"中央级传播平台反过来也开拓了首都国际传播的渠道。对外来说，北京的首都身份是其国际知名度高的关键因素，北京是了解中国的重要窗口，这给北京与海外媒体、机构开展合作传播，进而开拓国际传播渠道也带来机遇。正是有这内外两方面的便利，在各地的国际传播中，北京"走出去"的步伐是迈得比较早，成效也比较突出的。

以北京最重要的主流新闻媒体《北京日报》为例。早在 20 世纪 90 年代，北京日报社就设立了对外部（1999 年后改为海外编辑部），并与美国《侨报》建立了专版合作，是仅有的几家有实力"走出去"且机构配置比较完善的地方媒体之一。21 世纪初的集团化改革后，北京日报报业集团继续开拓国际传播渠道，在法国巴黎、美国华盛顿、日本东京和俄罗斯莫斯科设有驻外记者站，并先后与美国、加拿大、澳大利亚、法国、德国、奥地利六国发行量较大的六家中文媒体建立合作关系，一年刊发 364 块"北京新闻"版。截至 2022 年，《北京日报》的这些海外版在二十六年间持续面向三大洲共 39 个国家的受众讲北京故事、展北京形象，发行量突破 31 万份，其办报质量在全国各省市外宣

---

① 综合参考徐和建.国际传播建构北京城市形象的思考［J］.对外传播，2020（2）：68-70；徐和建.构建中国话语体系和叙事体系的北京思考［J］.对外传播，2021（11）：25-30.
② 北京市推进全国文化中心建设中长期规划（2019 年—2035 年）［EB/OL］.（2020-04-09）［2023-08-08］. http://www.gov.cn/xinwen/2020-04/09/content_5500586.htm.

专版中一直名列前茅。2021年,《北京日报》更是得到中宣部、国新办的高度肯定。①

## 二、"大外宣"战略给讲好新时代北京故事带来的挑战

当前,国际舆论场对华杂音不断,我国对外传播生态非常复杂,"大外宣"战略的部署使得地方外宣既处于历史上的最好时期,也面临着前所未有的巨大压力。虽然地方外宣立足于自身优势,成为向世界讲述中国故事、传播中国声音、推动中华文化尤其是中华民族现代文明"走出去"的重要践行者,但应该看到,对标国际社会的认知需求、国家对外宣工作的要求、地方省市对发展的追求及基层诉求,地方外宣在目前复杂的传播生态下仍面临着诸多挑战。②

就北京而言,"大外宣"战略使得身份多元、形态丰富的北京各级各类地方媒体都有机会跑上对外讲好新时代北京故事的新赛道,并为其激活区位、地位、站位优势创造了诸多便利条件,这极大地充实了首都国际传播的媒体资源库,使首都国际传播在全国范围内赢得不少先机;不过,也正因为北京的特殊区位、地位、站位,"大外宣"战略为首都国际传播设定了更高的标准,对如何有效整合、引导这些丰富的媒体资源,将其潜藏的优势、先机落实到具体的传播实践中并形成相互策应、互为借力的国际传播合力,提出了比其他省市更高的要求,这使得首都国际传播能力建设面临严峻挑战。

要理解并厘清这一严峻挑战,以便明确汇聚北京媒体资源的总方向,从而制定应对策略,首先需要明确**北京市对北京外宣的总需求**。这个总需求是:以全球视野、国家站位、首都定位、首善标准,着眼北京发展新阶段、新方位、新要求,以大国首都"大外宣"、全面立体大样子为定位和目标,以主动服务国家外交外宣战略、突出北京功能定位为主线,多主体、多平台、多渠道、多

---

① 陈红梅.论地方媒体在国际传播中讲好中国故事的策略:以北京日报海外版为例[J].新闻前哨,2022(11):56-57.
② 《对外传播》编辑部课题组.新形势下地方国际传播实践探索与发展路径[J].对外传播,2021(7):57-62.

载体，生动传播最新最美最好北京，讲好具有北京特色的中国故事，塑造展示可信可爱可敬中国国际形象的首要窗口，以首都实践阐释中国理论，以北京故事构建中国话语体系和中国叙事体系。①归结起来看，**上述需求主要涉及创新国际传播议题设置、构建北京特色对外话语和叙事体系、建设国际传播平台渠道三大任务，这实际上也是北京外宣部门需要引导本地各级各类媒体看齐的三大目标**，每一个任务、目标蕴含的挑战都各有不同的具体表现。

## （一）创新国际传播议题设置的挑战

### 1. 北京外宣的需求

我们可以对北京外宣总需求做一个分解，其给**首都国际传播议题设置的定位**是：以全球视野、国家站位、首都定位、首善标准，**着眼北京发展新阶段、新方位、新要求，以主动服务国家外交外宣战略、突出北京功能定位为主线**。这一议题设置鲜明地反映了北京外宣对讲新时代北京故事、展新时代北京形象的迫切愿望，同时对"新时代"的内涵给出了非常清晰的界定。该定位涉及对外"**讲什么**"的问题，要应对这一问题带来的挑战，必须加强议题设置能力建设。

根据《中共北京市委关于制定北京市国民经济和社会发展第十四个五年规划和二〇三五年远景目标的建议》，"十四五"时期，北京经济社会发展的指导思想是"立足首都城市战略定位，深入实施人文北京、科技北京、绿色北京战略"②，正确处理好"都"与"城"的关系，把大力加强"四个中心"功能建设、提高"四个服务"水平作为首都发展的全部要义③；而到2035年，北京要走在全国前列，率先基本实现社会主义现代化，努力建设好伟大社会主义

---

① 徐和建.构建中国话语体系和叙事体系的北京思考［J］.对外传播，2021（11）：25-30.
② 中共北京市委关于制定北京市国民经济和社会发展第十四个五年规划和二〇三五年远景目标的建议［EB/OL］.（2020-12-07）［2023-08-08］.https：//www.beijing.gov.cn/zhengce/zhengcefagui/202012/t20201207_2157969.html.
③ 牢记首都职责使命 全面提高"四个服务"水平［EB/OL］.（2023-06-21）［2023-08-08］.https：//www.beijing.gov.cn/ywdt/gzdt/202306/t20230621_3141583.html.

祖国的首都、迈向中华民族伟大复兴的大国首都、国际一流的和谐宜居之都，其"四个中心"功能将显著增强、"四个服务"水平将大幅提升。①"四个中心"指中央对北京作为全国政治中心、文化中心、国际交往中心、国际科技创新中心的城市战略定位；"四个服务"是中央对首都工作的基本要求，也是北京做好首都工作的根本职责所在——为中央党、政、军领导机关的工作服务，为国家的国际交往服务，为科技和教育发展服务，为改善人民群众生活服务。结合《北京市推进全国文化中心建设中长期规划（2019年—2035年）》可知，作为新时代中国故事的重要且首要部分，政府希望国际社会听到的新时代北京故事，是新时代城市规划下，紧密围绕北京"四个中心""四个服务"功能定位，展示北京首都风范、古都风韵、时代风貌的故事；作为中国国际形象的重要且首要窗口，政府希望国际社会感知到的新时代北京国际形象，是在"四个中心"建设与"四个服务"水平提升中呈现的中国首都、大国首都、国际宜居之都形象。这其实也就是首都国际传播的议题框架。

不过，从实际情况看，北京故事、北京形象在国际社会的传播和认知现状，离北京城市规划与发展实际，以及北京外宣希望达到的效果都有较大距离。

### 2. 现状与挑战

首先，北京常处于"低能见度—负面效价"象限，即北京多数情况下只是被国际主流媒体"提及"，而非成为报道"主题"，且与之相关的报道往往负面内容较多——负面内容一般集中于政治、社会治理和环境领域。②其次，外媒虽关注北京"四个中心"建设，对北京的城市建设总体也较为认可③，但仍习惯性地从政治或意识形态角度理解和报道北京，过于强调其作为中国国家政

---

① 中共北京市委关于制定北京市国民经济和社会发展第十四个五年规划和二〇三五年远景目标的建议 [EB/OL].（2020-12-07）[2023-08-08]. https://www.beijing.gov.cn/zhengce/zhengcefagui/202012/t20201207_2157969.html.
② 综合参考王宁，张璐，曹斐.英国媒体中的北京形象：基于《泰晤士报》2000—2015年的框架分析 [J].西安外国语大学学报，2017，25（4）：1-6；欧亚.推特平台的北京国际形象及其传播模式研究 [J].对外传播，2021（5）：61-64.
③ 高金萍.开启北京"四个中心"建设新时代：基于2017年度关于北京的国际舆论研究 [J].湖南大学学报（社会科学版），2018，32（6）：155-160.

治符号的意义，而在展示北京作为一个城市的地域特色方面，则存在明显的局限性①，即北京"四个中心"的形象在外媒报道中不均衡。具体来说，北京的全国政治中心这一角色被极度渲染，北京本身的政治形象内容被架空，几乎被国家政治形象完全占据，而北京作为全国文化中心、国际交往中心、国际科技创新中心，以及国际一流的和谐宜居之都的形象被大大弱化。②在被弱化的北京形象相关话题中，文化北京，主要是与传统文化北京相关的话题相对最受关注，也得到最多的正面反馈；与北京国际交往、国际科技创新相关的话题以中立居多；与和谐宜居相关的话题中既有对北京治理"大城市病"的正面肯定，也有对北京交通拥挤、环境堪忧、房价高企等问题的负面批评。相较于新媒体，以上现象在传统媒体中更为普遍，而鉴于西方传统媒体在国际舆论场中拥有强大的话语权，其对北京故事、北京形象的建构、塑造，势必深刻地影响国际社会对北京乃至中国的认知。这在国内外有关北京的研究中也可管窥一二。国内有关北京形象的研究独立性有限，大多散落、夹杂在对中国国家形象的研究之中，且主要集中于奥运会举办地形象研究、旅游目的地区域形象研究和文学影视形象研究，与北京总体的城市规划存在较大出入；国外研究大多聚焦英文传播媒介、西方大国主流媒体和精英群体眼中的北京形象，而如前所述，西方主导的国际主流媒体对于北京的媒介建构是失衡且偏负面的，那么以此为对象的研究自然也是与北京城市发展现状脱节的。③

总的来说，世界对北京"古都风韵"的认知度最高，也最认可；对北京"时代风貌"的认知不足；对北京"首都风范"的认知存在有"都"无"城"、以"都"代"城"，以及过度政治化、意识形态化的偏差。

仍以《北京日报》为例，对照考察一下首都国际传播议题设置上的特点。作为北京市第一个走向海外的对外宣传阵地，《北京日报》海外版自1996年开

---

① 吴奇志.北京形象国际传播的媒体表达：以部分中外主流媒体历史文化遗产报道为例[J].中国记者，2019（7）：116-119.
② 马诗远，郑承军.新信息环境下海外社交媒体中的北京形象研究[J].现代传播（中国传媒大学学报），2021，43（7）：150-157.
③ 东阳.北京形象研究图谱[J].传播与版权，2020（5）：165-167.

始陆续在规模、发行量、影响力较大的西方六家华文媒体上刊发"北京新闻"专版。以刊发在欧洲最具影响力的华文日报《欧洲时报》上的"北京新闻"专版为例，该专版对自己的定位是：服务以华人华侨为主的海外受众，满足其对中国，特别是北京动态的信息需求；为北京招商引资，吸引海外人才；传播京城文化，发展地方旅游业。因此，该专版登载的新闻以文教、社会和经济类为主，占比最大的文教类新闻又以文化旅游、艺术展览、文物考古为主，这说明《北京日报》非常重视以文化、国际交往为载体与纽带推介北京——从世界对北京的认知反馈来看，这方面的传播效果也最符合预期；该专版登载的社会类新闻以城市规划与管理、民生、就业、环境保护为主，这说明《北京日报》有意识地突出了作为"城"、作为"人"的北京与北京人故事，这也是契合人文北京战略的。但是，《北京日报》对北京的推介也有不均衡、不全面之处。比如反映城市发展硬指标的经济类新闻数量虽位列第三，但相比多为通讯、深度报道的文教类新闻，多为特写的社会类新闻，以消息为主的经济类新闻的内容较显单薄，尤其是2018年之后，由于专版进一步加大了对文教类新闻的投放，经济类新闻的篇幅被压缩，也不再经常占据头条等重要位置，其分量有所降低。而且，专版的经济类新闻以宏观经济政策、行业与市场动态为主，相对更重视推介北京的创业投资环境和人才引进政策，对北京的科学研究、企业研发、绿色产业创新成果的反映不够充分——这从科技新闻数量明显偏少也能看出，这种"招人"导向的报道定位有其合理性与必要性，但过浓的城市招聘广告的意味也可能遮蔽北京国际科技创新中心的真正内涵，不利于科技北京、绿色北京战略的成果展示。此外，专版的政治类新闻数量最少，以领导人活动、重要会议、时事政策为主，属于外宣中比较常见的政府通告性新闻——这样的处理不排除出于对淡化专版政治色彩的考虑，但北京作为全国政治中心的角色也因此而有所缺失。①

两相对比不难看出，北京故事、北京国际形象当前面临的主要问题在于国

---

① 范敏，李司麒.北京日报报业集团二十年"走出去"的报道框架分析：以《欧洲时报》"北京新闻"专版为例[J].燕京创意文化产业研究，2022（11）：64-73.

际社会对其的认知不完整、不丰富，局部甚至存在较大失衡，滞后于北京的城市发展，也滞后于凸显更"现代"北京城市品牌的时代需求。导致这些问题的原因，既有外媒"他塑"的偏差，也有我们"自塑"的不足。

在巩固现有国际传播成果的基础上，如何进一步充实北京作为国际交往中心、国际科技创新中心、国际一流的和谐宜居之都的丰富内涵，同时完善北京作为全国政治中心的角色，全面展示新时代中国故事的北京部分、中国式现代化的北京实践以及中华民族现代文明的北京篇章，已成为首都国际传播面临的紧迫任务与严峻挑战。其中，**完善北京作为全国政治中心的角色的任务最具挑战性**，究其原因，可从主客观两方面解析。

客观方面，即从该命题本身的特点看，之所以言其最具挑战性，是因为：第一，这是被某些外媒遮蔽甚至扭曲得最严重的部分，所以，完善北京作为全国政治中心的角色，实际上是一个正本清源、重塑城市形象、改变受众认知进而改变受众态度的任务。前文提到一般的地方省市的国际传播"从无到有"确实不易，但好处是"白纸作画"，任凭发挥；首都国际传播"从一到多"，看似有前期基础之便，但实质是改变成见、建立新知，可能更为不易。传播学效果研究的相关理论告诉我们，个人认知、态度的改变尚且需要一个复杂、漫长的过程，而要在全球范围内改变人们对一座城市的认知、态度，还不得不在当前国际舆论格局总体"西强我弱"的背景下进行，其理论与实践创新的难度可想而知。第二，完善北京作为全国政治中心的角色，需要围绕北京城市发展与治理的理论和实践展开，这是对中国现代政治文明、城市文明的折射，属于对外传播中难度最大的价值传播。在当前中国国际传播的现实语境下，它势必是一个非常棘手的问题，即当面向存在显著意识形态、政治制度、文化背景、价值观念差异，甚至敌对心理的对象时，如何有效开展国际政治传播和跨文化传播？对此，北京市提出"在事实认同的基础上为更高的价值认同创造条件"[①]，但其理论与实践创新的难度亦是可想而知。

---

① 徐和建. 新形势下的首都国际传播新思考[J]. 对外传播，2021（8）：35-39.

主观方面，从应对此挑战的媒体的议题设置来看，之所以言其最具挑战性，是因为一方面，在当前中国与西方国家各领域的关系都遭遇某些势力政治化、意识形态化操弄的大背景下，中国外宣面临艰巨的去政治化、去意识形态化任务；但另一方面，这项任务又不能以消极回避政治议题、无所作为、把国际话语权拱手让人的方式进行。因为，首先，这种做法与"加快构建中国话语和中国叙事体系""阐释好中国特色""传播好当代中国价值观""更加充分、更加鲜明地展现中国故事及其背后的思想力量和精神力量"等中央精神相悖；其次，这种做法还可能进一步加深国际社会对于北京仅有"长城""饺子""胡同""京剧"等单一面向的刻板印象；最后，作为一国首都，北京的城市定位、品牌形象必然包含政治性要素，这是毋庸讳言也无法回避的。这种议题设置既不能太讲政治又不能不讲政治的两难也是严峻的挑战所在。

## （二）构建北京特色对外话语和叙事体系的挑战

### 1. 从话语体系到叙事体系

早在2013年，习近平总书记就提出"着力打造融通中外的新概念新范畴新表述，讲好中国故事"[①]与"精心构建对外话语体系"[②]，同年的《中共中央关于全面深化改革若干重大问题的决定》第一次将"加强国际传播能力和对外话语体系建设"写入中央全会文件[③]。2021年5月31日，习近平总书记主持中共中央政治局第三十次集体学习并讲话时，更是把"讲好中国故事"提升至构建"叙事体系"的高度，并将其与构建"话语体系"并列，提出"加快构建中国话语和中国叙事体系"[④]。这一新提法为中国国际传播提出了新要求。

---

① 习近平：胸怀大局把握大势着眼大事把宣传思想工作做得更好［EB/OL］.新华网,(2013-08-20)［2023-08-08］. http://jhsjk.people.cn/article/22634049.
② 习近平：建设社会主义文化强国着力提高国家文化软实力［EB/OL］.人民网－人民日报,(2014-01-01)［2023-08-08］. http://jhsjk.people.cn/article/23995307.
③ 中共中央关于全面深化改革若干重大问题的决定（全文）国务院新闻办公室官网,(2013-11-15)［2023-08-08］. http://www.scio.gov.cn/zxbd/nd/2013/Document/1374228/1374228.htm.
④ 习近平主持中共中央政治局第三十次集体学习并讲话［EB/OL］.新华社,(2021-06-01)［2023-08-08］. http://www.gov.cn/xinwen/2021-06/01/content_5614684.htm?lsRedirectHit=20481191.

国际传播的最佳方式是讲故事,一个好的故事要融进能够说服人的事实、打动人的形象、感染人的情感、影响人的道理①,这需要一套能够支撑起这样的事实、形象、情感、道理的语言符号,它由各种概念、范畴、表述组成;同时,一个好的故事还需要遵循一定的叙述逻辑和结构,以便把这些语言符号有机、有效地组合起来。前者属于话语体系,后者属于叙事体系。话语体系脱胎于一个国家最具代表性的、最为核心的文化密码、价值取向、理论观念,标志着一个国家在国际主流意识形态领域的地位和国际话语权②,是融通中外的新概念、新范畴、新表述之源。中国故事之所以往往"有理说不出",或者"说了传不开",一个重要原因就是没有建立起自己的话语体系,因此习近平总书记指出要"精心构建"。再来说叙事。"叙事"一词从其字面意义看,是一个形式范畴的概念,通常的理解就是按事情的发展顺序进行叙述和言说,即将特定的事件序列依时间顺序纳入一个能为人理解和把握的语言结构,从而赋予其意义。③但是,在西方语境下,受亚里士多德(Aristotle)和柏拉图(Plato)将"叙事"区分为装扮他人发声的"模仿"(mimesis)与用自己声音发声的"叙事"(diegesis)的影响,叙事在近代衍生出"展示"(showing)和"讲述"(telling)两种内涵。这一区分的实质是把现实世界中发生的所有事件与实际的叙事情节或描述加以区分,并指出后者永远是一种建构,呈现经过选择和安排的事件的一部分。④这样一来,叙事也就不仅指涉讲故事的逻辑和结构这样容易让人误解为内容"配角"的纯形式问题了,相反,它表现出既折射话语体系又丰富话语体系的内容属性,尤其是当它被要求体系化地成为承载中国文化密码、价值取向、理论观念的特定逻辑和结构,即中国叙事体系时,其所需的自主性、创造性是与对话语体系的要求一样的——都须"精心构建"。正是

---

① 童兵,任桐.向世界展示真实立体全面的中国:学习习近平加强和改进国际传播工作的论述[J].新闻爱好者,2021(8):14-17.
② 韩庆祥,陈远章.建构当代中国话语体系的核心要义[N/OL].光明日报,2017-05-16[2021-06-12].http://www.xinhuanet.com/politics/2017/05/16/c_1120977542.htm.
③ 彭刚.叙事的转向:当代西方史学理论的考察[M].北京:北京大学出版社,2009:2.
④ 章晓英.中国对外话语体系建构:一个叙事学视角[J].国际传播,2019(1):1-7.

在这个意义上，有学者认为："对叙事体系建设的关注意味着中国国际传播开始更关注自身主体性的成长，中国主体性的探索更加明晰、明确，民族心态更加自信。"① 齐头并进推动这两个体系的构建，把讲好中国故事的要求提升到一个新高度，即不单要讲好中国故事本身，还要以更富自觉意识的"自己讲"的姿态，"更加充分、更加鲜明地展现中国故事及其背后的思想力量和精神力量"——这也是习近平总书记在中共中央政治局第三十次集体学习时的新提法。如此，讲好中国故事也就分量更重、意义更大了，它既是中国话语和中国叙事体系的载体或产物，反过来也充实了中国话语和中国叙事体系。

**2. 北京外宣的需求**

地方国际传播要为中国对外话语和叙事体系的构建贡献地方力量。对此，北京外宣总需求给**首都国际传播的对外话语和叙事体系的定位是：传播最新最美最好北京，讲好具有北京特色的中国故事，塑造展示可信可爱可敬中国国际形象的首要窗口，以首都实践阐释中国理论，以北京故事构建中国话语和中国叙事体系**。该定位涉及对外"**怎么讲**"的问题，要应对这一问题带来的挑战，必须加强对外话语和叙事能力建设。

具体而言，北京市提出，**以主场传播、主流传播、主力传播、主心传播作为首都实际构建中国话语和中国叙事体系的总思路，提炼最新最美最好北京的核心概念**。主场传播是指利用在京举办的重大活动开展国际传播；主流传播是指价值传播，即对外宣介习近平新时代中国特色社会主义思想及其在首都的实践成果；主力传播是指通过影响有影响力的主力人群、选择有国际影响力的主力渠道开展国际传播；主心传播是指做足人文交流，促进民心相通，打造构建人类命运共同体的民意基础和人文基础。

**在最核心的提炼最新最美最好北京的核心概念方面，北京有非常详细的基于联合国全球发展目标的思路设计**。2015 年，联合国制定了 17 个全球可持续发展目标（Sustainable Development Goals，SDGs），用以解决社会、经济和环

---

① 张毓强，潘璟玲. 主体性探询：论中国国际传播创新的方法论基点［J］. 新闻与写作，2021（10）：23-31.

境三个维度的可持续发展问题。对此,北京市提出要深入研究、科学参照联合国可持续发展目标等国际化通用坐标体系,努力寻找各类国际性组织、各国主流媒体、各类国际智库、各类精英主力人群等追求的具有最大公约数属性的人类共同价值、国际化城市形象概念,寻找与自身实际贴合的方向进行深入挖掘,提炼城市核心概念,使城市形象、国家形象的国际传播更加广泛而有效。此外,北京市还提出要深刻思考通过北京表达中国,通过最新最美最好北京展示可信可爱可敬中国;提出围绕北京践行习近平总书记思想的生动实践、巨大变化、丰硕成果,围绕思想力量、文化精髓、精神标识,围绕政治话语、文化话语、学术话语创新,提炼具有北京特色的中国表达新概念、新范畴、新表述,推出更多北京创意、北京模式、北京方案、北京品牌、北京名片、北京标识,培育数量众多、品质优秀、独具特色的"京字号"原创外宣品牌,创造形成体现中国精神、蕴藏中国智慧、接地气聚人气、具有北京特色的主体叙事、主动叙事,深化中国话语和中国叙事体系研究,为加快构建中国话语和中国叙事体系提供智力支持。①

**以上要求,从对外话语体系的构建看,北京故事要凭借城市核心概念来讲,所以提炼城市核心概念是总纲**,既要对标人类共同价值,借北京看到世界;也要对标国家形象,借北京看到中国;还要对标自身特色,借北京看到北京。**从对外叙事体系的构建看,北京故事要遵循中国理论、首都实践的逻辑与结构来讲,所以创造"都""城"同构、"家""国"同构的北京特色主体叙事、主动叙事是目标**。其中,主体叙事意在对某些外媒有"都"无"城"、以"都"代"城",以及刻意政治化、意识形态化的做法予以纠偏,还原北京作为一座独具个性的城市而非只是国家符号的应有面目,恢复其被遮蔽的城市故事叙事;主动叙事意在把握"自述"的先机,改被"模仿"、被"展示",为我"叙事"、我"讲述"。

---

① 徐和建.构建中国话语体系和叙事体系的北京思考[J].对外传播,2021(11):25-30.

### 3. 现状与挑战

北京是国际社会看中国的第一窗口、首要窗口，因此首都国际传播对中国话语和中国叙事体系的构建更加强调不能为讲故事而讲故事，而是必须体现全球视野、国家站位、首都定位、首善标准。格局、气量要求如此之高，所涉领域如此之广，内容如此之巨，规划如此之细，这无疑使得首都国际传播面临比一般地方国际传播更严峻的挑战。

以对外话语和叙事体系构建中至关重要的提炼北京核心概念为例，其实质是对最能彰显北京城市特色、发展水平、精神气质的核心要素的符号化表达：符号的所指源于北京在政治、经济、文化、社会等各领域，践行习近平新时代中国特色社会主义思想、走中国式现代化道路的生动实践、巨大变化、丰硕成果；符号的能指则需要在融通古今中外、符合国际惯例和国别特征、兼具人类共同价值与北京个性中寻找话语创新的灵感。成功的符号化表达，有赖于精心提炼所指，使其富有深厚的内容积淀与打动人心的意义，也有赖于精心推敲的能指对所指的话语"点化"，经"点化"，能指为所指找到最适切、最简洁有力、最让人眼前一亮并触发共鸣的语言外壳，这反过来又往往使所指的内涵得到升华。能指所指相得益彰，一个理想的概念才会由此而来。提炼北京核心概念就需要这样从内容到形式都精心打磨、反复酝酿。

鉴于北京城市核心要素的丰富性，提炼北京核心的概念首先是一个长期的过程，需要从以下不同维度进行广泛探索：古都北京、红色北京、京味北京、创新北京、绿色北京、和谐宜居、双奥之城、高质量发展、科创中心、"两区"[①]建设、全球数字经济标杆城市、国际消费中心城市等[②]——每个维度都为充实核心概念的所指提供了大量素材，但素材通常都是分散、零碎的，必须加以有意识的盘点梳理、凝练深化，为创造理想的概念能指夯实话语"点化"的基础，发挥好各级各类北京地方媒体触角深广的优势，但只有久久为功才能厚

---

① 北京"两区"指国家服务业扩大开放综合示范区和中国（北京）自由贸易试验区。见北京市人民政府官网［EB/OL］．（2022-02-11）［2023-08-07］．https：//www.beijing.gov.cn/zhengce/zwmc/202202/t20220211_2608523.html.

② 徐和建．构建中国话语体系和叙事体系的北京思考［J］．对外传播，2021（11）：25-30.

积薄发。其次，提炼北京核心概念也是一个动态的过程，因为随着北京"四个中心"建设的推进，每个维度的内涵都可能发生变化且相互牵引、关联，如在空气污染大为改善的今天，碳减排逐渐成为绿色北京的新亮点、新焦点，也成为理解北京国际一流的和谐宜居、高质量发展、国际科技创新中心等其他核心要素的新切入点，这就要求北京媒体必须持续保持对各领域前沿动态高度的新闻敏感，明察秋毫、见微知著，如此才能持续保持话语符号所指、能指的领先，进而保障概念传播的持久活力。最后，提炼北京核心概念还是一个国际化的过程，需要国际社会共同聚焦完成，这一是因为它参照的是联合国可持续发展目标等国际化通用坐标体系、凝聚的是具有最大公约数属性的人类共同价值、借鉴的是国际化城市形象概念塑造的经验；二是因为作为一个国际化大都市，其频繁的跨国人口流动以及随之而来的思想碰撞、文化交流，本身即构成北京城市核心要素的重要部分，这需要北京地方媒体充分利用好主场传播、主流传播、主力传播、主心传播的便利，不断扩大北京的"朋友圈"，让更多国际元素、国际声音有机会融进对北京核心概念的话语创造中。

  以上是从需求端看首都国际传播在对外话语和叙事体系构建中面临的挑战，接下来再从供给端看这一挑战的具体表现。判断话语体系和叙事体系的构建是否成功，很重要的是看其能否产生影响力，对于传播触角无远弗届的媒体来说，就是能否产出广为传播的传媒产品，尤其是能否传播到我们意欲纠偏或改变的媒体及其受众中，在他们的话语和叙事之外，把我们对各方面北京故事的认识方式和表达方式传达出来，为世界提供一种新的看待、理解北京及中国的视角与框架。这需要下一小节即将论及的传播平台、渠道建设的强力支撑，尤其需要直接面向当地受众的传播平台、渠道建设。除此之外，能否提高二次传播数量和比例，让我们的传媒产品成为更多外媒的新闻线索、信息源或背景，也是一个非常重要的指标。因为，成为新闻线索、信息源或背景实质上就是参与了对方的传播过程，也就意味着我们的话语体系和叙事体系进入了对方视野，并一定程度上影响了对方的媒体议程和受众议程——即使对方报道的是负面事件，但只要援引了我们的观点和我们的说法，也能够起到一定的纠偏作用。① 有研究分析了美国有线电视新闻网、卡塔尔半岛电视台和今日俄罗斯电视台利用重大事件崛起的经验，发现被大量二次传播是它们的一大共同特征（另一大特征是内容的不可替代性）。② 在内外宣界限日益模糊的背景下，被二次传播的既可能是那些专门的地方外宣媒体的报道，也可能是"无心插柳柳成荫"的、非专门做外宣的其他地方新闻媒体、政府或社会组织媒体、社交媒体甚至个人自媒体的内容产品。《华盛顿邮报》驻京记者潘文就曾表示，很多中国的地方报纸是他获取新闻线索的重要渠道。③ 这再次印证了二次传播的价值，也再次说明今日之国际传播确实不再能分得清内宣、外宣了，所有媒体都有可能参与外宣。然而，北京地方媒体的报道被二次传播的总体情况不理想。笔者曾以"Beijing"（北京）、"Beijing Municipality"（北京市）、"Beijing City"（北京市）为关键词，在 EBSCOhost Newspaper Source 数据库④ 中做过粗略检索，只有屈指可数的几条新闻显示依据某北京媒体报道；笔者又尝试以"Beijing Daxing International Airport"（北京大兴国际机场）、"Beijing Universal Studios"（北京环球影城）、"Beijing Stock Exchange"（北京证交所）、"Beijing's 14th Five-Year Plan"（北京"十四五"规划）、"Beijing Sub-Center"（北京城市副中心）等作为反映北京城市规划或重点建设项目的关键词进行检索，结果更不理想，不仅源自北京媒体的报道非常稀少，而且有些议题连外媒自采报道都查不到，这说明，北京总体仍是被"模仿"、被"展示"的对象，构建我"叙事"、我"讲述"的对外话语和叙事体系面临的挑战仍是相当严峻的。

---

① 欧亚，熊炜. 从《纽约时报》看北京城市形象的国际传播［J］. 对外传播，2016（6）：48-50.
② 张超. 遵循传播规律 深耕疫情报道：打造国际一流新型主流媒体的契机与策略［J］. 中国广播，2020（5）：21-27.
③ 唐佳梅. 区域对外传播共识的补充与修正：《纽约时报》《泰晤士报》《海峡时报》十年涉穗报道分析［J］. 现代传播（中国传媒大学学报），2010（5）：153-154.
④ EBSCOhost Newspaper Source 数据库提供 44 种美国和其他国家报纸的完整全文，超过 80 种电视和广播新闻脚本及杂志全文，还提供 350 余种精选地区报纸全文等内容。

## （三）建设国际传播平台、渠道的挑战

### 1. 北京外宣的需求

以有北京特色的中国话语和中国叙事体系，讲好具有北京特色的中国故事，需要有丰富、畅通、高效的传播途径，在新媒体时代"泛媒介化"的环境下更是如此。因此，北京外宣要**把政府机构、企事业单位、高校智库、社会组织、个人等都动员起来，提出通过多主体、多平台、多渠道、多载体，生动传播最新最美最好北京**。在当前形态丰富的各级各类媒体已成为各传播主体都借助并倚重的传播手段、途径的背景下，把被赋予了新内涵的北京地方媒体都纳入北京外宣的范畴，探讨其如何开拓国际传播平台、渠道，是首都国际传播能力建设中至为关键的环节。该环节提出了继对外"讲什么"和"怎么讲"之后，**"怎么传"**的问题，要应对这一问题带来的挑战，必须加强媒体融合能力建设。

根据 2020 年颁布并实施的《关于新时代繁荣兴盛首都文化的意见》和《北京市推进全国文化中心建设中长期规划（2019 年—2035 年）》，针对北京媒体国际传播平台、渠道建设的具体要求有：坚持主场外宣、主流外宣、主力外宣齐头并进，坚持"走出去"和"引进来"双向发力；区分对象、精准施策；支持全市各单位政务新媒体、属地社会网站发挥自身优势，创造具有国际元素的新媒体产品，展示北京国际形象；与中央媒体密切合作，助力其国际传播能力建设，推出北京专题定制报道，借力展示大国首都形象；鼓励市属主要媒体办好外语节目、海外专版、海外节目中心；鼓励、支持市属主要媒体深化与境外主流媒体、海外华文媒体及相关机构的内容和渠道合作，通过节目互换、人员互访、联合制作、联合报道等形式，推动外语节目、纪录片、专题片、综艺节目、多语种报刊等在境外落地传播，参加具有国际影响力的节展和评奖活动，扩大新闻产品知名度和影响力；推进海外社交平台的内容和渠道建设，鼓励市属媒体、企事业单位开设账号，用好海外社交平台开展移动化、社

交化、可视化传播。①

上述要求反映了当前我们对国际传播平台、渠道建设的很多共识性认识，但比较独特的一条是，以上要求在强调"走出去"时也强调"引进来"，强调充分发挥北京独有的主场传播、主流传播、主力传播优势，把主场外宣、主流外宣、主力外宣巧妙地融为一体。这诸多"大外宣"途径说明北京本身也是一个重要的，从某种意义上说还是"现成"的、能自主掌控的国际传播平台和渠道，只要能够抓住机遇、精心设置议题，即便没有"走出去"，也可能"引进来"优质的国际传播素材，使得在北京的传播"不经意间"就成为对国际的传播——这一点是其他地方国际传播难以比肩的优势。不过，这一认识必须基于对"大外宣"战略思想真正透彻的理解，不分内外，激活身份多元、形态丰富的所有北京地方媒体的国际传播潜力。在其他要求中，针对不同对象的精准施策、推动传播作品境外落地、推进海外社交平台建设等，属于中国国际传播普遍需要增强的方面，也都得到了强调。

### 2. 现状与挑战

比照北京外宣的需求，在利用好北京自身这一平台、渠道，坚持主场外宣、主流外宣、主力外宣齐头并进，"走出去"和"引进来"双向发力方面，北京本地的职业新闻媒体做了很多努力。以广播电视为例，在外宣新闻节目方面，北京广播电视台先后推出《今日北京》《海外连线》《全景中国》《新闻50+》《我看北京这五年——老社长的故事》《驰骋在后海边的"新老八爷"》等音视频节目；在外宣文化节目方面，推出以《传承者》为代表的系列节目《传承者之中国意象》《非凡匠心》《这里是北京》等；在外宣纪录片方面，推出《中国梦365个故事》《非遗时光》《北京印象》《握手非洲》《嗨！东盟——一带一路之东盟行》《长城》（国际版）等。这之中，既有我们主动对外讲北京的主流外宣、主场外宣，也有类似《我看北京这五年——老社长的故事》的，

---

① 综合参考中共北京市委关于新时代繁荣兴盛首都文化的意见［EB/OL］．（2020-02-14）［2023-08-05］．http：//www.beijing.gov.cn/zhengce/zhengcefagui/202004/t20200410_1799129.html；北京市推进全国文化中心建设中长期规划（2019年-2035年）［EB/OL］．（2020-04-09）［2023-08-08］．http：//www.gov.cn/xinwen/2020-04/09/content_5500586.htm.

通过采访众多国家驻华媒体负责人，引进"他者"，借他人之口讲北京的主力外宣。此外，从 2016 年到 2018 年，北京广播电视台还连续推出三季"天涯共此时——'一带一路'大型新闻行动"，每年历时 3 个月，组织百余人的报道团队奔赴亚欧非等地区，报道"一带一路"建设者的情感倾诉、创业者的心路历程、受益者的真心独白，展现"倡议"为大家带来的机遇和互惠互利，从而巧妙地把主场外宣、主流外宣、主力外宣融合了起来。①

不过，仍有不少北京地方媒体，包括职业新闻机构，对于利用好北京自身这一平台、渠道，助力首都国际传播的认识有局限。它们虽然理论上认同地方媒体也可以且应该做外宣，但无形中又在地方媒体内部把地方外宣媒体与其他媒体切割开来，或者在同一家媒体内部，把外宣部门与本地部门切割开来，对北京地方媒体在二次传播中可能发挥作用的意识不强，打通内外宣的构想与策略谋划也都没有提上议事日程。

然而，仔细研读北京外宣的顶层设计，基于北京自身的平台、渠道优势"引进来"的思路，并非只针对作为职业新闻机构的市属及各区县级的新闻媒体，还把通常被认为属于公共服务性质的政务媒体，以及属地各市场主体、社会组织办的社会网站都包括了进来。《北京市推进全国文化中心建设中长期规划（2019 年—2035 年）》在"构建多层次多形态的国际传播格局"中就提出："充分发挥北京政务新媒体矩阵传播优势，统筹资源聚合放大传播效应。支持全市各单位政务新媒体、属地社会网站发挥自身优势，创造具有国际元素的新媒体产品，展示北京国际形象。"②按通常的理解，北京本地的政务新媒体、属地社会网站多属于专门化且对内的基层传播力量，然而现在这些传播力量也要被调动起来，充实首都国际传播的平台、渠道，并鼓励以具有国际元素的新媒体产品丰富国际传播的载体，这是对国际传播多主体实践路径的有益探索，反映了北京对习近平总书记"内宣外宣一体""内宣外宣联动""地方各类媒体积

---

① 李明.融媒体时代广播电视媒体国际话语权建设：以北京广播电视台为例［J］.中国广播影视，2019（11）：94-95.
② 北京市推进全国文化中心建设中长期规划（2019 年—2035 年）［EB/OL］.（2020-04-09）［2023-08-08］.http://www.gov.cn/xinwen/2020-04/09/content_5500586.htm.

极参与"等指示的准确理解与贯彻，更是意在把对于引导对外话语和叙事体系有特殊意义的政府部门，与有助于呈现政府外视角的社会化媒体吸纳进来，全方位、多角度展示全面、立体、真实的北京，扭转失衡的北京国际形象。十年前，外媒常抱怨在发生突发事件或做社会安全类报道时若致电北京市公安局等相关部门，总会无人接听或被告知负责人不在，但现在，外媒开始使用"平安北京"微博和北京本地媒体作为信源。[①] 这一可喜的变化亟须在"规划"指引下尽快成为首都国际传播的"日常"，它需要北京市政府管理的开放、外宣部门信息服务的改善，以及各级各类北京地方媒体更自觉的观念调整：北京无小事，内外无界限，用好身边的平台、渠道，把对更多——尤其是我们想要重点推介的北京新闻、北京故事的第一报道权、解释权掌握在自己手里，提高国际舆论场上北京信息二次传播的几率。

在开拓海外传播平台、渠道方面，与中央媒体的合作属于国内合作，挑战性相对较低，暂不讨论。以北京市属新闻媒体为例，截至 2022 年 8 月，不统计临时性的围绕某个具体节目、栏目或某次活动开展的国际传播合作，北京市属新闻媒体业已建成的比较稳定的、固定的海外传播平台、渠道见表 2-1。

表 2-1 北京市属新闻媒体海外传播平台、渠道建设概况

| 媒体名称 | 自办媒体 | 与海外华文媒体合作 | 与境外主流媒体合作 | 进驻海外社交媒体 |
|---|---|---|---|---|
| 北京日报 | | 与美、加、澳、法、德、奥（地利）六国发行量较大的六家华文媒体展开合作，出版北京日报海外版[②] | | Beijing Daily<br>推特粉丝数：0.19 万<br>脸书粉丝数：6.72 万 |

---

[①] 高金萍，王纪澎. 奥运光环下北京的嬗变：2009—2016 年国外主流媒体关于北京报道的分析报告[J]. 现代传播（中国传媒大学学报），2017，39（6）：39-43.
[②] 陈红梅. 论地方媒体在国际传播中讲好中国故事的策略：以北京日报海外版为例[J]. 新闻前哨，2022（11）：56-57.

续表

| 媒体名称 | 自办媒体 | 与海外华文媒体合作 | 与境外主流媒体合作 | 进驻海外社交媒体 |
|---|---|---|---|---|
| 北京晚报 | | | | Beijing Evening News<br>推特粉丝数：0.16 万<br>脸书粉丝数：5.90 万 |
| 新京报 | | | | Beijing News<br>推特粉丝数：0.11 万<br>脸书粉丝数：0.04 万 |
| 北京青年报 | 今日北京 | | | Beijing Youth Daily<br>推特粉丝数：0.23 万<br>脸书粉丝数：0.03 万 |
| 北京商报 | | | | Beijing Business Today<br>推特粉丝数：0.15 万<br>脸书粉丝数：0.03 万 |
| 北京广播电视台 | 北京外语广播[1] | 与欧洲华语广播电台、纽约中国广播网、洛杉矶 1300 广播电台、加拿大中文台、澳大利亚堪培拉首都双语台、新西兰华人之声等华语广播电台合作[2] | 与联合国电台、俄罗斯卫星通讯社、加拿大国际广播电台、荷兰在线、澳大利亚澳洲广播电台、新加坡新传媒电台、巴基斯坦独立新闻社等境外主流媒体合作[3] | Touch Beijing<br>推特粉丝数：0.06 万<br>脸书粉丝数：104 万<br><br>BRTV 官方频道<br>推特粉丝数：0.003 万<br><br>BRTV 北京时间<br>推特粉丝数：0.05 万<br><br>BRTV Hello Beijing<br>（脸书粉丝数无显示） |

从上表可以看出，北京市属新闻媒体主要采用自办媒体、与海外华文媒体合作、与境外主流媒体合作、进驻海外社交平台四种途径开拓海外传播平台、渠道，其中又以与海外华文媒体合作与进驻海外社交平台为主。所有媒体都进

---

[1] 2023 年 1 月 1 日，北京外语广播停播，改名为"BRTV 国际传播中心"。
[2] 北京外语广播官网［EB/OL］.（2016-06-28）［2023-08-08］. http：//www.am774.com/about/ 2016-06/28/cms199043article.shtml.2016-06-28.
[3] 综合参考北京外语广播官网［EB/OL］.（2016-06-28）［2023-08-08］. http：//www.am774.com/about/2016-06/28/cms199043article.shtml.；【看北京 Beijing in My Eyes】务实开展中外媒体间深入交流，推进合作共赢成果丰硕［EB/OL］.（2018-06-04）［2023-08-08］. https：//www.sohu.com/a/234009548_108794.

驻了海外社交平台，而通过四种途径"全面出击"的只有北京广播电视台——确切地说是其下属的北京外语广播。

作为中国媒体"走出去"途径中较易操作的基础模式，与海外华文媒体合作是"借船出海"的首选，与大多数国内媒体一样，北京市属新闻媒体也循此思路，取得较丰硕的成果；与境外主流媒体合作，有利于推动传播作品境外落地，直接影响当地民众，但难度较大，是当前我国国际传播海外拓展的一大瓶颈，北京市属新闻媒体也不例外，除了临时性的合作，相对稳定、固定的境外主流媒体渠道还不够丰富，分量也还不足；进驻海外社交平台是近年来国家大力提倡开拓的国际传播途径，一来因应媒介技术与媒介生态变革，二来可以曲线解决与境外主流媒体合作难度大的问题。不过，自建渠道的引流任务也很艰巨，需要在传播议题、传播形式、经营策略上有更多创新创意，这方面除北京外语广播的脸书账号"Touch Beijing"成效显著外，北京市属新闻媒体在海外社交平台上的表现总体不佳，绝大多数媒体账号的粉丝数在千位以下。综上可知，首都国际传播开拓海外传播平台、渠道面临的挑战依然十分严峻。

# 第三章
## 首都国际传播议题设置能力建设

## 第三章 首都国际传播议题设置能力建设

"大外宣"战略给首都调用各种传播资源，借助各种媒体平台、形式，传播新时代中国故事的北京部分、中国式现代化的北京实践、中华现代文明的北京篇章带来了难得机遇，也使其面临严峻挑战。对标北京外宣总需求，首都国际传播要想抓住机遇、应对挑战，必须高度重视新媒体时代形态丰富的媒体已成为多元传播主体日益倚重的传播手段的现实，以媒体为切入口，将各级各类媒体都纳入国际传播能力建设范围，从议题设置、话语和叙事、媒体融合三方面的能力建设入手，对其进行整体部署。本书第三至五章将依次分别论述这三个方面，本章主要论述如何在议题设置方面对各级各类媒体统筹布局，以此提升首都国际传播整体的议题设置能力。

2016年，习近平总书记在党的新闻舆论工作座谈会上谈到中国国际传播能力建设的深层动因时指出，我国综合国力和国际地位不断上升，国际社会对我国的关注前所未有，但中国在世界上的形象很大程度上仍是"他塑"而非"自塑"，我们在国际上有时还处于有理说不出、说了传不开的境地，存在着信息流进流出的"逆差"、中国真实形象和西方主观印象的"反差"、软实力和硬实力的"落差"。我们要下大气力加强国际传播能力建设，加快提升中国话语的国际影响力，让全世界都能听到并听清中国声音。①2022年，习近平总书记在党的二十大报告中提出"以中国式现代化推进中华民族伟大复兴"，要求中国国际传播"增强中华文明传播力影响力"，紧接着，2023年，习近平总书记在文化传承发展座谈会上提出"在新的历史起点上更好担负起新的文化使命""建设中华民族现代文明"②，这些都是中央给当前中国国际传播部署的中

---

① 习近平在党的新闻舆论工作座谈会上强调：坚持正确方向创新方法手段 提高新闻舆论传播力引导力［EB/OL］.（2016-02-20）［2023-08-08］. http：//jhsjk.people.cn/article/28136289.
② 习近平在文化传承发展座谈会上强调 担负起新的文化使命 努力建设中华民族现代文明［EB/OL］.（2023-06-03）［2023-12-08］. http：//jhsjk.people.cn/article/40005345.

心工作，也是对中国国际传播能力建设提出的新任务、新目标。**传播力影响力的增强，其前提是中国声音能被"听到并听清"**；而要能"听清"中国声音，首先得能"听到"中国声音，且必须是中国自己发出的声音，这意味着中国国际传播要掌握议题设置的主动权。

议题设置是这样一种传播行为：通过有选择地突出一些话题，引导社会广泛关注，从而将传播者关心的话题设置成公众讨论的议题，由此潜移默化地影响公众的认知、态度与行为，**其核心要领一是对"议题"的精心挑选，二是"设置"过程中对议题相关事实与观点的主动建构，即对表达角度、主题的提炼、设计**。实践证明，议题设置能产生多方面的传播效应，如议题的首发效应、话语的建构效应、舆论的先导效应等。说中国的声音世界还听不到、听不清，中国在世界上的形象很大程度上仍是"他塑"而非"自塑"的一个重要原因就是，许多有关中国的话题不是由中国发起的，有关中国的讨论不是由中国主导的，有关中国的事务也不是由中国讲述、界定与阐释的。久而久之，中国反而无法参与有关中国的讨论，也无力决定"应该"讨论什么以及怎么讨论，话语权掌握在了"他者"手里，自然就会产生"逆差""反差""落差"的"三差"现象，这是当今国际舆论格局"西强我弱"的一个具体表现，也是西方国家每每能够主动挑起对华舆论战的底层逻辑。对此，中国国际传播要主动设置议题抢占舆论先机，这是增强国际话语权的重要手段，是中国国际传播能力建设的重要抓手。

在 2016 年指出"三差"问题的五年之后，习近平总书记指出"我国国际话语权和影响力显著提升"，肯定了近年来**中国国际传播议题设置**能力提升取得的成绩。但是，他同时也指出我们**面临着新的形势和任务**，其中与议题设置相关的内容包括：**一是需要进一步加强的议题**，如中国故事及其背后的思想力量和精神力量；对中国共产党的宣传阐释；可信、可爱、可敬的中国形象；中国主张、中国智慧、中国方案；重大问题时的对外发声。**二是需要在设置中更加突出的自我建构**，如用中国理论阐释中国实践、用中国实践升华中国理论的中国话语和中国叙事体系；从中国精神、中国价值、中国力量中确立国际传播的学理支撑（即以我为主建构议题设置的理论依据）；以五千多年中华文明发展中的生动实践，全面阐述我国的发展观、文明观、安全观、人权观、生态观、国际秩序观和全球治理观（即以我为主建构议题设置的现实依据）。①

需要指出的是，新形势下完成这些议题设置任务的意义，并不只在于满足中国自身的需要，也在于满足国际社会的需要。站在百年变局的重大历史节点上，中国以一条不同于西方的现代化道路崛起是21世纪最重要的事件，让全世界都能听到并听清中国声音，既事关中国发展权益，也事关国际关系格局的演变、未来世界的走向，乃至人类未来文明的新形态。这一认识应该成为理解并推动中国国际传播议题设置能力提升的更高的思想站位、更坚定的信念，与更持久的动力。

**在宏阔的中国议题的设置中，首都议题是最重要的中国地方议题之一**，首都国际传播因此肩负着精心设置首都议题，以北京视角、首都定位，讲好新时代具有北京特色的中国故事的重任，并要通过塑造良好北京城市形象成为塑造良好中国国际形象的首要窗口。"大外宣"格局下，要完成这一重任，亟须把各级各类北京地方媒体的主动性、积极性都调动起来，引导它们结合自身实际，以打通内外的"大外宣"意识，主动考量国内议题的外宣潜力、国际影响，把北京大事小情的国内、国际传播元素和价值都充分挖掘、释放出来，提升首都国际传播整体的议题设置能力。具体而言，可以从议题设置的导向设计与具体实践路径两方面展开策略探讨。其中，议题设置的导向设计要对标中国国际传播总的议题设置导向，故在此先做论述。

## 一、中国国际传播总的议题设置导向

世界之大，每天发生的新闻不计其数，议题设置的目的是从中挑选出值得关注和讨论的话题，为公众呈现，也为公众分析、解读，进而引导舆论。挑选

---

① 习近平主持中共中央政治局第三十次集体学习并讲话［EB/OL］.（2021-06-01）［2023-08-08］. http://www.gov.cn/xinwen/2021-06/01/content_5614684.htm?lsRedirectHit=20481191.

意味着一定标准下的取舍，呈现、分析、解读离不开特定的观察视角、认知框架与价值判断，是对话题相关事实与观点的主动建构，同样意味着一定标准下的取舍。这说明议题设置带有鲜明的导向性，传播者的意图、观念会深刻地影响议题设置的标准、取舍，从而深刻地影响公众接受什么以及公众舆论被导引的方向。在国际传播中，国际议题设置是表达自我偏好、认知和利益的重要手段，是塑造或改变国际话语体系的必要过程，也是创立或修改国际制度的关键路径。① 这凸显了做好国际传播议题设置的导向设计，更好地服务国家利益的极端重要性。

为了向世界展示真实、立体、全面的中国，以及最新、最美、最好的北京，也为了纠正西方话语霸权下对中国、北京的片面与不实形象建构，争取同我国综合国力相适应的国际话语权，首都国际传播的议题设置必须先有一个体现中国、北京表达偏好、认知和利益的明确的导向设计，即先明确应该对外"讲什么"。有了这个基础，"怎么讲"层面的话语和叙事体系构建，以及"怎么传"层面的媒体手段才能够具体展开。这个导向上的设计首先要对标中国国际传播总的议题设置导向。

百年未有之大变局、中华民族伟大复兴战略全局是新时代加强中国国际传播能力建设最突出的时代背景②，也是作为其重要抓手的议题设置最突出的时代背景。紧扣这一时代背景，习近平总书记在多个场合对中国国际传播需要突出设置的核心议题，以及如何根据议题特点与我们的传播需求，精心提炼议题的意义与价值内涵提出了要求：**一是讲好中国故事、传播好中国声音、阐释好中国特色；二是提升议题设置的锐度，精心设置观点鲜明、指向性强、易于传播的议题，把中国故事讲述得更加生动精彩**。③ 系统整理、归纳习近平总书记的相关论述，有利于我们更准确地把握中国国际传播总的议题设置导向及其内在逻辑。

---

① 张发林.全球金融治理议程设置与中国国际话语权［J］.世界经济与政治，2020（6）：106-131+159.
② 徐和建.新形势下的首都国际传播新思考［J］.对外传播，2021（8）：35-39.
③《习近平新闻思想讲义（2018版）》编写组.习近平新闻思想讲义［M］.北京：人民出版社，2018：168.

## （一）核心议题的选择

议题设置的第一步是精心挑选议题。在基本解决了"挨打""挨饿"问题，但还没有根本解决"挨骂"问题的今天，中国应该重点向世界传播什么、表达什么？"讲好中国故事""传播好中国声音"[①]——习近平总书记在2013年8月的全国宣传思想工作会议上第一次提出的这个要求，是最为中国国际传播界耳熟能详的；同年12月，在十八届中共中央政治局第十二次集体学习时，习近平总书记又加了一条——"阐释好中国特色"[②]。由此，中国故事、中国声音、中国特色，就构成了中国国际传播的核心议题框架，每一议题之下，习近平总书记先后又有若干具体论述，这些论述充实、丰富了三大核心议题的内涵，为中国国际传播议题设置擘画了选题方向（见表3-1）。

表3-1 中国国际传播核心议题

| 核心议题 | | 具体内容 |
| --- | --- | --- |
| 中国故事 | 中国共产党的故事 | 中国共产党治国理政的故事、中国特色社会主义的故事 |
| | 人民奋斗、国家发展的故事 | 中国梦的故事、中国人的故事、中国人民奋斗圆梦的故事、中国式现代化故事、"发展中的中国"故事 |
| | 中华优秀文化故事 | 优秀传统文化故事（包括其历史渊源、发展脉络、基本走向）、多彩当代文化故事、"舌尖上的中国"故事 |
| | 思想理论创新的故事 | "学术中的中国"故事、"理论中的中国"故事、"哲学社会科学中的中国"故事 |
| | 促进世界和平、文明进步的故事 | 坚持和平发展合作共赢的故事、同各国人文交流和民心相通的故事、"开放中的中国"故事、"为人类文明做贡献的中国"故事 |
| 中国声音 | 中国主张 | 国际国内具体事务上的立场、态度、观点 |
| | 中国智慧 | 中国的发展观、文明观、安全观、人权观、生态观、国际秩序观、全球治理观等 |

---

① 习近平：胸怀大局把握大势着眼大事 把宣传思想工作做得更好[EB/OL].（2013-08-20）[2023-08-08]. http://jhsjk.people.cn/article/22634049.
② 习近平：建设社会主义文化强国 着力提高国家文化软实力[EB/OL].（2014-01-01）[2023-08-08]. http://jhsjk.people.cn/article/23995307.

续表

| 核心议题 | | 具体内容 |
|---|---|---|
| 中国声音 | 中国方案 | 构建人类命运共同体、推动不同文明交流互鉴、弘扬全人类共同价值、维护21世纪的多边主义,创建上海合作组织、共建"一带一路"、成立亚洲基础设施投资银行等 |
| 中国特色 | 道路特色 | 四个"讲清楚"、坚持中国共产党的领导、中国特色社会主义核心价值体系、中国特色社会主义核心价值观(当代中国价值观念)、人类文明新形态 |
| | 理论特色 | 习近平新时代中国特色社会主义思想,21世纪的马克思主义、新时代的马克思主义,中国共产党为什么"能"、马克思主义为什么"行"、中国特色社会主义为什么"好" |
| | 制度特色 | 中国特色社会主义民主政治制度、经济制度、法律制度等 |
| | 文化特色 | 中国人的宇宙观、天下观、社会观、道德观,中华优秀文化蕴含的思想观念、人文精神、道德规范,及其独特创造、价值理念、鲜明特色 |

### 1. "中国故事"类核心议题的选择

中国故事是习近平总书记用得最多的概念,有时把中国声音、中国特色都包括了进去,泛指所有有关中国的事情,有时则与中国声音、中国特色区分开来,特指发生在中国的可以像讲故事那样被叙述、描述出来的事实、事件、事务。当下,它具体指:中国共产党的故事(尤其是中国共产党治国理政的故事);人民奋斗、国家发展的故事(尤其是中国人民奋斗圆梦的故事,以及中国式现代化故事);中华优秀文化故事(尤其是这些文化的历史渊源、发展脉络与基本走向);思想理论创新的故事(尤其是哲学社会科学中的创新故事);促进世界和平、文明进步的故事(尤其是中国人民为人类文明进步作出了什么贡献、还要作出什么贡献的故事)。

### 2. "中国声音"类核心议题的选择

如果说中国故事展现的是事实层面的中国,那么中国声音展现的则是观念层面的中国,可具体化为习近平总书记在主持中共中央政治局第三十次集体学习并讲话时提出的中国主张、中国智慧、中国方案。中国主张指的是中国在国际国内具体事务上的立场、态度、观点；中国智慧指的是从这些具体立场、态度、观点中概括、凝练出的系统认识，反映了中国在"世界进入新的动荡变革期"①、破解"世界怎么了、我们怎么办"这一时代课题时的世界观、价值观，包括中国的发展观、文明观、安全观、人权观、生态观、国际秩序观、全球治理观等；中国方案指的是中国为身体力行这些世界观、价值观发出的行动倡议与创建的合作组织、合作机制，如倡议构建人类命运共同体、推动不同文明交流互鉴、弘扬全人类共同价值、维护21世纪的多边主义，创建上海合作组织、倡议共建"一带一路"、成立亚洲基础设施投资银行等。

#### 3. "中国特色"类核心议题的选择

话语的背后是思想、是"道"，不能为讲而讲、为传播而传播，而要把"道"贯通其中。② 习近平总书记在主持中共中央政治局第三十次集体学习并讲话时首次提出，要更加充分、更加鲜明地展现中国故事及其背后的思想力量和精神力量，说明这是当下需要特别加强的议题，意味着为了让世界对中国知其然，也知其所以然，在故事、声音之外，我们还须说清楚中国为什么会有这样的故事、为什么能发出这样的声音，这其实就是阐释好中国特色的要义。可见，中国特色是构成中国故事、中国声音内在逻辑的思想与精神支撑，由道路特色、理论特色、制度特色和文化特色组成。道路特色是用以理解中国之所以如此的道路支撑，核心是四个"讲清楚"③所揭示的中国所选发展道路的"历

---

① 习近平出席第七十六届联合国大会一般性辩论并发表重要讲话［EB/OL］.（2021-09-22）［2023-08-08］. http：//jhsjk.people.cn/article/32232697.
② 童兵，任桐.向世界展示真实立体全面的中国：学习习近平加强和改进国际传播工作的论述［J］.新闻爱好者，2021（8）：14-17.
③ 四个"讲清楚"："宣传阐释中国特色，要讲清楚每个国家和民族的历史传统、文化积淀、基本国情不同，其发展道路必然有着自己的特色；讲清楚中华文化积淀着中华民族最深沉的精神追求，是中华民族生生不息、发展壮大的丰厚滋养；讲清楚中华优秀传统文化是中华民族的突出优势，是我们最深厚的文化软实力；讲清楚中国特色社会主义植根于中华文化沃土、反映中国人民意愿、适应中国和时代发展进步要求，有着深厚历史渊源和广泛现实基础。"见习近平：胸怀大局把握大势着眼大事 把宣传思想工作做得更好［EB/OL］.（2013-08-20）［2023-08-08］. http：//jhsjk.people.cn/article/22634049.

史渊源和广泛现实基础"①，包括坚持中国共产党的领导、中国特色社会主义核心价值体系、中国特色社会主义核心价值观（当代中国价值观念）、人类文明新形态；理论特色是用以理解中国之所以如此的理论支撑，核心是习近平新时代中国特色社会主义思想，还包括对21世纪的马克思主义、新时代的马克思主义，以及中国共产党为什么"能"、马克思主义为什么"行"、中国特色社会主义为什么"好"等一系列问题进行探究的成果；制度特色是用以理解中国之所以如此的制度支撑，是道路和理论特色的制度保障与实践，包括中国特色社会主义民主政治制度、经济制度、法律制度等；文化特色是用以理解中国之所以如此的文化支撑，是形成道路、理论、制度特色最深沉、最厚重的基础，包括中国人的宇宙观、天下观、社会观、道德观，中华优秀文化蕴含的思想观念、人文精神、道德规范，及其独特创造、价值理念、鲜明特色，如"以人为本"的情怀、"天人合一"的境界、"以德报德"的态度、"自强不息"的精神、"大同世界"的气度等。②

综上，讲好中国故事、传播好中国声音、阐释好中国特色，是中国国际传播议题设置对"议题"，即议题的选择提出的导向性要求。

## （二）核心议题的提炼

以上三大核心议题框架及其具体内容为从中央到地方的各级各类媒体，明确了中国国际传播议题设置的选题范围与重点。但是，选好题只意味着"备好料"，并不一定就意味着能"用好料"，否则也就没有习近平总书记"我们有本事做好中国的事情，还没有本事讲好中国的故事？"③这一经典问话了。新华社在其内部编辑手册中也明确指出，要从根本上改变"有什么写什么""来什

---

① 习近平：胸怀大局把握大势着眼大事 把宣传思想工作做更好［EB/OL］.（2013-08-20）［2023-08-08］. http：//jhsjk.people.cn/article/22634049.
② 中共中央文献研究室 . 张恒军 . "一带一路"倡议与当代中国价值观的国际传播［J］. 传媒，2017（15）：85-88.
③ 当前工作中需要注意的几个问题（2014年10月23日）［G］// 中共中央文献研究实验室 . 习近平关于社会主义文化建设论述摘编 . 北京：中央文献出版社，2017：208-209.

么发什么"的旧习惯和惰性，加强对选题的精心策划。①

所谓用好料，指的是议题设置的第二步：以最合适的角度实现对议题相关事实与观点的主动建构，即明确表达主题。事实虽然是客观的，不允许对其基本要素进行"有""无"层面的篡改，但事实包含的要素总是多样的，人们看待事实的角度也总是多元的，这就使得我们可以基于"主次""轻重""是非"等不同维度、层面，对事实做出不同的叙述与判断。人们认识世界的这一客观规律，恰为新闻传播活动中的议题设置提供了策略性的建构空间，即在不违背新闻真实、准确的基础上，根据议题特点与传播者的意图，从中提炼最有传播价值，也最能彰显传播者利益诉求、价值观念、意识形态的内容，这是对议题设置定基调、定主题的环节。在此环节，提升议题设置的锐度，精心设置观点鲜明、指向性强、易于传播的议题——习近平总书记的这一指示就是中国国际传播议题设置对"设置"，即议题的提炼提出的导向性要求。

锐，与"钝"相对，用来形容（刃锋等）尖而快，也指（目光、言论、文笔等）尖锐。②锐度在新闻传播领域，常指新闻报道、新闻评论语言清晰、立场鲜明，有针对性，易于接受，能引发共鸣③；或指新闻报道、新闻评论能精准地指出被公众忽视的规律，给人以启迪④；又指敢于加入舆论战并果断亮剑，富有锐气和锋芒⑤。结合中国国际传播当下的时代背景与必须面对的时代课题，要提炼出观点鲜明、指向性强、易于传播的议题，提升议题设置的锐度，具体而言就是要：加强提炼有助于把中国事务说得清晰、明白、易懂的事实与观点；不躲闪地回应世界对中国最核心、最尖锐的担心、疑惧或抨击；跳出某些

---

① 刘滢，等.主流媒体对外传播的新媒体策略［M］.北京：清华大学出版社，2018：199.
② 现代汉语词典［M］.6版.北京：商务印书馆，2012：1110.
③ 综合自张春槐.主题宣传的力度、锐度、深度：福建龙岩地区的红色文化传播［J］.中国广播，2021（12）：65-67；陈伟军.新闻语言的力度、温度和锐度［J］.新闻与写作，2020（11）：110-112.
④ 陈立民.把握新闻评论写作中的四对关系［J］.青年记者，2022（14）：74-76.
⑤ 综合自周宇博.国际传播能力提升的叙事策略研究：以中央广播电视总台的新冠肺炎疫情报道为例［J］.中国广播，2020（10）：25-28；陈伟军.新闻语言的力度、温度和锐度［J］.新闻与写作，2020（11）：110-112；陈立民.把握新闻评论写作中的四对关系［J］.青年记者，2022（14）：74-76.

反华势力对中国设置的议题框架，另辟蹊径，主动开拓、创设新颖且对改变对华刻板印象有较大冲击力的新角度、新领域、新话题。

**1. 对"中国故事"类核心议题的提炼**

结合三大核心议题来说，中国故事是设置来"讲"的议题，讲来龙去脉、讲前因后果、讲过程细节。当前对讲清中国故事不利的因素，从外部看，主要是一些反华媒体在事实层面蓄意造谣和污蔑，以及在舆论层面滥用国家安全、文明冲突论调，进行泛政治化、意识形态化、种族化、民族化的恶意引导；从内部看，是我们自身还没有完全改变外界对我们的宣传印象。这两方面因素相互牵连：针对造谣、污蔑和"乱扣帽子"，势必要正本清源，但如果我们的正本清源被认为是"虚假宣传"，自然起不到预期的效果。所以，对于中国故事这类议题的设置来说，提升其锐度的关键是：摒弃宣传的抽象、笼统与模糊，不惧用显微镜、放大镜来提高中国故事的清晰度，如兼顾主题的宏大与取材的真实、立体、全面，兼顾结果的必然性、发展的内在逻辑，与过程的艰辛、曲折，以及付出的代价，而且特别要善于运用各种生动感人的事例，讲事实、讲形象、讲情感、讲道理[①]；同时，以人类命运共同体、全人类共同价值等理念为道义依归，从"秩序""生命""繁荣""环保"等国际公义出发，提炼直击人心的中国故事的叙事主题。

**2. 对"中国声音"类核心议题的提炼**

中国声音是设置来"传播"的议题。"传播"也是"讲"，但不是一般地讲，而是突出中国价值观念原创性、独创性的传扬、播散，即"广泛宣介"：宣介，既要宣，也要介；宣是宣传，更是宣扬，介是介绍，更是推介。这意味着既要显示中国声音的不缺位、不模糊，更要突出这些声音是由中国提出、发出、贡献的，且具有深远的历史意义。这个历史意义于中国而言，是自我表达主动性、主体性的彰显；于世界而言，是在国际体系和国际秩序深度调整的关

---

① 习近平：让全世界都能听到并听清中国声音［EB/OL］.（2019-01-10）［2023-08-08］. http://jhsjk.people.cn/article/30514168.

键时刻，中国作为负责任的且"创造了人类文明新形态"①的大国，积极作为，对世界的发展走向做出了不同于西方中心主义的新构想、新设计。当前对传播中国声音不利的因素，从外部看，主要是西方媒体借助垄断的话语权打压中国声音，同时利用西式政治、经济、文化、意识形态与军事武装力量在现今还存有的影响力、威慑力，歪曲抹黑中国声音，在国际舆论场上搅浑水；从内部看，是中国声音自身的传播从主体到方式、管道都还较为单一，也还没有建立起一个能调动国际知华、友华人士或中间力量与中国声音形成配合与呼应的"扩音""混音"系统，以使中国声音能凭借二级、三级的多级传播，得到更广泛的宣介，形成更浩大的声势。这需要中国更主动地在国际事务中亮明立场、态度、观点，为解决世界问题给出更系统的认识和更切实的行动，所以，对于中国声音这类议题的设置来说，提升其锐度的关键是：提升重大问题对外发声能力，增强应对反华舆论战的还击能力，并因势利导开辟新的舆论场，引领对构建更公平正义的国际新秩序的全球讨论。

### 3. 对"中国特色"类核心议题的提炼

中国特色是设置来"阐释"的议题。阐释即显微阐幽、融释贯通，意在深入事物内在机理，把每个细微处的道理都阐发、解释得透彻、深刻、通达晓畅，促进中国与世界增信释疑、化解分歧、和谐共处。当前对阐释中国特色不利的因素，从外部看，主要是奠基于工业革命创造的先进生产力之上的西方哲学社会科学体系，仍拥有强大的传播力与解释惯性，深刻地影响甚至左右了整个世界——尤其是发展中国家的知识体系、理论体系，使得中国对自身特色的阐释在深层次的知识与理论根基上，没有得到应有重视与科学对待，加之在民族主义、反智主义裹挟下，中国的崛起引发了西方精英阶层普遍的恐华、仇华心理，学界与政界合流，加剧了污名化中国特色的解构态势；从内部看，主要是中国自身也囿于认知惯性，没有完全跳脱用西方理论解释中国实际的思维范式与话语框架，更尚未建立起中国自主的知识体系与理论体系，从而使得我们

---

① 习近平：在庆祝中国共产党成立100周年大会上的讲话［EB/OL］.新华网，(2021-07-01)
［2023-08-08］. http://jhsjk.people.cn/article/32146278.

对中国特色的阐释缺乏学理的支撑与底气。这固然首先需要中国知识界加快构建中国特色哲学社会科学学科、学术、话语三大体系的步伐，多出成果，以便媒体加大对其成果的宣介与大众化话语再造，为媒体以我为主设置议题提供理论依据；同时，媒体也要主动作为，充分发挥其扎根基层，对中国发展实践有见微知著的洞察力和"风起青萍之末"的敏锐嗅觉的优势，积极挖掘反映中国特色的生动素材与最新苗头、动向、趋势，为以我为主设置议题提供现实依据。今天的国内外形势已经表明，我们必须以百年变局下人类思想、人类文明进程正在孕育重大变革的历史敏感，深刻体认中国与世界的交流已进入思想文化、价值观念、意识形态等核心领域的"深水区"。因此，对于中国特色这类议题的设置来说，提升其锐度的关键是：增强用中国知识界的最新理论成果坦诚直面"深水区"中各种"硬"话题的能力，引导形成国际社会理性、严肃探究中国特色的舆论氛围。

## 二、首都国际传播的议题设置导向

讲好中国故事、传播好中国声音、阐释好中国特色；提升议题设置的锐度，精心设置观点鲜明、指向性强、易于传播的议题——在中国国际传播这一总的议题选择与议题提炼的导向下，首都国际传播的议题设置，既需要结合新时代北京自身的城市发展特色，又需要有针对性地结合国际社会对北京的信息需求与北京自身的传播需求。具体而言，就是**首先应明确需要重点讲述的北京故事、重点传播的北京声音、重点阐释的北京特色，然后提炼合适的角度、主题，提升北京故事、北京声音、北京特色的议题锐度**。

那么，新时代北京的"故事""声音"和"特色"具体是什么？什么样的角度、主题才能以最有利于挖掘、释放国际传播元素和价值并兼顾国内、国际传播需求的方式，讲好、传播好、阐释好这些"故事""声音"和"特色"？这取决于进入新时代后，北京特定的城市定位、发展目标与形象设计，也取决于北京自身的传播需求。

## （一）基于北京的城市定位、发展目标与形象设计

基于北京的城市定位、发展目标与形象设计，是指北京议题的设置要契合中央与北京市委、市政府对新时代北京城市规划的顶层设计，以及对北京国际形象的整体蓝图擘画。

### 1. 基于"四个中心"的城市定位

首先，北京议题的设置要与"四个中心"城市定位相适应。根据 2017 年颁布并实施的《北京城市总体规划（2016 年—2035 年）》，北京与其他城市最大的不同就在"首都"二字，北京的发展建设要处理好"都"与"城"的关系，紧紧围绕实现"都"的功能来谋划"城"的发展，以"城"的更高水平发展服务保障"都"的功能。因此，北京的一切工作必须坚持全国政治中心、全国文化中心、国际交往中心、国际科技创新中心的城市战略定位。① 为此，2020 年的《北京市推进全国文化中心建设中长期规划（2019 年—2035 年）》提出把塑造北京良好城市形象作为重点工作，紧密围绕北京"四个中心"定位，展示北京首都风范、古都风韵、时代风貌的城市魅力。② 具体而言，在结合每一个"中心"建设的层面，北京又有相应的形象设计：如在全国政治中心建设中，北京要打造"拥有优质政务保障能力和国际交往环境的大国首都"③形象；在全国文化中心建设中，北京要打造"人文北京"形象，其内核是在"一核一城三带两区"④ 总体框架下，开展古都文化、红色文化、京味文

---

① 耿诺.《北京城市总体规划（2016 年—2035 年）》发布［N/OL］.北京日报，2017-09-30［2022-09-01］.http：//www.gov.cn/xinwen/2017-09/30/content_5228705.htm.
② 北京市推进全国文化中心建设中长期规划（2019 年—2035 年）［EB/OL］.（2020-04-09）［2023-08-08］.http：//www.gov.cn/xinwen/2020-04/09/content_5500586.htm.
③ 中共北京市委关于制定北京市国民经济和社会发展第十四个五年规划和二〇三五年远景目标的建议［EB/OL］.（2020-12-07）［2023-08-08］.https：//www.beijing.gov.cn/zhengce/zhengcefagui/202012/t20201207_2157969.html.
④ "一核"是指以社会主义核心价值观为引领，建设社会主义先进文化之都；"一城"是指北京老城；"三带"是指大运河文化带、长城文化带、西山永定河文化带；"两区"是指建设公共文化服务体系示范区和文化产业发展引领区。详见北京市推进全国文化中心建设中长期规划（2019年—2035年）［EB/OL］.（2020-04-09）［2023-08-08］.http：//www.gov.cn/xinwen/2020-04/09/content_5500586.htm.

化、创新文化"四个文化"建设;在国际交往中心建设中,北京要打造"双奥之城""国际消费中心城市"等形象;在国际科技创新中心建设中,北京要打造"科技北京""软件名城""全球数字经济标杆城市"等形象。①

### 2. 基于"国际一流的和谐宜居之都"的发展目标

其次,北京议题的设置要与北京"十四五"规划和2035年远景目标的步调相一致。在北京市国民经济和社会发展第十四个五年规划层面,北京提出立足首都城市战略定位,深入实施"人文北京、科技北京、绿色北京"战略。②在2035年远景目标层面,北京提出"努力建设好伟大社会主义祖国的首都、迈向中华民族伟大复兴的大国首都、国际一流的和谐宜居之都"。国际一流的和谐宜居之都是北京坚持"四个中心"城市战略定位的根本目标。③党的十八大以来,习近平总书记10次视察北京,18次对北京发表重要讲话,深刻阐释了"建设一个什么样的首都、怎样建设首都"这一重大时代课题④,北京由此明确了"四个中心"的首都城市战略定位、建设国际一流的和谐宜居之都的目标。⑤

### 3. 基于"最新、最美、最好北京"的形象设计

最后,北京议题设置还要与国家形象构建战略对接。为此,北京提出"生动传播最新、最美、最好的北京,塑造可信、可爱、可敬的中国形象"⑥,即,作为国家形象整体构建的最显要部分,首都北京拟以最新、最美、最好为切入点,助力世界形成中国真实可信、惹人喜爱、受人尊敬的印象。这里

---

① 徐和建.构建中国话语体系和叙事体系的北京思考[J].对外传播,2021(11):25-30.
② 中共北京市委关于制定北京市国民经济和社会发展第十四个五年规划和二〇三五年远景目标的建议[EB/OL].(2020-12-07)[2023-08-08].https://www.beijing.gov.cn/zhengce/zhengcefagui/202012/t20201207_2157969.html.
③ 高金萍.开启北京"四个中心"建设新时代:基于2017年度关于北京的国际舆论研究[J].湖南大学学报(社会科学版),2018,32(6):155-160.
④ 蔡奇.北京市第十三次党代会报告全文公布[N/OL].北京日报,2022-07-04[2022-09-01].http://www.bjsupervision.gov.cn/ttxw/202207/t20220704_78419.html.
⑤ 杨月涵.北京市委副秘书长刘占兴:首都发展就是加强"四个中心"功能建设、提高"四个服务"水平[N/OL].北京商报,2020-12-04[2022-09-01].https://baijiahao.baidu.com/s?id=1685149097284081162&wfr=spider&for=.
⑥ 徐和建.新形势下的首都国际传播新思考[J].对外传播,2021(8):35-39.

的"新""美""好",结合北京"四个中心"的城市战略定位,与建设国际一流的和谐宜居之都的目标,各有其丰富内涵,如"新"指创新、活力、时尚;"美"指绿色、人文、美丽;"好"指开放、和谐、宜居等。构建起这样一个新、美、好的北京,自然也就能赢得国际社会的信、爱、敬,并能有力地借首都之利将这种认知"移情"至整个中国。

### (二)立足北京的传播需求

基于北京的城市定位、发展目标与形象设计,这是首都国际传播议题设置的基本导向,除此之外,还需根据国际国内形势有更具问题意识的考虑,以使北京外宣重点突出、富有针对性。

**1. 立足北京外宣兼具首都外宣、国家外宣双重职能的需求**

北京的城市定位决定了北京外宣既是首都外宣,也是国家外宣,所以,立足北京的传播需求,首先是指北京议题的设置要满足北京外宣兼具首都外宣、国家外宣双重职能的需求。

从首都外宣需求看,北京议题的设置要着眼于北京发展新阶段、新方位、新要求,以大国首都大外宣、全面立体大样子为定位和目标,以突出北京功能定位为主线;从国家外宣需求看,北京议题的设置要坚持全球视野、国家站位、首都定位、首善标准,主动服务国家外交外宣战略,讲好具有北京特色的中国故事,塑造可信可爱可敬中国国际形象的首要窗口,以首都实践阐释中国理论,以北京故事构建中国话语和中国叙事体系。[①]

**2. 立足重建国际社会对北京完整认知的需求**

鉴于西方媒体设置北京议题时的偏差,以及国际社会对北京的某些刻板印象,立足北京的传播需求,还特指对北京议题的设置要有自觉而强烈的问题意识,有针对性地还原被遗忘、被遮蔽、被误导的内容,凸显北京作为议题设置者自身的主体性。

---

① 徐和建. 构建中国话语体系和叙事体系的北京思考[J]. 对外传播,2021(11):25-30.

如第二章所述，世界对北京"古都风韵"的认知度最高，也最认可；对"时代风貌"的认知不足；对"首都风范"的认知存在有"都"无"城"、以"都"代"城"，以及过度政治化、意识形态化的偏差，即北京想要面向世界构建的"四个中心"形象不均衡、国际一流和谐宜居之都的形象不鲜明。因此，北京的议题设置需要在各方面齐头并进，同时注意有所侧重，并形成合力：对于展现北京全国文化中心的议题，重点在保持、巩固；对于国际交往中心、国际科技创新中心，以及国际一流的和谐宜居之都方面的议题，鉴于国际舆论中的正面反馈虽不显著，但总体也并不负面，基本以中立为主，故重点在改进、提升；对于全国政治中心方面的议题，则最需多用心，重点在另辟蹊径、守正创新。

以展现北京全国政治中心的议题设置为例。另辟蹊径、守正创新意味着，首先，要勇于跳出西方媒体架空北京本身的政治形象，而完全以中国国家政治形象替代的话语框架，尤其不能落入它们只把政治局限于国体、政体、政党制度的思维陷阱中——这种套路只会把议题引入意识形态对峙；相反，我们要对北京作为全国政治中心的内涵有破题性的创新理解，即它既有北京作为国家符号，即"都"的政治内容，也有作为"城"本身的政治内容，二者不能相互替代。所谓作为"城"本身的政治内容，核心是做好服务保障，"营造安全、高效、有序的政务环境"[①]，以及在推进城市治理体系和治理能力现代化、解决"大城市病"等国际难题方面探索形成的"北京智慧""北京方案""北京经验"，这是富有世界意义的人类文明财富，也是该类议题设置的重要创新点。

其次，还要对反映北京全国政治中心的选题、素材有创新性理解，避免把该类议题单一地设置为领导活动、政务新闻、会议传达等内容。事实上，一个城市的政治形象反映的是一个城市的政治风貌、政治品格，是生活在这个城市中的市民在政治生活中形成的核心价值观念，本质上也就是人的思想、精神

---

① 中共北京市委关于制定北京市国民经济和社会发展第十四个五年规划和二〇三五年远景目标的建议［EB/OL］.（2020-12-07）［2023-08-08］. https://www.beijing.gov.cn/zhengce/zhengcefagui/202012/t20201207_2157969.html.

风貌与品格。这种内涵是非常丰富的，辐射到文化、国际交往、科技创新各领域，体现在北京肩负的"四个服务"任务中，即为国家政务活动、国际交往、科技和教育发展、改善人民群众生活提供服务的理念与实践。只要以代表性器物、事件、人物、活动等为抓手，充分挖掘其中蕴含、揭示的北京特有的思想和精神力量，就有了在更广阔维度选择、提炼北京全国政治中心议题的基础。例如，"爱国、创新、包容、厚德"的北京精神就是北京全国政治中心议题的核心内容，其历时 18 个月、历经 7 次专家研讨和 290 多万群众投票的评选过程所反映的严谨、公正、开放、民主①，以及这一精神在文化创造、国际交往、科技创新中的具体体现，无疑都是北京全国政治中心议题设置的优质素材。当以这种系统论的创新思维理解北京的全国政治中心议题时，我们发现，它对改进、提升北京作为国际交往、国际科技创新中心、国际一流的和谐宜居之都的议题亦有启发，更关键的是，它与全国文化中心、国际交往中心、国际科技创新中心、国际一流的和谐宜居之都维度下的北京议题是紧密相连、相互贯通的，如此，北京的首都风范才有望跳出某些偏执的意识形态窠臼，且不再与其古都风韵、时代风貌割裂，而是水乳交融了。这也从一个侧面印证了，首都国际传播的议题设置在导向设计上既要对标中国国际传播总的议题设置导向，也要结合北京自身的城市定位；既要参照国际社会对北京的信息需求，也要符合北京自身的传播需求。

通过以上对首都国际传播议题设置导向的梳理与分析，不难看出作为大国首都，北京加强国际传播能力建设，对于"增强中华文明传播力影响力"意义重大，北京有责任以对外讲好新时代北京故事成为讲好新时代中国故事的"全国标杆"；同时，北京还肩负着改变世界既有成见与偏见，探索国际政治传播、跨文化传播新策略的使命。"大外宣"战略下，各级各类北京地方媒体得以成为北京外宣、首都外宣的主力，其先天的区位、地位与站位优势才得以更

---

① "北京精神"表述语发布"爱国创新包容厚德"脱颖而出［EB/OL］.（2011-11-03）［2023-08-08］. https://www.bjdclib.com/ztfw/ecwx/bjjs/201201/t20120106_9046.html.

好地发挥，也才有机会参与这一系列开创性的国际传播实践，以首都实践站在国家外交外宣实现"他述"向"自述"突围的前沿一线，进而在中国国际传播打破"西强我弱"国际舆论格局的道路上迈出重要一步。在这一过程中，首都国际传播若能利用、引导好各媒体资源，共同探索出独创性思路和实现路径，那它积累的就不仅是地方外宣而更是首都外宣的智慧、经验，这无论是对于新时代北京故事的传播、新时代北京国际形象的重塑，还是对于推动中国国际传播理论与实践的创新来说，都将是一大贡献。

## 三、首都国际传播的议题设置策略

以北京的城市定位、发展目标、形象设计，以及北京自身的传播需求设计的首都国际传播议题设置导向，为汇聚各级各类北京地方媒体的议题资源擘画了大方向，但仅有此会过于宏观，还需要有更具体的策略引导。首都国际传播议题设置的具体策略，可分为**议题选择策略和议题提炼策略**。议题选择策略以"四个中心"与国际一流的和谐宜居之都五大类核心议题为基本框架，然后依据各自内涵或建设重点细分出一级议题、二级议题，同时为便于理解与实际操作，择优推荐典型案例；议题提炼策略是基于不同类型议题的特点与传播需求，对议题呈现角度、主题提出设想。**议题选择策略和议题提炼策略，旨在引导各级各类北京地方媒体更主动，也更准确地把传播的重点、主题聚焦到北京外宣的议题规划上，形成广泛宣介新时代北京故事与形象的传播合力，在议题设置层面做到"以外宣意识做内宣"。**

这里对一级议题、二级议题、典型案例的分类，皆源于官方文件及相关媒体报道，如中国共产党北京市第十三次代表大会报告、《北京城市总体规划（2016年—2035年）》、《中共北京市委关于制定北京市国民经济和社会发展第十四个五年规划和二〇三五年远景目标的建议》、《北京市城市更新行动计划（2021—2025年）》、《北京市推进全国文化中心建设中长期规划（2019年—

2035年)》、《中共北京市委关于新时代繁荣兴盛首都文化的意见》、《北京市"十四五"时期加强国际交往中心功能建设规划》、《北京市"十四五"时期国际科技创新中心建设规划》等。

## (一) 全国政治中心类议题设置策略

**北京全国政治中心建设的主要任务**是严格落实首都功能核心区控制性详细规划,结合功能疏解、搬迁腾退,推进老城重组,优化核心区功能布局,提高"四个服务"水平,营造安全、高效、有序的政务环境,涵盖城市规划、城市法治、城市治理、城市安全四大方面。因此,**北京媒体对全国政治中心类议题的设置,就是要充分展现这四个方面的北京故事、北京声音、北京特色**,见表3-2。

同时,如前所述,外媒涉京议题存在有"都"无"城"、以"都"代"城"的偏差,一定程度上导致国际社会对北京政治形象的认知要么过度政治化,仅将北京视作国家政治符号;要么完全剥离政治内容,仅限于呈现北京的历史与传统文化,形成不了对北京作为现代城市的完整认识。因此,全国政治中心类议题设置要自觉肩负起纠正刻板印象、重塑北京政治形象的重任。在"四个中心"建设中,北京作为全国政治中心的建设,是其作为其他三个中心建设的保障,只有完成了全国政治中心的建设,其他三个中心的建设才能发展,所以全国政治中心议题不等于抽象的意识形态说教,北京的政治形象也不是概念化的。相反,作为一类基础性议题,它与其他类议题水乳交融,渗透在履职"四个服务",营造安全、高效、有序政务环境的过程中,表现为北京为国家政务活动、国际交往、科技和教育发展、人民群众生活提供服务的理念与实践,并且实质上总是通过个体的人的活动外化出来。所以,它可以也应该是有血有肉、有故事有情感、有来龙去脉、有内在逻辑的。这是设置此类议题时必须具备的创新思维。

表 3-2 北京全国政治中心类议题设置策略

| 议题选择 | | | 议题提炼 |
|---|---|---|---|
| 一级议题 | 二级议题 | 典型案例 | |
| 城市规划 | 疏解北京非首都功能、优化提升首都功能、解决北京"大城市病"问题 | 拆违建、降低核心区"四个密度"、留白增绿 | 突出北京为世界性大都市规划理论与实践积累经验、贡献智慧，折射中国新发展阶段、新发展理念 |
| | 以"一核"辐射带动"两翼"，促进京津冀协同发展——城市副中心建设、河北雄安新区建设、环京地区通勤圈建设 | 环球主题公园二三期工程，冰雪产业，张家湾设计小镇、台湖演艺小镇、宋庄艺术创意小镇等特色小镇 | |
| 城市法治 | 法治中国首善之区建设 | 互联网法院、金融法院，"万名代表下基层" | 彰显北京法治探索中的创新思考、独特的价值追求及其世界意义 |
| 城市治理 | 具有首都特点的议事协调机构、重点工作现场推进会、书记月度工作点评会制度、大型社区治理体系、各级政务服务窗口建设 | 街巷长、小巷管家、责任规划师，社区议事厅，"三年回天计划""回天有我"创新实践，"街乡吹哨、部门报到"、接诉即办（12345热线电话）及其"每月一题"机制，"办成一件事"主题，局处长走流程 | 借"政务新名词"挖掘首都特点与中国特色，丰富最新最美最好北京核心概念词库 |
| | 城市地标建设、"有里有面"的精品街巷建设、城市公共空间改造提升、老旧小区综合整治改造、生活垃圾分类、党建引领物业管理 | 新首钢城市地标，阜内大街公共空间改造，"共生院"模式、"劲松模式"、"首开经验" | |
| 城市安全 | 建设更高水平的"平安北京" | 新时代"枫桥经验"、韧性城市 | 突出北京为应对"更高水平"带来的城市安全新挑战，在范式变革方面的创新实践 |

**1. 城市规划类议题的选择与提炼**

城市规划类议题之下，需着重讲好两大故事：一是疏解非首都功能、优化提升首都功能、解决"大城市病"的故事，具体典型案例如拆违建，降低核心区人口、建筑、商业、旅游"四个密度"，留白增绿等；二是以首都为核心，以雄安新区与城市副中心为"两翼"，推动京津冀协同发展，继而建设世界级城市群的故事，包括城市副中心、河北雄安新区、环京地区通勤圈的建设等，具体典型案例如环球主题公园二三期工程，冰雪产业开发，张家湾设计小镇、台湖演艺小镇、宋庄艺术创意小镇等特色小镇开发。

在对城市规划类议题进行角度、主题提炼时，要站在为世界性大都市规划积累经验、贡献智慧的高度，还要以此作为对外阐释中国新发展阶段、新发展理念的鲜活素材，提升该类议题的科学性、前瞻性、针对性。

**2. 城市法治类议题的选择与提炼**

城市法治类议题之下，需围绕法治中国首善之区建设，着重讲好北京依法治市，大力推进重点领域、新兴领域立法的故事；传播好北京市对于全过程人民民主的立场、观点；阐释好北京在发展社会主义民主政治、巩固和发展最广泛的爱国统一战线等方面的特色，具体典型案例如互联网法院、金融法院建设，"万名代表下基层"等。

在对城市法治类议题进行角度、主题提炼时，切忌抽象的政治文件式话语和单调、线型的模式化叙事，而是要将其视作世界观察中国特色民主政治提供第一窗口、首要窗口的契机，扎扎实实地做好走访、调研，以案例本身的复杂性、生动性、前沿性，彰显北京法治探索中的创新思考、独特的价值追求及其世界意义。

**3. 城市治理类议题的选择与提炼**

城市治理类议题之下，也需着重讲好两大故事：一是相关基础性制度体系改革创新的故事，包括议事协调机构、重点工作现场推进会、区委书记和市直部门党组（党委）书记月度工作点评会制度、大型社区治理体系、各级政务服务窗口建设等，具体典型案例如街巷长、小巷管家、责任规划师的设置，社区议事厅,"三年回天计划""回天有我"①的创新实践,"街乡吹哨、部门报到"、接诉即办(12345热线电话)及其"每月一题"机制,"办成一件事"主题活动,局处长走流程等;二是以绣花功夫推进城市精细化治理,市容市貌改善优化的故事,包括城市地标建设、"有里有面"的精品街巷建设、城市公共空间改造提升、老旧小区综合整治改造、生活垃圾分类、党建引领物业管理等,具体典型案例如新首钢城市地标、阜内大街公共空间改造、"共生院模式"、"劲松模式"、"首开经验"等。

在对城市治理类议题进行角度、主题提炼时,要提升主动构建、创新话语体系与叙事体系的主体意识,善于借助近几年不断涌现的"政务新名词",深入挖掘其中的首都特点与中国特色,丰富最新最美最好北京核心概念词库。

**4. 城市安全类议题的选择与提炼**

城市安全类议题之下,需着重讲好防范化解政治、经济、社会、灾害等各种风险挑战,建设更高水平的"平安北京"的故事,具体典型案例如新时代"枫桥经验"、韧性城市建设等。

在对城市安全类议题进行角度、主题提炼时,要坚持围绕总体国家安全观和现代化市域治理的时代需求,以立体化、信息化、智能化的技术背景为底色,突出北京为应对"更高水平"带来的城市安全新挑战,在范式变革方面的创新实践。

总的来看,为了纠正刻板印象、重塑北京政治形象,以我为主地改善被有意无意遗忘、遮蔽、误导的北京作为全国政治中心的角色,政治中心类议题设置的关键在于打破外界强加的某些话语框架,另辟蹊径、守正创新。而这条"蹊径"就是紧紧抓住北京政治中心建设的主要任务——这个任务旨在满足北京进入新发展阶段后,伴随城市发展转型而大大升级的政务环境营造需求。北京的转型是指从北京发展转向首都发展,从单一城市发展转向京津冀协同发展,从聚集资源求增长转向疏解非首都功能谋发展,从城市管理转向超大城市治理,扎实推进创新发展、绿色发展、高质量发展、以人民为中心的发展……伴随这一系列深刻转型,北京正开启首都全面建设社会主义现代化的新

---

① "回天"是位于北京中心城区与昌平区之间的回龙观、天通苑两个地区的合称。

航程。① 可见，以"转型"为纲，统领北京城市规划、城市法治、城市治理、城市安全各类议题，打造中国式现代化的"北京样本"，这既是北京最大的政治，是体现北京全国政治中心真正真实、准确、完整的内容，也超越了某些外媒意识形态偏见下对中国政治、北京政治的狭隘理解。更重要的是，借由这一"北京样本"，我们还找到了在国际社会从未像今天这样密切关注中国发展的时代背景下，北京与世界的交汇点。

## （二）全国文化中心类议题设置策略

文化，尤其是悠久历史孕育的优秀传统文化是北京最闪亮、最享誉世界的城市品牌，为北京提供了丰富的议题设置资源。因此，北京作为全国文化中心的议题设置，要在保持现有成绩的基础上，结合新时代下北京建设全国文化中心的任务进一步巩固。新时代下，**北京全国文化中心建设的主要任务**是要传承发展源远流长的古都文化、丰富厚重的红色文化、特色鲜明的京味文化、蓬勃兴起的创新文化，打造"人文北京"形象。② 那么，**北京媒体就要配合北京在城市发展转型中，对更精细的文化类型、更与时俱进的文化内涵的需求，充分展现北京推动中华优秀传统文化、革命文化、社会主义先进文化在京华大地生动实践、取得丰硕成果的"故事""声音""特色"**，见表3-3。

表3-3 北京全国文化中心类议题设置策略

| 议题选择 | | | 议题提炼 |
|---|---|---|---|
| 一级议题 | 二级议题 | 典型案例 | |
| 古都文化 | 北京老城、"三山五园"、大运河文化带、长城文化带、西山永定河文化带 | 中轴线申遗保护、文物腾退保护与活化利用、"首图讲坛·乡土课堂"、"博物馆之城" | 重在挖掘、阐释中华优秀传统文化的时代价值、世界价值 |

---

① 北京市第十三次党代会报告全文公布［N/OL］.北京日报，2022-07-04［2022-09-01］.http://www.bjsupervision.gov.cn/ttxw/202207/t20220704_78419.html.
② 中共北京市委关于新时代繁荣兴盛首都文化的意见［EB/OL］.（2020-02-14）［2023-08-05］.http：//www.beijing.gov.cn/zhengce/zhengcefagui/202004/t20200410_1799129.html.

续表

| 议题选择 | | | 议题提炼 |
|---|---|---|---|
| 一级议题 | 二级议题 | 典型案例 | |
| 红色文化 | 建党文化、抗战文化、新中国文化 | 北大红楼、卢沟桥、宛平城、香山、原平西、平北等革命旧址，爱国主义教育、党性教育、廉洁文化教育、青少年教育基地，红色旅游胜地 | 理解北京城市变迁与发展以及中国政治制度、新型政党制度、党建工作制度等的文化钥匙 |
| 京味文化 | 北京独特的城市记忆 | 非物质文化遗产，老字号，北京地方文艺、特色风物（北京雨燕、方言、戏曲等），"我们的节日"系列文化活动 | 透过历史与现代、传统与时尚、质朴与绚丽兼具的北京韵味，揭示北京城市人文品格的内核是辩证扬弃、开放包容、推陈出新 |
| | 北京市民的优秀品质 | "北京榜样""西城大妈""朝阳群众""平安红""志愿蓝""柠檬黄" | |
| | 京味文化新形态 | "漫步北京"计划、特色小镇、多元复合文化空间、"文化北京"设计素材库、"书香京城" | |
| 创新文化 | 健全激发创新创意的体制机制：构建创新创业生态、加强知识产权保护、探索多主体共建的现代公共文化服务体系 | 扶持新型文化企业、丰富文化业态，建设公共文化服务体系示范区和文化产业发展引领区 | 突出创新是培育首都文化发展的核心动能，也是古都文化、红色文化、京味文化能够生生不息、永续发展的深层原因 |
| | 厚培创新精神的文化沃土：大力宣传优秀科技工作者事迹，弘扬工匠精神、优秀企业家精神，构建有利于创新的文化品牌 | 加大创新文化教育，创办"文化东城"会客厅、北京文化论坛，打造"大戏看北京"文化名片 | |
| | 汇聚文化创新的强大力量：实施"文化+"融合发展战略 | 布局全媒体建设、打造文化景观网络、打造国际体育赛事集聚地、建设首都文化金融生态圈 | |

### 1. 古都文化类议题的选择与提炼

古都文化类议题之下，需着重讲好北京老城、"三山五园"①、大运河文化

---

① 三山五园，是对北京西北郊、以清代皇家园林为代表的历史文化遗产的统称。三山指万寿山、香山、玉泉山，五园指颐和园、静宜园、静明园、畅春园和圆明园。参见三山五园［EB/OL］.（2020-05-13）［2023-08-28］. https://baike.baidu.com/reference/6495450/533aYdO6cr3_z3kATKDZman1Zn7DZIuo7bSGA7NzzqIP0XOpX5nyFIo48tNx-fhxWgjF_4pmetpahOywSVQYva1Tbu81Q70inGm7UTPDwb7n_d5em9ZNqohCRvVT2q0.

带、长城文化带、西山永定河文化带保护和有机更新相衔接、内涵挖掘和活化利用相统一、保护传统和融入时代相协调的故事，具体典型案例如中轴线申遗保护、文物腾退保护与活化利用、"首图讲坛·乡土课堂"连续开办19年、"博物馆之城"建设等。

在对古都文化类议题进行角度、主题提炼时，要善于挖掘、阐释中华优秀传统文化的时代价值、世界价值。

**2. 红色文化类议题的选择与提炼**

红色文化类议题之下，需依托建党文化、抗战文化、新中国文化三大红色文化资源，讲好红色基因薪火相传、与时俱进的故事，具体典型案例如北大红楼、卢沟桥、宛平城、香山、原平西、平北等革命旧址保护，爱国主义教育、党性教育、廉洁文化教育、青少年教育基地创建，红色旅游胜地开发等。

在对红色文化类议题进行角度、主题提炼时，要特别注意把握好文化特质与政治内核的关系，既不能没有政治高度，也不能使之沦为变相的政治宣传，而是要基于习近平总书记"更加充分、更加鲜明地展现中国故事及其背后的思想力量和精神力量"的要求，让红色文化成为理解北京城市变迁与发展，以及中国政治制度、新型政党制度、党建工作制度等的一把文化钥匙。

**3. 京味文化类议题的选择与提炼**

京味文化是北京地区人们在长期生产生活中形成的有利于社会进步的风俗习惯、礼仪礼节、道德规范，承载着市民群众的乡愁。[①] 发掘京味文化，是为了留住北京独特的城市记忆、弘扬北京市民的优秀品质、推动发展京味文化新形态[②]——而这也就是京味文化类议题需着重讲好的三大故事。此类文化议题的典型案例丰富、鲜活生动，反映城市记忆的如非物质文化遗产保护，老字号传承创新，北京雨燕、方言、戏曲等北京地方文艺、特色风物，"我们的节日"系列文化活动；反映市民优秀品质的如"北京榜样"品牌、"西城大妈""朝阳

---

① 中共北京市委关于新时代繁荣兴盛首都文化的意见［EB/OL］.（2020-02-14）［2023-08-05］. http://www.beijing.gov.cn/zhengce/zhengcefagui/202004/t20200410_1799129.html.
② 中共北京市委关于新时代繁荣兴盛首都文化的意见［EB/OL］.（2020-02-14）［2023-08-05］. http://www.beijing.gov.cn/zhengce/zhengcefagui/202004/t20200410_1799129.html.

群众""平安红""志愿蓝""柠檬黄"等社会群体；反映京味文化新形态的如"漫步北京"文旅骑行计划、特色小镇、多元复合文化空间建造、"文化北京"设计素材库、"书香京城"建设。

在对京味文化类议题进行角度、主题提炼时，要透过历史与现代、传统与时尚、质朴与绚丽兼具的北京韵味，揭示北京城市人文品格的内核是辩证扬弃、开放包容、推陈出新。①

**4. 创新文化类议题的选择与提炼**

创新文化类议题之下，需着重讲好三大故事：一是为激发创新创意健全相关体制机制的故事，包括构建创新创业生态、加强知识产权保护、探索多主体共建的现代公共文化服务体系，具体典型案例如扶持新型文化企业、丰富文化业态，建设公共文化服务体系示范区和文化产业发展引领区等；二是为促成崇尚创新的社会氛围厚培文化沃土的故事，包括大力宣传优秀科技工作者事迹，弘扬工匠精神、优秀企业家精神，构建有利于创新的文化品牌，具体典型案例如加大创新文化教育，创办"文化东城"会客厅、北京文化论坛，打造"大戏看北京"文化名片等；三是为壮大文化创新力量汇聚各方资源、推动"文化+"深度融合的故事，具体典型案例如布局"文化＋科技"的全媒体建设、打造"文化＋旅游"的文化景观网络、打造"文化＋体育"的国际体育赛事集聚地、建设"文化＋金融"的首都文化金融生态圈。

在对创新文化类议题进行角度、主题提炼时，要突出创新是培育首都文化发展的核心动能，也是古都文化、红色文化、京味文化能够生生不息、永续发展的深层原因，如此才可破解北京国际传播中单一的传统文化符号难以承载现代内容的困境。

总的来看，文化中心类议题设置的关键在于，既要继续强化北京作为世界历史文化名城的国际认知，突出展现其世界文脉标志的国际地位；又要以中华民族现代文明之北京篇章为引领，不断拓展北京文化的内涵、灌注更多现代元

---

① 中共北京市委关于新时代繁荣兴盛首都文化的意见［EB/OL］.（2020-02-14）［2023-08-05］. http://www.beijing.gov.cn/zhengce/zhengcefagui/202004/t20200410_1799129.html.

素，突出展现其首善之区、模范之地、创新之城的文化高地形象。

## （三）国际交往中心类议题设置策略

**北京国际交往中心建设的主要任务**是，聚焦服务国家总体外交和首都高质量发展两条主线[①]，将北京建设为承担我国重大外交外事活动的首要舞台、引领全球科技创新和交流合作的中心枢纽、展现中国文化自信与多元包容魅力的重要窗口、彰显我国参与全球治理能力的国际交往之都[②]。因此，**北京媒体对国际交往中心类议题的设置，就要充分展现其在服务国家总体外交，以及首都高质量发展中的北京故事、北京声音、北京特色**，见表3-4。

表3-4　北京国际交往中心类议题设置策略

| 议题选择 | | | 议题提炼 |
|---|---|---|---|
| 一级议题 | 二级议题 | 典型案例 | |
| 服务国家总体外交 | 培育国际交往活动场所：国事活动承载区、国际机构集聚区、国际会展引领区、国际交往门户区、国际文体交流区 | 依托历史文化遗迹或街区的"小而美""雅而秀"的外交外事活动场地，东坝地区建设（如打造第四使馆区"第二个三里屯"），城市副中心、南中轴等国际交往新空间建设，雁栖湖国际会都、国家会议中心二期、大兴国际会展中心等精品会议展览品牌建设，奥林匹克中心区功能升级 | 突出服务保障硬件方面的首善标准和"北京样板"，着力彰显全球治理理念中的北京贡献 |
| | 完善国家主场外交和重大国事活动保障机制：丰富"平时"建设任务、优化"战时"运行流程 | 元首外交综合服务 | |

---

[①] 陈雪柠.首次编制重点任务、重大项目、创新政策三张清单 北京国际交往中心功能建设五年规划出炉［N/OL］.北京日报，2021-09-17［2022-06-12］.http://www.beijing.gov.cn/fuwu/lqfw/gggs/202109/t20210917_2495881.html.

[②] 杨月涵.划定31项重点任务 北京国际交往中心这样建［N/OL］.北京商报，2021-09-16［2022-06-12］.https://baijiahao.baidu.com/s?id=1711073542863047836&wfr=spider&for=pc.

续表

| 议题选择 | | | 议题提炼 |
|---|---|---|---|
| 一级议题 | 二级议题 | 典型案例 | |
| 服务首都高质量发展 | 引聚高水平国际资源要素：国际组织、跨国公司地区总部与研发中心落户，外资项目落地，国际人才引进，做强高能级国际交往平台 | 中国国际服务贸易交易会，中关村论坛，金融街论坛，临空经济区，重大科技合作计划，各类中外产业合作论坛、园区，国际抗疫合作，朝阳望京、中关村科学城等八个国际人才社区建设 | 立足开放、机遇，凸显古都北京以中国式现代化的首都实践迈进国际大都市行列的时代新风貌 |
| | 优化国际化环境和服务：涉外政务服务、外籍人士创业就业服务、涉外公共服务、国际医疗服务体系 | 重大外资项目跟踪服务，跨境服务贸易负面清单管理模式，外籍人士网上办事服务体验，"无感审批"，国际学校、国际医院建设，国际交往语言环境水平提升（如12345市民热线多语言服务），"友好城市"交往 | |
| | 推动建设国际消费中心城市：提升国际知名度、消费繁荣度、商业活跃度、到达便利度、消费舒适度、政策引领度 | 国际文化节庆活动，对外文化重点工程、海外中国文化中心项目，中国网球公开赛、北京马拉松等国际赛事品牌，打造知名"北京品牌"，标志性国际消费地标，"小而精"国际化特色商圈，望京小街、顺义罗马湖等国际化特色示范街区，空港型国际消费"双枢纽"，国内外知名品牌北京"首店""首发"行动，轨道微中心建设 | |

**1. 服务国家总体外交类议题的选择与提炼**

服务国家总体外交类议题之下，需着重讲好两大故事：一是培育服务国家顶层国际交往活动的场所，提升综合承载能力的故事，包括培育国事活动承载区、国际机构集聚区、国际会展引领区、国际交往门户区、国际文体交流区，具体典型案例如依托历史文化遗迹或街区的"小而美""雅而秀"的外交外事活动场地建设，东坝地区建设（如打造第四使馆区"第二个三里屯"），城市副中心、南中轴等国际交往新空间建设，雁栖湖国际会都、国家会议中心二期、大兴国际会展中心等精品会议展览品牌建设，奥林匹克中心区功能升级等；二是完善国家主场外交和重大国事活动保障机制，提高专业化服务能力和保障高水平服务的故事，包括丰富"平时"建设任务、优化"战时"运行流程，具体典型案例如为元首外交提供综合服务。

在对服务国家总体外交类议题进行角度、主题提炼时，既要突出服务保障硬件方面的首善标准和"北京样板"，更要着力彰显全球治理理念中的北京贡献。以该议题下集中的大量重大工程建设项目为例，对其角度、主题的提炼切忌就事论事，相反，要善于有所迁延和深化。比如依托历史文化遗迹或街区的"小而美""雅而秀"的外交外事活动场地的建设，显然就蕴含着民间外交、公共外交的理念，需作为新时代中国特色大国外交的"声音"与"特色"来传播、阐释；各类场馆、会所、展厅在造型、设计、建筑等方面对环保节能技术的高度重视与高标准运用，无疑体现了北京对人与自然永续共存的思考，以及践行国际气候合作协议、恪守碳减排承诺的负责任形象，同样需作为带有全国标杆性质的北京"声音"与"特色"来传播、阐释。此外，重大工程建设项目的议题设置，还可与其他中心建设下城市规划主题、科技创新主题等相结合。

#### 2. 服务首都高质量发展类议题的选择与提炼

服务首都高质量发展类议题之下，需着重讲好三大故事：一是引聚高水平国际资源要素的故事，包括吸引国际组织、跨国公司地区总部与研发中心以及外资项目落户、落地北京，加快引进国际人才，做强高能级国际交往平台，具体典型案例如中国国际服务贸易交易会，中关村论坛，金融街论坛，临空经济区，重大科技合作计划，各类中外产业合作论坛、园区，国际抗疫合作，朝阳望京、中关村科学城等八个国际人才社区等；二是优化国际化环境和服务的故事，包括优化涉外政务服务、外籍人士创业就业服务、涉外公共服务，加强国际医疗服务体系建设，具体典型案例如重大外资项目跟踪服务，跨境服务贸易负面清单管理模式，外籍人士网上办事服务体验，"无感审批"[①]，国际学校、国际医院建设，国际交往语言环境水平提升（如12345市民热线多语言服

---

① "无感审批"指通过语音识别、人脸识别等技术，强化智能审批的身份认证、智能授权、自动填表等功能，企业群众无须出示证件、无须填写表单就能拿到审批文件，实现"无感"审批、"省心"办事。见读懂北京 Keywords 2022（四）[EB/OL].（2022-05-31）[2023-08-08].https：//mp.weixin.qq.com/s/euPnU-YX8yQL7wK72tPrrw.

务),"友好城市"交往等;三是推动建设国际消费中心城市的故事,包括提升国际知名度、消费繁荣度、商业活跃度、到达便利度、消费舒适度、政策引领度,具体典型案例如以"北京周""北京日""北京之夜"等命名的各类国际性文化节庆活动,"中国馆""中国之窗""中国书架""欢乐中国年""丝路书香""丝绸之路影视桥""纪录中国"等对外文化重点工程或海外中国文化中心项目,中国网球公开赛、北京马拉松等国际赛事品牌,打造知名"北京品牌",标志性国际消费地标,"小而精"国际化特色商圈,望京小街、顺义罗马湖等国际化特色示范街区,空港型国际消费"双枢纽",国内外知名品牌北京"首店""首发"行动,轨道微中心建设等。

作为北京国际交往中心建设聚焦的两条主线之一,服务首都高质量发展这一路径规划,凸显了北京国际交往的更多丰富内涵,即"国际"与"交往"只是该中心建设的"表",服务首都高质量发展、对其他中心建设发挥基础设施性功能才是"里"。这就不难理解,从国际消费中心城市、全球数字经济标杆城市建设,到国家服务业扩大开放综合示范区与中国(北京)自贸试验区"两区"建设,在北京众多新任务里,对国际性的强调始终是一大亮点。[①] 因此,在对该类议题进行角度、主题提炼时,要着力突出古都北京以中国式现代化的首都实践迈进国际大都市行列的时代新风貌。这个新风貌的标志性特点是开放,是中国开放的大门永远敞开,且只会越开越大这一响亮且郑重的"中国声音"的"北京例证";而开放意味着机遇,既是推动更多国际资源转化为促进首都高质量发展的现实生产力的机遇,也是推动世界各国人民分享中国发展、北京发展红利的机遇。可见,立足开放、机遇凸显北京亲的"时代风貌",更有助于把握服务首都高质量发展类议题的精髓。

将世界引入北京,其实也就是让北京走向世界,国际交往中心类议题因而自带国际传播潜能,那么,该类议题设置的关键就在于,随时保持对这一认识的高度重视与自觉,并始终将其贯穿在对该类议题相关事实与观点的主动建构中。

---

① 杨月涵. 划定31项重点任务 北京国际交往中心这样建[N/OL]. 北京商报,2021-09-16 [2022-06-12]. https://baijiahao.baidu.com/s?id=1711073542863047836&wfr=spider&for=pc.

## （四）国际科技创新中心类议题设置策略

2021年之后，对北京科技创新中心的定位由2016年以来的"全国"科技创新中心升级为"国际"科技创新中心，一字之差，却意味着更高的标准和要求。① 简言之，**北京国际科技创新中心建设的主要任务**是，全面服务科教兴国、人才强国、创新驱动发展等重大国家战略，以及京津冀协同发展战略、科技北京战略，把北京建设成世界主要科学中心和创新高地，为建设国际一流的和谐宜居之都、实现高水平科技自立自强和科技强国提供强大支撑。**北京媒体对国际科技创新中心类议题的设置，就是要充分展现科学中心建设、创新高地建设、创新生态营造这三大核心板块中的北京故事、北京声音、北京特色**，见表3-5。

表3-5 北京国际科技创新中心类议题设置策略

| 议题选择 | | | 议题提炼 |
|---|---|---|---|
| 一级议题 | 二级议题 | 典型案例 | |
| 科学中心建设 | 体系化布局北京战略科技力量，提升基础研究和原始创新能力 | 具有首都特色的国家实验室体系，北京怀柔综合性国家科学中心，世界一流新型研发机构、一流学科，高水平高校院所和科技领军企业牵头的创新联合体，国际大科学计划 | 突出"大科学时代"、科技自立自强国家战略背景下的首都担当；以为世界奉献中国创造力、建构"中国创造"新形象的高度与敏锐度，突出北京的实干与钻研精神及其巨大的科学创新潜力与能力 |
| 创新高地建设 | 原创性、引领性科技攻关，高精尖产业新动能培育，新技术全域应用场景构建，优化提升重点区域创新格局 | "四个占先""四个突破"，"双发动机"产业、"先进智造"产业、未来产业，全球数字经济标杆城市、数字领域国际规则和标准制定，智慧城市建设"十百千"工程，碳减排、碳中和科技创新，科技冬奥专项计划，"三城一区"主平台、中关村国家自主创新示范区主阵地，世界领先科技园区，央地协同、政企结合、研产融合、国际合作的创新格局构建 | 展现北京引领第四次工业革命的崭新风貌；以场景应用为抓手，故事化、情景化地拉近科技与实际生活的关系，阐释好具有首都特点、中国特色的"科技为人""科技向善"理念 |

---

① 书写国际科技创新中心"担当答卷"[N/OL].北京日报，2022-06-24[2023-06-12]. https://baijiahao.baidu.com/s?id=1736455804967058281&wfr=spider&for=pc.

续表

| 议题选择 | | | 议题提炼 |
|---|---|---|---|
| 一级议题 | 二级议题 | 典型案例 | |
| 创新生态营造 | 加快建设世界重要人才中心、主动融入全球创新网络并成为重要节点、深化科技体制改革 | "朱雀人才—科技项目经理人计划",中关村人才特区,"北京学者""智源学者""科技新星计划"等人才计划,中关村论坛、国际综合性科学中心研讨会、北京中日创新合作示范区、中德国际合作产业园、中关村朝阳国际创投集聚区,北京证券交易所、金融法院、科创金融、科技周、科普日、科普进社区、北京科普"中央厨房",科幻产业集聚区,中国科幻大会,科研诚信体系和作风学风建设,知识产权保护,科普法规政策修订 | 以"北京示例"折射中国科技体制改革的理论与实践;针对西方舆论对我国科技产业政策的歪曲、炒作,传播、阐释北京、中国顺应时代潮流,在国际创新网络中深度探索全球创新治理新模式的"声音""特色",推动提升科技创新、科技制度创新领域的国际话语权 |

**1. 科学中心建设类议题的选择与提炼**

科学中心建设类议题之下,需着重讲好体系化布局战略科技力量、提升基础研究和原始创新能力,为"卡脖子"技术"从0到1"的突破提供源头支撑的故事,具体典型案例如具有首都特色的国家实验室体系建设,北京怀柔综合性国家科学中心建设,世界一流新型研发机构、一流学科建设,高水平高校院所和科技领军企业牵头的创新联合体构建,主动发起或参与国际大科学计划等。

基础科学原创性不足,导致不少重点领域关键技术长期受制于人,严重阻碍了我国的高质量发展,也使世界对中国留下了缺乏创造力,模仿、追随甚至抄袭、剽窃别国知识产权的负面印象。当前,科技创新正进入"大科学时代",科技自立自强已成为国家发展的战略支撑,在这一历史洪流与顶层设计下,中国不仅要追赶上世界先进科学水平,还要把北京建设成为世界领先的主要科学中心——背靠全国领先的科研优势,这是北京必须勇挑的首都担当,也是在对科学中心建设类议题进行角度、主题提炼时,首先要阐明的国际与国内、历史与现实背景;其次,本议题下丰富的"战略科技""体系化布局""源头创新""卡脖子""一流""突破"等概念，不仅具有科学研究层面丰富的专业内涵，也是天然"吸睛"的新闻传播好素材，因此，在对该类议题进行角度、主题提炼时，应以为世界奉献中国创造力、建构"中国创造"新形象的高度与敏锐度，围绕这些好概念，选择、搭配好素材，把北京的实干与钻研精神、巨大的科学创新潜力与能力，融入气势恢宏但也充满挑战的首都担当中，为北京的古都风韵、人文气质再添现代科学的华彩。

**2.创新高地建设类议题的选择与提炼**

创新高地建设类议题之下，需着重讲好原创性、引领性科技攻关，高精尖产业新动能培育，新技术全域应用场景构建，优化提升重点区域创新格局的故事，具体典型案例如"四个占先"①"四个突破"②，"双发动机"产业③、"先进智造"产业④、未来产业⑤，全球数字经济标杆城市建设、参与数字领域国际规则和标准的制定，智慧城市建设"十百千"工程，推进科技冬奥成果在后冬奥时代应用的科技冬奥专项计划，"三城一区"⑥主平台、中关村国家自主创新示范区主阵地建设，世界领先科技园区建设，央地协同、政企结合、研产融合、国际合作的创新格局构建等。

创新高地建设类议题集中了最多令人眼花缭乱的科技术语与创新成果，对于普通受众来说，有较高的理解门槛。为避免术语堆砌、数据罗列，在对该类议题进行角度、主题提炼时，一要展现北京引领第四次工业革命的崭新风貌，二要以场景应用为抓手，利用丰富的案例，故事化、情景化地拉近科技与实际生活的关系，阐释好具有首都特点、中国特色的"科技为人""科技向善"

---

① "四个占先"指在人工智能、量子信息、区块链、生物技术等前沿技术领域达到全球领先水平。
② "四个突破"指在集成电路、关键新材料、通用型关键零部件、关键仪器设备等四个重点领域的关键核心实现技术突破。
③ "双发动机"产业指新一代信息技术和医药健康产业。
④ "先进智造"产业指新能源智能网联汽车、智能制造、航空航天、绿色能源与节能环保产业。
⑤ 未来产业指类脑智能、量子计算、6G、未来网络、无人技术、超材料和二维材料、基因与干细胞等产业。
⑥ "三城一区"指中关村科学城、怀柔科学城、未来科学城和北京经济技术开发区。见北京市人民政府官网［EB/OL］.（2018-01-27）［2023-08-30］. https：//www.beijing.gov.cn/zhengce/zwmc/201906/t20190621_98980.html.

理念。

### 3. 创新生态营造类议题的选择与提炼

创新生态营造类议题之下，需着重讲好加快建设世界重要人才中心、主动融入全球创新网络并成为重要节点、深化科技体制改革的故事，具体典型案例如"朱雀人才—科技项目经理人计划"[1]，中关村人才特区，"北京学者""智源学者""科技新星计划"等人才计划，中关村论坛、国际综合性科学中心研讨会、北京中日创新合作示范区、中德国际合作产业园、中关村朝阳国际创投集聚区，北京证券交易所、金融法院、科创金融，科技周、科普日、科普进社区，北京科普"中央厨房"，科幻产业集聚区，中国科幻大会，科研诚信体系和作风学风建设，知识产权保护，科普法规政策修订等。

创新生态营造类议题集中了最多以"区""园""城""计划"等命名的中外合作项目，因而也要避免堆砌、罗列、政务文件式的惯性表达。放眼当今世界，科技发展呈现着多源爆发、交汇叠加的"浪涌"现象，科学研究范式发生深刻变革，科研活动的复杂程度大幅提升，国家成为重大科技创新的组织者。[2] 这启发我们，在对该类议题进行角度、主题的提炼时，可侧重突出两点：一是政府为支持北京全面创新，在加强科技管理、发展金融科技、改善营商环境及其相关配套措施方面，引领推动的一系列基础制度建设，以"北京示例"折射中国科技体制改革的理论与实践；二是针对西方舆论对我国科技产业政策的歪曲、炒作，充分展现科学研究范式变革的现实与时代趋势，及其带来的创新治理范式变革，充分借助以中关村论坛为代表的国家级、国际化重大平台，积极发声，传播、阐释北京、中国顺应时代潮流，在国际创新网络中深度探索全球创新治理新模式的"声音""特色"，推动提升北京、中国在科技创新、

---

[1] "朱雀人才—科技项目经理人计划"指引进培养一批具有科学家思维、工程师技能，拥有创新资源调配能力的高端项目管理人才，主要服务于国家实验室、新型研发机构等重点科研机构和"三城一区"等重点区域建设。见北京市人民政府官网［EB/OL］.（2022-01-24）［2023-08-30］. http: //www.beijing.gov.cn/zhengce/zwmc/202201/t20220124_2598556.html.2022-01-24.

[2] 全文来了！北京市"十四五"时期国际科技创新中心建设规划［EB/OL］.（2021-11-24）［2023-08-08］. https: //baijiahao.baidu.com/s?id=1717261642904419341&wfr=spider&for=pc.

科技制度创新领域的国际话语权。

总的来看，国际科技创新中心类议题设置的关键在于，须站在"国之大者"的高度上认识和把握该中心建设的意义。首先，于国内而言，畅通国内国际双循环，保障创新链、产业链、供应链的安全稳定，实现诸多发展目标，比以往任何时候都更加需要科学技术解决方案，更加需要增强创新这个第一动力[①]，所以，该类议题设置要落脚在中国改革开放的"北京样板"、构建新发展格局的北京贡献上。其次，于北京而言，作为全国首个减量发展的城市，创新发展是其唯一出路，国际科技创新中心建设也因此被定为"五子"联动[②]中的"第一子"，是首都发展的新引擎[③]，所以，对该类议题的设置要落脚在首都转型发展中的"北京探索"上。第三，于国际而言，诚如习近平总书记2021年对中关村论坛在京开幕的致辞，我们应"通过科技创新共同探索解决重要全球性问题的途径和方法，共同应对时代挑战，共同促进人类和平与发展的崇高事业"[④]，所以，对该类议题的设置要落脚在应对全球挑战的"北京方案"上。此外，鉴于科学技术较少政治色彩，也较少引发意识形态分歧的特性，对该类议题的设置还有一个"国之大者"值得重视，即将此议题作为助力北京外宣、中国外宣冲破西方媒体政治化、意识形态化操弄中国议题的突破口，以及作为加快扭转北京在国际受众中"古都风韵"有余、"时代风貌"不足的刻板印象的契机，使北京不仅因其厚重的过去"可爱"，更因其富含生命活力的现在和未来"可敬"。

---

① 全文来了！北京市"十四五"时期国际科技创新中心建设规划［EB/OL］.（2021-11-24）［2023-08-08］. https：//baijiahao.baidu.com/s?id=1717261642904419341&wfr=spider&for=pc.
② "五子"联动指的是国际科技创新中心建设、"两区"建设、全球数字经济标杆城市建设、以供给侧结构性改革引领和创造新需求、深入推动京津冀协同发展五大举措联动推进，形成叠加效应，形成推动高质量发展的强大动力。见"五子"联动［EB/OL］.（2021-08-31）［2023-08-08］.https://www.beijing.gov.cn/zhengce/mc/zwmcck/csgh/sdhxgn/202304/t20230426_3079580.html.
③ 全文来了！北京市"十四五"时期国际科技创新中心建设规划［EB/OL］.（2021-11-24）［2023-08-08］. https：//baijiahao.baidu.com/s?id=1717261642904419341&wfr=spider&for=pc.
④ 习近平向2021中关村论坛视频致贺［EB/OL］.（2021-09-24）［2023-08-08］. http：//jhsjk.people.cn/article/32235904.

## （五）国际一流的和谐宜居之都类议题设置策略

建设国际一流的和谐宜居之都是北京坚持"四个中心"城市战略定位的根本目标，根据北京市对其阶段性建设的规划，所谓"国际一流""和谐宜居"，主要强调的是在疏解北京非首都功能、治理好北京"大城市病"的基础上，在京津冀区域实现高水平协同发展，建成以首都为核心、生态环境良好、经济文化发展、社会和谐稳定的"绿色北京"与世界级城市群。① 因此，**相关议题主要围绕生态环境改善、公共服务提升、智慧城市建设三个方面展开，这也正是北京媒体在对该类议题进行设置时要充分展现的北京故事、北京声音、北京特色**，见表3-6。

表3-6　北京国际一流的和谐宜居之都类议题设置策略

| 议题选择 | | | 议题提炼 |
|---|---|---|---|
| 一级议题 | 二级议题 | 典型案例 | |
| 生态环境改善 | 推动碳中和绿色技术应用、深化生态环境综合治理 | 零碳建筑与社区建设，零碳农业基础设施建设，低碳化智慧交通运输体系建设，生态系统碳汇能力提升，"一微克"行动，永定河等五大流域综合治理与生态修复，山水林田湖草沙系统治理，北京国家植物园体系建设，温榆河公园、南苑森林湿地公园等大尺度绿化空间建设，小微绿地和口袋公园建设，轨道微中心建设，建筑垃圾资源化处置，"三长联动、一巡三查" | 在讲好"北京治理"故事的同时，传播好、阐释好故事背后的中国式发展观、生态观、文明观，及其与中国式现代化道路选择间的逻辑关系 |

---

① 张佳琪.北京城市总体规划亮点多［N/OL］.人民日报海外版，2017-04-03［2022-06-12］. http://news.cnr.cn/native/gd/20170403/t20170403_523690993.shtml.

续表

| 议题选择 | | | 议题提炼 |
|---|---|---|---|
| 一级议题 | 二级议题 | 典型案例 | |
| 公共服务提升 | 数字消费，应对新发突发传染病的科技快速反应体系、智慧医疗，教育领域综合改革，城乡统一、覆盖全民的社会保障体系，以城乡融合发展都市型现代农业，共同富裕、乡村振兴，自治、法治、德治相结合的乡村治理体系 | 无人零售、智慧零售，数字教育、数字医疗、数字体育，互联网医院、医联体，"双减"，"三边四级"养老服务体系、银发经济，"一村一室（站）"，"北京优农"计划，"种业之都" | 充分呈现新历史阶段公共服务的新内涵，凸显北京故事的时代分量；细腻呈现和谐思想在具体事例中的运用和实际效果，凸显"北京经验"的宝贵，及其蕴含的以中国文化解决发展转型下社会问题的独特魅力、独到价值 |
| 智慧城市建设 | 提高社区治理智慧化水平、加强城市安全发展科技支撑、提升智慧交通能力 | 智慧网格、智慧社区、智慧场馆、智慧养老，数字政府、数字化社区（乡村），"云展览""云旅游""云转播"，首都安全整体防控智能化，"海淀城市大脑"，服务型智能机器人，精细天气预报，自动驾驶 | 进一步凸显北京科创新的前沿高度，同时从"科技为人""科技向善"的维度，表达对科技人文、科技伦理等的创新思考 |

**1. 生态环境改善类议题的选择与提炼**

生态环境改善类议题之下，需着重讲好推动碳中和绿色技术应用、深化生态环境综合治理的故事，具体典型案例如零碳建筑与社区建设，零碳农业基础设施建设，低碳化智慧交通运输体系建设，生态系统碳汇能力提升，"一微克"行动[①]，永定河等五大流域综合治理与生态修复，山水林田湖草沙系统治理，北京国家植物园体系建设，温榆河公园、南苑森林湿地公园等大尺度绿化空间建设，小微绿地和口袋公园建设，轨道微中心建设，建筑垃圾资源化处置，提升农村人居环境的"三长联动、一巡三查"[②]等。

---

[①] "一微克"行动指一项针对北京大气污染防治的长期任务，强调细颗粒物治理要一微克一微克地去抠，综合运用科技、执法、管理等手段，实施大气污染精准治理。见北京市人民政府官网[EB/OL].（2022-01-24）[2023-08-07］. http://www.beijing.gov.cn/zhengce/zwmc/202201/t20220124_2598659.html.

[②] "三长"指河长、林长、田长。

生态环境改善类议题反映的是进入新发展阶段后，北京城市发展转型的生态动力、环境需求，是习近平生态文明思想与中国式现代化在北京的具体实践。和世界上很多超大城市一样，北京也一度面临比较严重的空气、水污染，以及人与自然争夺资源、空间的问题，但经过坚决有力、科学有效的综合治理，业已取得举世瞩目的成就。北京将在新技术革命浪潮的推动下，以共谋全球生态文明建设之路、共建清洁美丽世界的大国首都担当，继续深入推进治理工作。因此，在对该类议题进行角度、主题提炼时，应在讲好"北京治理"故事的同时，把故事背后的中国式发展观、生态观、文明观，及其与中国式现代化道路选择间的逻辑关系，传播好、阐释好。

### 2. 公共服务提升类议题的选择与提炼

公共服务提升类议题之下，需着重讲好新时代保障和改善民生的故事，包括驱动数字消费，建立应对新发突发传染病的科技快速反应体系、推进智慧医疗，深化教育领域综合改革，构建城乡统一、覆盖全民的社会保障体系，以城乡融合发展都市型现代农业，共同富裕、乡村振兴，健全自治、法治、德治相结合的乡村治理体系。具体典型案例如无人零售、智慧零售，数字教育、数字医疗、数字体育，互联网医院、医联体建设，义务教育阶段"双减"[1]，"三边四级"[2]养老服务体系、银发经济，"一村一室（站）"[3]，"北京优农"[4]计划，"种业之都"建设等。

---

[1] "双减"指减轻义务教育阶段学生作业负担、减轻校外培训负担。见北京市人民政府官网［EB/OL］.（2022-01-20）［2023-08-07］. https：//www.beijing.gov.cn/zhengce/zwmc/202201/t20220120_2596983.html.

[2] "三边"指老年人的周边、身边、床边；"四级"指市、区、街道乡镇及社区四个层面。见北京市人民政府官网［EB/OL］.（2022-07-05）［2023-08-07］. http：//www.beijing.gov.cn/hudong/bmwd/jsjbmyyt/jsjbyl/jsjbylyljgsf/202207/t20220705_2763282.html.

[3] "一村一室（站）"指每个行政村设置一个卫生室（站）。见北京市人民政府官网［EB/OL］.（2022-01-24）［2023-08-07］. https：//www.beijing.gov.cn/zhengce/zwmc/202201/t20220124_2599044.html.

[4] "北京优农"即北京优质农业品牌。2021年北京市首次发布《北京优农品牌目录》，共有130个品牌入选，包括平谷大桃等10个区域公用品牌、顺鑫控股等75个企业品牌、京一根等45个产品品牌。见读懂北京Keywords 2022（一）［EB/OL］.（2022-05-28）［2023-08-07］. https：//mp.weixin.qq.com/s/uVqZp1mcyRHAob898qPzDg.

公共服务事关民生福祉，是民众体验获得感、幸福感、安全感的最重要的渠道，但随着我国社会的主要矛盾转化为人民日益增长的美好生活需要和不平衡不充分的发展之间的矛盾，公共服务逐渐成为践行以人民为中心理念最具挑战性的领域之一。基于北京的城市规模，及其作为最大的发展中国家首都的世界影响力，北京在提升公共服务能力的过程中积累的经验，不仅惠及中国，也必将惠及世界。在这样的背景下，北京以"和谐"，且是国际一流水准的"和谐"之名塑造人们对未来在北京居住、生活的想象，既体现了北京不限于一国之界，而要在全球视域下打造人类社会和谐相处标杆的气势与胆略，也体现了北京从源远流长的传统和谐思想中汲取现代化资源的文化自信。因此，在对该类议题进行角度、主题的提炼时，既要充分呈现新历史阶段公共服务的新内涵，凸显北京故事的时代分量，更要细腻呈现和谐思想在具体事例尤其是在群体矛盾处理中的运用方式和实际效果，凸显"北京经验"的宝贵，及其蕴含的以中国文化解决发展转型下社会问题、社会矛盾的独特魅力、独到价值。

### 3. 智慧城市建设类议题的选择与提炼

智慧城市建设类议题之下，需着重讲好提高社区治理智慧化水平、加强城市安全发展科技支撑、提升智慧交通能力的故事，具体典型案例如智慧网格、智慧社区、智慧场馆、智慧养老，数字政府、数字化社区（乡村），"云展览""云旅游""云转播"，首都安全整体防控智能化，"海淀城市大脑"建设，服务型智能机器人，精细天气预报，自动驾驶等。

智慧城市建设类议题大多反映的是科技创新应用于城市治理，提升民众生活舒适度、便利度的具体场景，因此，在对该类议题进行角度、主题提炼时，一方面可进一步凸显北京科技创新的前沿高度；另一方面则可从"科技为人""科技向善"的维度，表达北京对科技人文、科技伦理等的创新思考。

总的来看，作为北京"四个中心"建设的根本目标，"国际一流的和谐宜居之都"概念融合交织了首都风范、古都风韵、时代风貌多重元素，最终以彰显"以人为本""以人民为中心"的"绿色"理念，落脚于"和谐宜居"这一最高形象定位——不仅因人与自然之间的和谐而宜居，也因人与人之间的和谐而宜居。而"以人为本""以人民为中心"这一兼具中华优秀传统文化与现代民主精神的理念,无论在面对动荡世界的发展问题、国际关系问题,还是事关人类永续生存的人与自然、人与科技、战争与和平问题时,都表现为一种具有最大公约数属性的人类共同价值、现代先进文明。以这一理念来统领国际一流的和谐宜居之都议题,更有助于提升北京的文化感召力和形象亲和力,这正是该类议题设置的关键。

以上以政策研究、媒体实务研究、国际舆论研究为依托,对标党和政府的战略传播规划和北京外宣实际,为首都国际传播议题设置提出的策略,旨在为各级各类北京地方媒体及时、准确地把握首都国际传播的议题设置导向、侧重提供参考,提升其更主动挖掘、展现新时代北京好故事的能动性。相关内容较多,以图总结,更易于准确把握,见图 3-1。

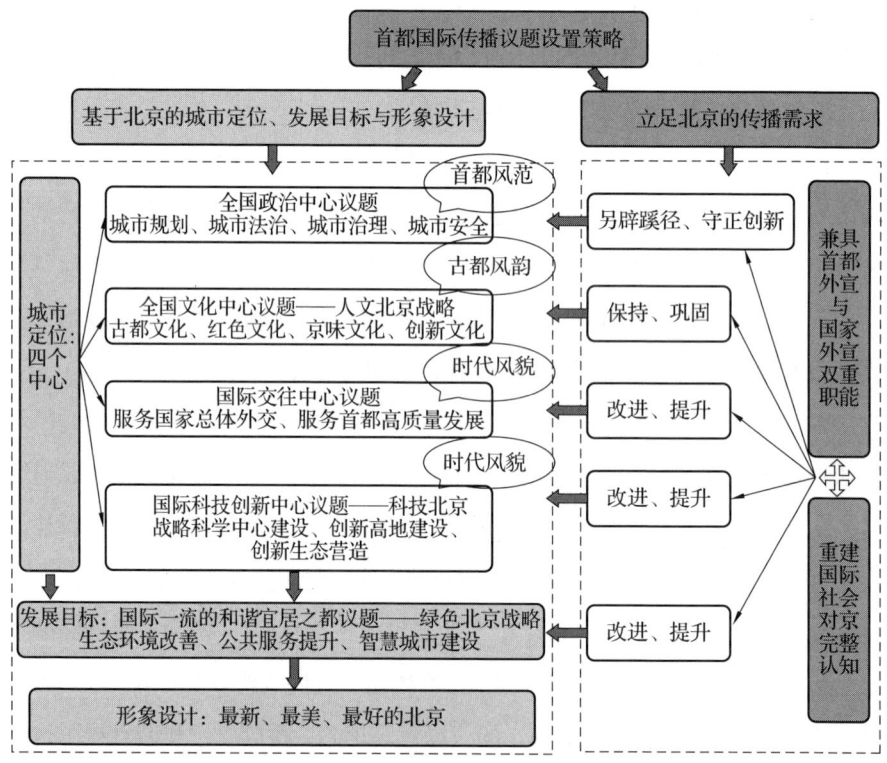

图 3-1 首都国际传播议题设置策略

# 第四章
## 首都国际传播话语和叙事能力建设

面对习近平总书记"让全世界都能听到并听清中国声音"的殷切期望，面对中央对讲好新时代中国故事的最新部署——立足"增强中华文明传播力影响力"，推动世界更好理解"中国式现代化"和"中华民族现代文明"，提升国际传播议题设置能力就是旨在让全世界"听到"中国声音，了解中国大地发生的故事以及故事背后的思想力量和精神力量；**而要在此基础上让全世界"听清"中国声音，则需要再进一步，提升落实议题设置意图的能力，即以最符合议题设置角度、主题需要的方式，把精心挑选的议题表达出去的话语和叙事能力**。这是因为"听到"与"听清"，看似一字之差，区别却是深刻的，能够从使人"听到"提升到使人"听清"，意味着中国话语国际影响力的巨大飞跃和国际话语权的显著提升。

**"听到"侧重到达、触达**。让全世界都能"听到"中国声音，从传播内容层面看，是为了改变过去那种"自说自话"的无效或低效的传播状况，其前提是要让希望被"听到"的内容在符合传播者自身意图的同时，对受众来说，亦是喜欢的、关心的、需要的、重要的、有价值的等。这就敦促我们必须系统地整理、研究究竟哪些议题，以及这些议题从什么样的角度、以什么样的主题来传播时，最容易、最适合被"听到"。这就是为什么习近平总书记要把议题设置能力看作国际传播能力建设的抓手，多次强调我们务必在议题设置上下足功夫。

**"听清"侧重到达、触达的效果清晰、准确**。这首先要求传播者能把自己设置的议题表达得清晰、准确，不能只是说了，但没有说清；其次，光是传播者自己觉得说清了还不够，还得让受众理解得清晰、准确，符合传播者议题设置的预期。可见，"听清"暗含"说清"的前提，因而是比"听到"更高的要求。不过，二者相通之处都是旨在改变"自说自话"的无效或低效的传播状况，只不过，相比说了但没被听到，让全世界都能"听清"中国声音希望改变的是尽管听到了但由于没听清，实则还是相当于没听到的困境。解决这个困境的关键在于**怎么才能清晰、准确地说好"话"（议题），不让它流于"自说"，而这恰是话语和叙事能力建设的目标。**

话语和叙事能力提升是国际传播能力建设的第二项重要内容，相对议题设置旨在提升"讲什么"的能力，话语和叙事则旨在提升"怎么讲"的能力。

作为国际舞台上越来越举足轻重的中国声音的重要组成部分，北京的声音反映的是京华大地上以"四个中心"功能定位，加快推进建设国际一流的和谐宜居之都的新时代北京故事，以及故事背后的北京思想、北京精神、北京的现代化与现代文明。这些声音不仅相比中国其他地方是独特的，相比世界其他大城市也是独特的，需要被听到、被了解，为此需要以"以外宣意识做内宣"的自觉，提升首都国际传播的议题设置能力，形成国际舆论场上最主流的北京发声主体。在此基础上，对北京声音的传播还希望获得更好的效能、更大的收益，即北京声音不仅能被听到、被了解，还能被听清、被理解，**这就同样需要把各级各类北京地方媒体的主动性、积极性都调动起来，引导它们结合自身实际，不断更新北京故事的"词库"、创新表达方式，从而提升首都国际传播整体的话语和叙事能力，把我们对北京议题的种种设想落实到理想的话语符号和叙事结构中。**

## 一、话语和叙事能力：国际传播必备能力

无论个人、团体组织，还是国家，与外部世界的交流不外乎行为、言语两大系统，分别代表了"做事""说话"这两种展示、推广、营销自己的路径和策略，二者辩证统一，不可偏废，但也不排除在某个特定时刻或特定情况下，当其中一项成为问题的主要矛盾时，它需要被予以更多重视。当下，人类交往全球化、媒介化的势头不减，国际关系与世界格局又处于深刻调整中，抢夺话语制高点、争取人心、影响舆论的话语权之争无时无刻不在数以亿计的网民、

组织化的机构、媒体、国家间发生，把对"说话"能力的要求一再推向新高。

新中国成立七十余年尤其是改革开放四十余年来，我们成功走出了一条中国特色的现代化道路，基本解决了"挨打""挨饿"问题，却还没有根本解决"挨骂"问题，这使得"说话"能力的提升迫在眉睫。**从语言修辞的角度看，"说话"就是用一套好的言辞说服他人，这意味着首先"话"要好，其次还得会"说"。前者涉及话语能力，后者涉及叙事能力，二者相辅相成，在国际传播中都必不可少。**

话语和叙事、话语体系和叙事体系、话语能力和叙事能力，是三组内涵相互关联的概念。只有厘清话语和叙事的区别与联系，才能理解话语体系和叙事体系的具体内容、区别与联系，进而才能找准抓手，提升构建新的话语体系、叙事体系的话语能力和叙事能力。

## （一）话语和叙事、话语体系和叙事体系

话语是围绕一定主题展开，表现出一定连贯性的语言形式，既是语言的使用单位，也是语言的语义单位。由于语义必须借助上下文语境，以及更为广阔的社会语境才能产生和被理解，因此话语不是简单的符号组合，而是一种反映特定行为方式、交际方式、认识方式、思维成果、价值观念等的社会实践活动，是对特定社会历史中权力关系的映射[1]，什么样的社会系统、什么样的权力关系就会产生什么样的话语体系。可见，话语体系是人们在一定社会语境中形成的思想理论体系和知识体系的外在形式，用以表达特定的思想立场和价值观念。[2] 话语体系集中表现为概念、范畴和表述的使用。[3] 叙事是和话语关系密切且存在很多相通之处的概念，叙事也主要依托语言符号产生意义，其意义也不仅由符号本身决定，而是对特定社会历史中权力关系的映射。不过由于这两个概念诞生的学科源头不同，二者的使用场景和借以解决的问题各有侧重。

---

[1] 雷诺. 福柯十讲［M］. 韩泰伦，译. 北京：大众文艺出版社，2004：89.
[2] 李岚. 新形势下广播电视构建对外话语体系的战略路径［J］. 现代传播（中国传媒大学学报），2022，44（8）：58-66.
[3] 李海涛. 试析新时代中国国际传播［J］. 现代国际关系，2022（3）：43-51+62.

"话语"概念源于语言学、符号学,对话语的探讨侧重以一套基于能指、所指的分析框架,追根溯源、深度解剖语言符号的意义建构过程,因而对概念、范畴、表述这类构成一套话语体系底层逻辑的意义单元格外敏感,反过来,要构建一套新的话语体系,也首先会从构建新概念、新范畴、新表述入手。"叙事"概念源于文学、叙事学,本质上是叙述和言说——讲故事就是最通常意义上的叙事。和话语侧重分析语言符号不同,对叙事的探讨更关注的是由语言符号组成的作为一个整体的文本,侧重从叙事主体、视角、情节、场景、时序等维度,细腻描摹草蛇灰线般隐藏在叙事文本之下的原型、元命题、无意识等,实则就是"望穿"叙事文本,探究潜藏其中的特定思想立场和价值观念,发掘"故事下面的故事"。所以叙事分析总是对叙事结构,尤其是居于文本内部的深层叙事结构格外敏感,因为深层叙事结构不只是一般意义上为叙述和言说搭建的框架,更重要的是,它本身是社会历史中特定思想立场和价值观念的载体,即特定话语体系的载体,除了浮于结构之上最外在、最直观的文本的意义(或通俗地说,故事的意义),结构本身也在建构意义。按西方叙事学理论,"叙事"又可细分为装扮他人发声的"模仿"或"展示",与用自己声音发声的"叙事"或"讲述",这就意味着不同的叙事结构会导致不同的效果、传达出不同的意义:或者"表面上在说自己,实则在为别人说",或者"由内及外都是自己说"。因此,要构建一套新的叙事体系,就要从深层叙事结构入手,使得我们要讲的故事不但故事本身好,还要为好故事找到一个能充分承载自主话语体系,从而充分反映叙事主体性、意义独特性的好的深层叙事结构——而正是这一点,把话语体系和叙事体系勾连了起来。

要反映叙事的主体性与意义的独特性,就需创造性地构建一个中国特色话语体系,反映在国际传播中就是要构建"融通中外的新概念新范畴新表述",运用这一套新概念新范畴新表述讲述中国故事,使之成为后者的深层叙事结构,就是构建中国特色叙事体系。可见,**话语体系和叙事体系是紧密相连、互为依凭、互相补充的:前者属于比较抽象的顶层设计,后者属于具**

体执行，即话语体系离不开叙事体系的落实，叙事体系则必须以话语体系为指引。由此，用中国特色话语讲好中国特色故事——以后还要逐渐讲好世界的故事，便成了中国各级各类媒体国际传播的必备能力，需要加强建设。

### （二）话语和叙事能力：国际传播必备能力

自习近平总书记在2013年8月19日全国宣传思想工作会议上首次提出"推进国际传播能力建设"以来，构建中国特色对外话语体系、对外讲好中国故事就一直被相提并论，并作为国际传播的必备能力不断被提上议事日程，其具体内涵、建设目标、建设要求、建设路径等，也不断得到充实、细化。

先来看习近平总书记有关对外话语能力建设的论述。

**1. 习近平总书记有关对外话语能力建设的论述**[①]

在2013年8月19日的讲话中，习近平总书记除了首次提出"推进国际传播能力建设"外，还首次提出"着力打造融通中外的新概念新范畴新表述"，清晰界定了中国自主构建的话语体系的内涵，也为话语能力建设做出了顶层规划。

2013年12月30日，在十八届中共中央政治局第十二次集体学习时的讲话中，习近平总书记提出"增强对外话语的创造力、感召力、公信力"，细化了话语能力建设的目标、效果。

2016年2月19日，在党的新闻舆论工作座谈会上的讲话中，就新概念、新范畴、新表述的打造如何做到"融通中外"的问题，习近平总书记对话语能力建设提出了要求："创新对外话语表达……把我们想讲的和国外受众想听的结合起来"。具体来说，我们可以把一些反映重大理念的中国特色话语作为新概念、新范畴、新表述的示范性实例，加大传播力度，使其成为世界表达中国故事的源头、读懂中国的标识，如"五位一体"总体布局、"四个全面"

---

① 综合自习近平关于讲好中国故事重要论述摘编［J］.党的文献，2020（1）：3-11；夏康健，崔士鑫.习近平总书记关于推进国际传播能力建设重要论述的发展脉络和深刻内涵［J］.中国出版，2021（13）：8-13.

战略布局、五大发展理念、经济发展新常态、正确义利观、命运共同体、新型大国关系、"一带一路"等。这些范例通过具化中国特色话语体系的外延，明晰了话语能力建设的实施路径。

2016年3月16日通过的"十三五"规划，再次围绕"融通中外"，强调要把"符合国际惯例和国别特征"与"具有我国文化特色"结合起来，"运用生动多样的表达方式，增强文化传播亲和力"。这是对兼顾"我们想讲的"与"国外受众想听的"这一要求的学理化、规范化表达，它传达了一个重要信息，也廓清了可能的误解，即中国特色话语体系并非只体现中国一国特殊性的封闭的话语体系，而是兼收并蓄、灵活开放，体现全人类共同价值和全球化时代精神的话语体系。该表述高屋建瓴地指明了话语能力建设的方向，也极大提升了对话语能力建设意义、价值的认识高度。

2016年5月17日，在哲学社会科学工作座谈会上的讲话中，习近平总书记指出，要让世界知道"学术中的中国""理论中的中国""哲学社会科学中的中国"，从而将话语体系建设上升到理论传播的高度。讲话还提出"要善于提炼标识性概念，打造易于为国际社会所理解和接受的新概念、新范畴、新表述，引导国际学术界展开研究和讨论"，这是继之前从话语体系来源——"融通中外"角度提出话语能力建设的要求后，从话语体系的学术成色、理论品质角度对话语能力建设提出的更高要求。

2019年1月25日，在十九届中共中央政治局第十二次集体学习时的讲话中，习近平总书记指出要"在构建对外传播话语体系上下功夫，在乐于接受和易于理解上下功夫，让更多国外受众听得懂、听得进、听得明白，不断提升对外传播效果"。这个要求是特别针对国际传播领域移动化、社交化、可视化的新趋势提出的，反映了话语能力建设的与时俱进。

综上，习近平总书记有关对外话语能力建设的论述，紧紧围绕着力打造新概念、新范畴、新表述展开，对其内涵外延、世界意义、新形势下的实施重点都有详细阐发，**核心要求一是"融通中外"，二是"提炼标识性概念"**。具体来说，打造新概念属于语词符号方面的创新，是用融通中外的中国特色新语词取代事物的旧名称或为新事物命名，形成帮助世界读懂中国的标识性概念；但由于话语符号的意义总是在特定的语境中才能明确，所以如果只是提出一个孤立的概念，而不是将其置于一个特定的"概念群"或概念框架中，凝聚在概念背后的丰富的思想便无法得到具体的体现，也无法被觉察，这个"概念群"或概念框架就是范畴，因此打造新范畴属于框架创新，是为新概念创造新阐释语境；最后，运用丰富多样的表达形式——既包括话语修辞层面的形式，也包括传播手段层面的形式，在新范畴中阐释新概念，把新概念的内涵充分地表达出来，使其从一个抽象的语词变成一个丰富的思想，就打造出了一套创新性的表述，因此，打造新表述属于形式创新。这样一来，新概念、新范畴将在新表述中充分展现其深刻的思想内涵，而新表述则借助新概念、新范畴源源不断的补入从而保持自身的开放性与生命力，最终建构起中国特色的对外话语体系。

再来看习近平总书记有关对外叙事能力建设的论述。

**2. 习近平总书记有关对外叙事能力建设的论述** [①]

在 2013 年 8 月 19 日的讲话中，习近平总书记首次提出要以"讲故事"的方式介绍中国，并指出对外讲述的中国故事必须能够宣传阐释好中国特色，能够让人更加全面客观地认识当代中国。这就需要"讲清楚每个国家和民族的历史传统、文化积淀、基本国情不同，其发展道路必然有着自己的特色；讲清楚中华文化积淀着中华民族最深沉的精神追求，是中华民族生生不息、发展壮大的丰厚滋养；讲清楚中华优秀传统文化是中华民族的突出优势，是我们最深厚的文化软实力；讲清楚中国特色社会主义植根于中华文化沃土、反映中国人民意愿、适应中国和时代发展进步要求，有着深厚历史渊源和广泛现实基础"。正是这四个"讲清楚"所反映的独特的历史命运、独特的文化传统、独特的基本国情，注定了中国必然会走适合自己特点的发展道路。可见，习近平总书记的四个"讲清楚"从根本上说，是要讲清楚中国故事发生、发展的内在逻辑，

---

[①] 综合自习近平关于讲好中国故事重要论述摘编 [J]. 党的文献，2020（1）：3-11；夏康健，崔士鑫. 习近平总书记关于推进国际传播能力建设重要论述的发展脉络和深刻内涵 [J]. 中国出版，2021（13）：8-13.

建构独立自主的中国叙事的深层结构。这是对叙事能力建设内涵、目标任务的顶层规划。

2014 年 6 月 6 日，在会见第七届世界华侨华人社团联谊大会代表时的讲话中，习近平总书记再次明确了叙事能力建设的重要任务是，"促进中外民众相互了解和理解，为实现中国梦营造良好环境"，还辩证地指出，讲中国故事、弘扬中华文化，"不仅自己要从中汲取精神力量，而且要积极推动中外文明交流互鉴"。这是从方法论高度对叙事能力建设擘画的路径，其意义在于指出，和中国特色话语体系的建构一样，中国特色叙事体系的建构也不是封闭的，同样需要融通中外，兼具中国本土特色与作为人类共同体的世界的普遍意义。因此，中国故事深层叙事结构的灵感既要源于中国自身，也要源于中外文明的交流互鉴。

2016 年 2 月 19 日，在党的新闻舆论工作座谈会上的讲话中，习近平总书记指出"讲故事，是国际传播的最佳方式""讲故事就是讲事实、讲形象、讲情感、讲道理，讲事实才能说服人，讲形象才能打动人，讲情感才能感染人，讲道理才能影响人。要组织各种精彩、精练的故事载体，把中国道路、中国理论、中国制度、中国精神、中国力量寓于其中，使人想听爱听，听有所思，听有所得"。对于如何做到这一点，习近平总书记提出两个要点，一是把"陈情"和"说理"结合起来，把"自己讲"和"别人讲"结合起来，使故事更多为国际社会和海外受众所认同；二是把"道"贯通于故事之中，用中国理论之"道"阐释中国实践之"故事"，用中国实践之"故事"升华中国理论之"道"，在宣传中处理好中国实践和中国理论的关系，展现中国思想，提出中国主张。在这些论述中，习近平总书记不仅对叙事能力建设提出了具体要求、指出了实施路径，还以"道"作比，形象而深刻地指出，必须把中国道路、中国理论、中国制度、中国精神、中国力量深嵌于中国故事的深层叙事结构中，使之成为中国特色叙事体系的底层逻辑，这就把叙事能力建设与话语能力建设结合在了一起。关于要讲出中国故事背后的"道"，习近平总书记在多次讲话中都有强调，如 2013 年 12 月 30 日，他在十八届中共中央政治局第十二次集体学习时指出，要"把当代中国价值观念贯穿于国际交流和传播方方面面"；2019年3月4日，在看望参加政协会议的文艺界社科界委员时强调，要"讲清楚历史性成就背后的中国特色社会主义道路、理论、制度、文化优势"；2019年4月17日，在重庆考察时指出，要把中国共产党为什么"能"、马克思主义为什么"行"、中国特色社会主义为什么"好"等重大问题讲好，足见夯实中国故事的深层叙事结构在叙事能力建设中的重要性。

2016年8月17日，在推进"一带一路"建设工作座谈会上的讲话中，习近平总书记在提到对外既要展现中华民族五千多年的悠久文明，又要传播当代中国蓬勃发展的多彩文化时，指出要"以德服人，以礼服人，以文服人，加强情感认同"，这是对"讲故事就是讲事实、讲形象、讲情感、讲道理"的再次强调。

2017年10月18日，在党的十九大报告中，习近平总书记对叙事能力建设的目标任务有了一个新的提炼："展现真实、立体、全面的中国，提高国家文化软实力。"长期以来，对外讲述的中国故事存在不可信、不可亲的弊病，除了反华势力的蓄意歪曲、抹黑等外部原因外，也有我们自身理解片面、狭隘，导致中国故事讲得生硬、干瘪、不专业的原因。习近平总书记从文化软实力的高度提出的这一要求，旨在澄清一种认识：讲好中国故事并不等于只讲"好的中国故事"。既展现中国国际传播的专业性，又坚持中国立场、维护中国利益，这需要高超的叙事技巧，需要久久为功——叙事能力建设任务的艰巨性可见一斑。

2018年8月21日，在全国宣传思想工作会议上的讲话中，习近平总书记提出讲好中国故事要做到"把握大势、区分对象、精准施策"，这是为适应国际传播生态变化，从改进传播手段、增强传播效果方面，对叙事能力建设提出的又一新要求。

2019年10月31日，在中国共产党第十九届中央委员会第四次全体会议上的讲话中，习近平总书记为创新话语体系、讲好中国故事增添了一个新内容："面向海内外讲好中国制度的故事，不断增强我国国家制度和国家治理体系的说服力和感召力。"这个新要求既呼应了我国现代化发展战略的最新部署，也进一步强调了中国叙事必须加强深层结构建设，不能浮于表面，而要一步步深入国家制度这样真正有助于世界理解中国的核心领域。如第三章所述，自提出讲好中国故事以来，习近平总书记在多个场合以生动实例不断丰富中国故事的外延，使得叙事能力建设的路径越来越清晰，同时，从讲好具体的故事，日益深入至讲好道路、理论、制度、文化核心层面的故事，习近平总书记对叙事能力建设的要求明显呈现出逐步提高的态势。

2021年5月31日，在中共中央政治局第三十次集体学习时的讲话中，习近平总书记首次把讲故事提升至"叙事体系"，并将其与"话语体系"并列，提出"加快构建中国话语和中国叙事体系""广泛宣介中国主张、中国智慧、中国方案"。这是对话语能力建设和叙事能力建设的水到渠成的融合与升华。

2022年10月16日，在中国共产党第二十次全国代表大会上的报告中，习近平总书记基于"坚守中华文化立场，提炼展示中华文明的精神标识和文化精髓"，再次提出"加快构建中国话语和中国叙事体系，讲好中国故事、传播好中国声音，展现可信、可爱、可敬的中国形象"。可以展望，"叙事体系"和"话语体系"势必稳定地搭配在一起，出现在更多场合，共同肩负起中国国际传播的更多职责、使命。

综上，**习近平总书记有关对外叙事能力建设的论述**，紧紧围绕讲好中国故事展开，对其目标、要求、实施也都有详细阐发，**核心要求一是创新中国故事的深层叙事结构**，让中国故事建立在中国之"道"的基础上，避免"表面上在说自己，实则在为别人说"；**二是在方式方法层面**，兼顾事实与情理、自述与他述，大胆创新叙事手段。

## 二、提炼北京标识性概念，提升首都国际传播话语能力

习近平总书记关于对外话语能力建设的论述，为引导各级各类北京地方媒体结合自身实际，创新话语表达，提升首都国际传播话语能力指明了方向和具

体路径，即**拓宽话语创新来源，在融通中外中提炼北京标识性概念，打造北京特色话语体系**。

新媒体时代，作为现代社会最重要的信息传播媒介，不论是职业新闻机构创办的新闻媒体，还是政府、企事业单位、社会组织乃至形态多样的"委办局"媒体、企事业组织媒体、社交媒体、个人自媒体，在日积月累、无远弗届的传播活动中，都为各种新闻信息、思想观念的交流搭建了平台，也成为各种话语竞相亮相、发挥影响力的平台，可见，大众传媒天然具备融通中外话语的潜质。不过，基于当下中国国际传播的时代背景，**习近平总书记对融通中外有更高的要求**。这个要求**一体现为融通的价值取向**，是既立足"我们想讲的"，又兼顾"国外受众想听的"；**二体现为融通的标准**，对"外"来说要对标国际惯例、顾及国别特征，对"中"来说则要具有我国文化特色、彰显中华民族现代文明；**三体现为融通的效果**，要使人乐于接受、易于理解。以上看似三个要求，实则一体三维，说的是一回事，因为"我们想讲的"必定是具有我国文化特色、彰显中华民族现代文明的，"国外受众想听的"必定是符合国际惯例和国别特征的，兼顾了这两个方面，自然就能做到使人乐于接受、易于理解。**要引导各级各类北京地方媒体达到这样的高要求，必须先明确哪些话语既是"北京想讲的"又是"国外受众想听的"，以及这些话语中潜藏着怎样的既符合国际惯例和国别特征，又具有北京文化特色、能彰显北京现代文明的潜质、元素**。明晰了这一点，就有助于我们在设置相关议题时，自觉地突出这些话语，并有意识地依据其内宣特点、外宣潜力，改造、创新这些话语，在话语创新层面做到"以外宣意识做内宣"。

我们先从"北京想讲的"一方，梳理可供提炼标识性概念的特色话语。

## （一）立足政务新名词：提炼"北京想讲的"

"北京想讲的"话语是具有新时代北京文化特色、彰显北京现代文明的话语。这里的"文化""文明"取其最宽泛的含义，包含政治、经济、文化、科技、国际交往、生态环境等多个方面，"特色"则表现为北京正在建设的"四个中心"与国际一流的和谐宜居之都。也就是说，**要梳理"北京想讲的"话**

语，就要从北京为建设"四个中心"与国际一流的和谐宜居之都的理论、政策、实践入手，而这正是首都国际传播要构建的北京特色话语体系之源。

理论，指的是习近平新时代中国特色社会主义思想，这是擘画北京发展路径的政策依据、实践准绳，北京城市功能的定位、发展目标与形象设计是对这一思想的贯彻落实，因此，这一思想是构建北京特色话语体系的旗帜、灵魂与底色；政策，集中体现为在这一思想指引下，北京出台的一系列意见、规划、方案；实践，集中体现为上述政策的具体实施及其成果。政策和实践是凸显北京特色话语体系"特色"之所在的最直观的符号载体。党的十八大尤其是党的十九大以来，在习近平新时代中国特色社会主义思想的指引下，北京加快发展转型步伐，相继推出一系列战略构想与配套措施，并加快了在基层的试点、反馈、推广与经验总结，形成了中国城市发展及世界首都发展独具特色的"北京方案""北京样板""北京经验"，这从话语层面看，就是涌现了一系列政务新名词。

### 1. 北京政务新名词的所指特征

政务，本指政治方面的事务，但也可不限于政治而泛指各领域的国家管理工作。[①] 政务名词作为政务活动中的专有名词，从形式上看，具有概念的物质外观，即高度浓缩的语词符号；从内涵上看，是对政务各领域专门术语、规章制度、政策举措、基层实践等的概括与解读，以此为纲，便可连缀起一个国家或地区治理的行动图谱，更可管窥该国家或地区治理的理念与方略。一个政务名词的诞生，其实质是对一个政务事项的命名、归类和阐释，也就是明确这个政务事项的概念、范畴和表述。不断涌现的政务新名词，意味着不断有新的政务事项诞生，也就不断有表征这些政务事项的新概念、新范畴、新表述被打造出来，不断将政务话语体系推陈出新。对于"大外宣"战略下共同肩负着首都国际传播使命，传播触角又深至北京大事小情、大街小巷的各级各类北京地方媒体来说，政务话语体系的不断推陈出新，势必为其带来源源不断的新议题，并不断充实其新词库、更新其话语体系。

北京政务新名词就是这样一个新概念新范畴新表述的载体，一张透视北京

---

① 现代汉语词典 [M].6 版.北京：商务印书馆，2012：1664.

城市治理、增进对北京城市形象认知的话语名片，是"北京想讲的"的标识性核心概念。

北京市人民政府官方网站"首都之窗"为此专门开设了"政务名词"专栏，截至2023年3月，该专栏共收录了798个词条，可归为十九类，将这十九类按各自收录词条数降序排列，依次为：城乡建设、环境保护类，综合政务类，财政、金融、审计类，科技教育类，经济、交通类，卫生、体育类，市场监管、安全生产监管类，劳动、人事、监察类，商贸、海关、旅游类，国民经济、国有资产监管类，民政、扶贫、减灾类，农业、林业、水利类，公安、安全、司法类，文化、广电、新闻出版类，国土资源、能源类，民族、宗教类，人口与生育、妇女儿童类，对外事务类，国防类。①

为直观、快速了解上述十九类、798个词条的概貌，现根据发布时间、在北京市重要党政文件中的提及频率、媒体关注度、社会认知度等指标，从各类中分别挑选出党的十九大以来，反映北京城市治理最新理念或成果的代表性词条，见表4-1。

表4-1 代表性北京政务新名词

| 词条类别 | 词条数量 | 代表性词条<br>（按发布时间逆序排列） |
| --- | --- | --- |
| 城乡建设、环境保护类 | 167 | 首都功能核心区，全龄友好型公园，北京"两区"，两个"关键小事"，"一微克"行动，韧性城市，城市更新，共生院，回天有我，两线三区，河长制，一核两翼，"三山五园"，"疏解整治促提升"专项行动 |
| 综合政务类 | 88 | 服务包，局处长走流程，每月一题，"七有""五性"，"街乡吹哨、部门报到"，"办成一件事"主题，"目录区块链"系统，秒批，无感审批，社区议事厅，接诉即办，四个中心 |
| 财政、金融、审计类 | 83 | 村镇银行，科技金融，创业担保贷款，数字人民币，首都标准化战略补助资金，绿色债，创新创业债 |
| 科技教育类 | 74 | "双减"，北京科技周，"智造100"工程，高校"高精尖创新中心"，三城一区，综合性国家科学中心，独角兽企业，隐形冠军企业，普惠性幼儿园 |

---

① 详见北京市人民政府官网：http://www.beijing.gov.cn/zhengce/mingci。

续表

| 词条类别 | 词条数量 | 代表性词条（按发布时间逆序排列） |
|---|---|---|
| 经济、交通类 | 47 | 桥下空间，航空"双枢纽"，定制公交，"1+8"科创、民营、小微企业融资服务体系，道路停车电子收费，绿色金融 |
| 卫生、体育类 | 46 | 一村一室，"片儿医"，基本公共卫生服务项目，紧密型医联体，国家药品集中采购和使用试点，医耗联动综合改革，异地就医 |
| 市场监管、安全生产监管类 | 46 | 证照联办，生物安全，专精特新企业，沙箱监管，七小场所，蔬菜直通车，"放管服"改革 |
| 劳动、人事、监察类 | 44 | 脱贫人口，一抓三保五强化，朱雀计划，新就业形态劳动者，稳岗补贴，积分落户制，一街三园多点，六保 |
| 商贸、海关、旅游类 | 43 | 漫步北京，北京"五子"，合格境外有限合伙人试点，"十百千"工程，政务无人超市，中国国际服务贸易交易会，中小企业公共服务示范平台，夜间经济，"负面清单+正向激励"，环球主题公园 |
| 国民经济、国有资产监管类 | 38 | 小微企业名录，六稳，"五新"政策，飞地经济，"两区"，"三平台"，新首钢地区"十大攻坚工程"，科技创新2030—重大项目 |
| 民政、扶贫、减灾类 | 34 | 社区养老服务驿站，城乡社区服务体系，时间银行，四个不摘，托养补贴，"三边四级"养老服务体系 |
| 农业、林业、水利类 | 19 | 树木绿地认建认养，北京优农，都市型现代农业 |
| 公安、安全、司法类 | 18 | 抵押权，电子印章，"五性"特点，民事公益诉讼 |
| 文化、广电、新闻出版类 | 11 | 北京中轴线文化遗产，向前一步，文化创意产业，五大文明创建，一核一城三带两区 |
| 国土资源、能源类 | 8 | 市域内五大河流，区片综合地价，农村土地经营权流转，承包地"三权分置" |
| 民族、宗教类 | 8 | 民族团结进步创建"六进"活动，少数民族流动人口服务管理"三个网络"和"四级机制" |
| 人口与生育、妇女儿童类 | 5 | 低保边缘家庭，计划生育特殊困难家庭老年人 |
| 对外事务类 | 2 | 国际峰会，亚太经合组织领导人非正式会议 |
| 国防类 | 1 | 人民防空 |

另据"首都之窗"页面显示，在以上政务新名词中，接诉即办（综合政务

类)、医耗联动(卫生、体育类)、蔬菜直通车(市场监管、安全生产监管类)、两线三区(城乡建设、环境保护类)是检索热词,即最受民众关注的政务名词,堪称北京政务新名词"代表中的代表"。

**2. 北京政务新名词的能指特征**

作为贯彻落实习近平新时代中国特色社会主义思想、创新政务服务的符号表征,北京政务新名词不仅在所指层面富含北京、中国文化文明特色,在能指层面也极具北京、中国文化文明特色。

**首先,最突出的能指特征是巧用数字符号**。例如"七有五性""智造100工程""十百千工程""一抓三保五强化""一核一城三带两区""三边四级养老服务体系"等,用数字高度概括政策举措的主旨精神,这是很有中国政务传播特色的一种政策表达方式,有助于政策的简化和形象化,便于公众理解、记忆,这得益于汉语符号的象形优势,也得益于汉语符号变幻多样的组合、聚合方式,及其历史积淀下的丰富的修辞资源。

以"七有五性"为例。"七有"是幼有所育、学有所教、劳有所得、病有所医、老有所养、住有所居、弱有所扶的简称,"五性"是北京市民对美好生活的需要呈现"便利性、宜居性、多样性、公正性、安全性"的新特点的简称。"七""五"二字取自相关内容所涉要点的数量。"有""性"分别是对要点表述中一个最彰显政策精髓的共有符号的提取,而之所以能进行符号提取,是因为政策表述本身充满修辞性的话语建构。党的十九大报告指出,必须多谋民生之利、多解民生之忧,在发展中补齐民生短板、促进社会公平正义,"七有"正是基于这一背景提出的。在"幼有所育、学有所教、劳有所得、病有所医、老有所养、住有所居、弱有所扶"中,"……有所……"句式以并列、互文的修辞方式,聚合起"幼"与"育"、"学"与"教"、"劳"与"得"、"病"与"医"、"老"与"养"、"住"与"居"、"弱"与"扶"七对组合,以呼之欲出的情状,勾勒出人们对在生老病死七种典型场景中获得社会保障的强烈民生诉求。在这里,"有"是最点题的表意符号,其彰显的政策精髓在于,"育""教""得""医""养""居""扶"这七项既是民众必须"有"之权利,更是政府必须使民众"有"之义务,因此被提取出来。"五性"是伴随我国社会主要矛盾转化为"人民日益增长的美好生活需要和不平衡不充分的发展之间的矛盾"过程中,北京市对本地社会主要矛盾的综合研判。在"便利性、宜居性、多样性、公正性、安全性"中,以"性"这一指代事物某种性质或性能的概念,聚合起五组包含由实到虚递进关系的语词组合,其彰显的政策精髓在于,这是一种方向性的、提质升级性的变化,意味着人们既需要提供"便利""宜居""多样""公正""安全"的有形的公共产品,也需要具有这些属性的一切公共服务,即需要这些公共产品背后所蕴含的以人民为中心的价值、理念渗透到公共生活的方方面面,成为所有生活领域的保障。可见,"性"被提取出来,不仅因为它是五组语词中形式上唯一的共有符号,也因为它代表了美好生活需要的精神内涵,从而使新时代北京市民的生活愿景得到更完整地呈现。

**其次,第二突出的能指特征是北京的地域性。**这又可以分为以下几种情况:一是以北京开拓性的城市治理实践突出地域性,这方面的政务新名词最多,内涵最丰富,其中最能表现打造新概念、话语创新的例子如"街乡吹哨、部门报到""接诉即办""向前一步""局处长走流程""秒批""共生院""社区议事厅""蔬菜直通车""朱雀计划""医耗联动综合改革""疏解整治促提升专项行动"等;二是以北京特有的历史文化古迹、知名城市建筑、现代基础设施等突出地域性,如"三山五园""北京中轴线文化遗产""航空双枢纽""新首钢地区十大攻坚工程""回天有我"等;三是以京腔京韵的北京方言突出地域性,如"片儿医""北京五子""办成一件事"等。

接下来,我们从"国外受众想听的"一方,探讨如何在北京特色话语中提炼标识性概念。

## (二)开发政务新名词:提炼"国外受众想听的"

"国外受众想听的"话语必须是符合国际惯例和国别特征的话语。在主持中共中央政治局第三十次集体学习并讲话时,习近平总书记提出"要采用贴近不同区域、不同国家、不同群体受众的精准传播方式,推进中国故事和中国声音的全球化表达、区域化表达、分众化表达,增强国际传播的亲和力和实效性"。符合国际惯例体现的就是表达的全球化,突出话语的共性;符合国别特征体现的则是表达的区域化、分众化,突出话语的差异性。要让"北京想讲的"兼顾国际惯例和国别特征,成为"国外受众想听的",需要我们我们深入研究"北京想讲的"话语,从中分析哪些潜质、元素适宜全球化推广,哪些则可以有针对性地设计出区域化、分众化传播策略。

如前所述,798条政务名词,特别是党的十九大以来涌现的政务新名词,是"北京想讲的"特色话语的集中体现,若能在此基础上挖掘"国外受众想听的"潜质、元素,找到融通中外的能指、所指链接,就有望使之成为融通中外、反映北京故事的新概念、新范畴、新表述,丰富北京媒体国际传播的语料库。由表4-1可知,798条政务名词中超过一半的政务名词集中在城乡建设、环境保护类,综合政务类,财政、金融、审计类和科技教育类,且绝大多数是党的十九大以来的新名词,这说明北京为建设"四个中心"与国际一流的和谐宜居之都的创新实践主要集中在这四个领域,最具代表性的"北京方案""北京样板""北京经验"也主要集中在这四个领域,故可以此为代表,探讨如何将其打造成易于广泛对外宣介的标识性北京核心概念。

1. 符合国际惯例

从找准话语共性,突出表达的全球化,使之符合国际惯例的角度看,要把"北京想讲的"打造成易于广泛对外宣介的、"国外受众想听的"北京特色话语,**第一个可着力的点是,鉴于中国的影响力与北京自身的规模、体量,北京的发展与治理是世界首都发展,与国际性大都市"大城市病"治理的典型代表,其改革理念、路径探索、实践效果都具有广泛的全球意义。**

"疏解整治促提升专项行动"词条高度概括了首都北京在发展中治理世界性难题"大城市病"的具体方案:以疏解非首都功能、治理"大城市病"、优化提升首都核心功能为目标,开展违法建设拆除、占道经营、无证无照经营和开墙打洞整治,城乡接合部整治改造,中心城区老旧小区综合整治,中心城区重点区域整治提升，一般性制造业疏解和"散乱污"企业治理，区域性市场疏解，部分公共服务功能疏解，地下空间和群租房整治，棚户区改造、直管公房及商改住清理整治等。该词条涉及的内容很丰富，但总体属于治标层面的具体操作性举措，治本层面的宏观规划性举措则集中体现在"北京城市副中心""首都功能核心区""京津冀都市圈""城市更新""一核两翼"等政务新名词中。这些政务新名词是基于习近平总书记2014年视察北京时擘画的"京津冀协同发展"战略提出的，其核心理念是，以"减"谋发展。针对"大城市病"的关键症结在于城市功能过于密集、资源过于集中，抓住疏解北京非首都功能这个"牛鼻子"，对北京进行明确的功能区划，同时以区域经济发展的架构，使北京与周边省市实现资源共享与重组，让北京的"大城市病"在城市群的均衡发展中逐渐缓解，北京也由此成了全国首个减量发展的城市。

在世界城市发展中，早在20世纪二三十年代，西方国家就率先以建设卫星城求解"大城市病"，并迭代出多种模式，在世界上推广开来，成效显著。北京借鉴了世界卫星城的建设经验，但同时根据现代城市发展的新情况以及本土国情、市情，不断创新突破。比如，政务新名词"回天有我"反映的就是，北京在回龙观、天通苑地区发起"回天地区"三年行动计划，以"职住平衡"为抓手，通过社区居民、党政机关、社会力量的协同参与，破解卫星城变相成为"卧城""睡城"的问题。除此之外，卫星城固然能通过承接中心城之痛，缓解后者之病，但"依附"中心城也会限制其自身的发展，这与中国新时代发展要解决地区发展不平衡不充分问题的目标不符。所以，北京解决"大城市病"势必需要迈出更大一步，以千年大计、未来之城的布局谋划，在京津冀区域实现高水平协同发展，建成以首都为核心的世界级城市群。

可见，要打造世界首都发展与现代"大城市病"治理中的北京特色话语，须在所指层面，将"疏解整治促提升"等系列政务新名词蕴含的新概念、新范畴、新表述，嵌入国际大都市规划的理论与实践场域；同时在能指层面，一方面借鉴"卫星城"这样形象生动的比喻修辞，一方面又要跳出"卫星城"暗含的与"中心城"之间主副关系的范式，以更彰显新发展阶段、新发展理念的北京范式，进一步优化、打磨语词符号。

要让"北京想讲的"符合国际惯例，第二个可着力的点是，在以人民为中心，以及满足人民日益增长的美好生活需要的执政理念下，北京不断创新政务服务，大力提升首都治理体系和治理能力的现代化水平，其多元共治、科技赋能城市治理的"首都样板"，及其蕴含的独特的中国式现代化道路、民主观念、和谐思想，不但能为思考和回应超大城市治理的世界之问、时代之问提供借鉴，还能增进世界对中国特色的基层民主、法治建设、政治文明等多方面的了解。

2017年，北京市在基层治理实践中最早探索了"街乡吹哨、部门报到"工作模式，并将其作为2018年全市的"1号改革课题"，得到中央全面深化改革委员会的充分肯定。"街乡吹哨、部门报到"是探索党建引领基层治理的一项体制机制创新，旨在建立基层治理的应急机制、服务群众的响应机制、打通抓落实"最后一公里"的工作机制。[1] 具体内容是当街乡遇到需要跨部门、跨区域解决的难题时，由街乡"吹哨"，发出集结令；相关部门"报到"，让各类城市管理力量在街乡综合下沉、力量聚合，形成权责清晰、条块联动的体制机制。[2] 2019年，"吹哨报到"向"接诉即办"深化延伸，建立起市委统一领导、政府负责，以12345市民服务热线为主渠道，对群众诉求快速响应、高效办理、及时反馈的为民服务机制。2021年，"接诉即办"从"有一办一"向主动治理、"未诉先办"深化，有效发挥了常规治理和专项治理的制度优势，建立了"每月一题"工作机制，出台了《关于推动主动治理未诉先办的指导意见》。不仅如此，经过两年实践，"接诉即办"正式进入立法程序，《北京市接诉即办条例（草案）》提交市十五届人大常委会第三十一次会议一审，并向社会公开征求意见。从"闻风而动、接诉即办"，一个诉求一个诉求地解决，到"向前一步、未诉先办"，主动发现并打包解决一类问题，再到"每月一题、标本兼治"，以上三个发展阶段一脉相承、相互衔接，分别对应城市治理重

---

[1] 北京市人民政府官网［EB/OL］．（2020-01-14）［2023-12-15］．https：//www.beijing.gov.cn/zhengce/zwmc/202001/t20200114_1574965.html．
[2] 街乡吹哨 部门报到——北京以党建引领破解城市基层治理"最后一公里"难题［EB/OL］．（2019-07-18）［2023-12-15］．https：//www.12371.cn/2019/07/18/ARTI1563416799243226.shtml．

心"沉下去"、各方治理主体"动起来"和基层治理效能"强起来"三个特征，共同构筑了北京"接诉即办"政务服务改革创新的完整体系。①

这个体系，反映在政务新名词中，就是被归入综合政务类的"接诉即办""社区议事厅""办成一件事""街乡吹哨、部门报到""七有五性""每月一题""局处长走流程"等系列词条。要将这些词条打造成世界大城之治的北京特色话语，可在所指层面，进一步凝练这一基层工作机制所反映的"让人民生活幸福"是"国之大者"的价值依归，同时结合政治学、战略管理学等理论资源，深入挖掘其"精治共治法治"理念潜藏的国际推广经验。例如，将街乡等小微居住单元视作城市治理抓手、"下沉"行政司法等治理资源、使用大数据研判解决问题于未萌、合力推动配套措施、开放立法提供制度保障等具体做法，反映的就是在面对价值多元、利益格局复杂、新传播技术加剧风险演化等诸多新挑战时，北京探索超大城市治理新路径的经验。如此，"北京方案"的全球意义就可在所指层面提炼为：既回应了矛盾风险挑战前所未有之下，中国该如何发展这一"中国之问"，也回应了全球范围内，因政党、族群、社会撕裂导致的不稳定性、不确定性前所未有之下，世界该如何治理这一"世界之问""时代之问"。在能指层面，则可围绕政务新名词，进一步借学术术语、民间话语丰富表意手段，使"接诉即办"系列话语的表征符号更加多样和生动，如用"民有所呼、我有所应"彰显"接"之义不容辞、"诉"之百姓吁求、"即"之闻风而动、"办"之作为担当；用"向下赋权""首接负责、不踢皮球""从群众中来、到群众中去""不要'割韭菜'，而要'拔大葱'"彰显人民至上；用"城市体检""绣花功夫""见之于未萌、治之于未乱"彰显治理的系统化、精细化、科技化等。②

同理，**在让"北京想讲的"符合国际惯例方面，可着力的点还有：** 在所

---

① 综合自高培勇. 坚持人民至上 共创美好生活——《北京党建引领接诉即办改革发展报告》发布稿[EB/OL]（2022-12-18）[2023-12-15]. https://cssn.cn/zzx/zzx_tpxw/202212/t20221228_5574774.shtml；胡宇齐. 以制度力量推动接诉即办向前一步[N]. 北京日报，2021-06-04（3）.

② 胡宇齐. 以制度力量推动接诉即办向前一步[N]. 北京日报，2021-06-04（3）.

指层面，从"科技金融""数字人民币""绿色债"等词条中，提炼北京金融创新对国际金融体系创新的意义；从"服务包""秒批""无感审批""创业担保贷款""创新创业债"等词条中，揭示北京改善营商环境带给世界的发展机遇；在"智造100工程""高精尖创新中心""三城一区""综合性国家科学中心""独角兽企业""隐形冠军企业"等词条中，凸显北京科技创新与世界科技创新的同频共振。在能指层面，须更有意识地对标、参照国际化通用坐标体系，充分吸纳相关国际组织、学术团体、智库、大众传媒等的话语资源，使北京政务新名词不仅在内涵上具有广泛的国际兼容性、推广性，也能在形式上与所涉领域的既有概念、范畴、表述相融，并为后者带去更多话语符号的创新。

**2. 符合国别特征**

从找准话语差异性，突出表达的区域化、分众化，使之符合国别特征的角度看，要把"北京想讲的"打造成易于广泛对外宣介的、"国外受众想听的"北京特色话语，关键在于对受众国信息需求的准确把握，找到北京特色话语与受众国本土话语体系的能指、所指之勾连。不过，鉴于全世界有两百余个国家与地区，因此绝对精准的"一国一策"式传播不太现实，但在当前的国际关系格局下，发展中国家、发达国家对中国的信息需求，以及中国对它们的国际传播侧重都有较显著的差异，故可粗略地将北京故事的受众国分为发展中国家和发达国家。

**就面向发展中国家来说**。发展中国家数量众多，对华信息需求各不相同，但总体而言，相似的历史遭遇、相近的发展阶段、相同的现代化任务，使它们的对华需求有较多共同点，如都对中国快速崛起的成功经验格外感兴趣。因此，**可将北京政务新名词包含的所指，置于从"乡土中国"进入"城市中国"，再进入"现代中国"的语境下，以拉近和它们的心理距离；能指方面，则可在保持北京话语原汁原味的同时，多注意入乡随俗，借力当地的语言习惯，拉近和它们的语言距离。**

在此基础上，针对发展中国家普遍羡慕中国强有力的规划和执行能力的特点，可重点宣介"四个中心""两线三区""三城一区""北京五子"等反映北京城市规划的政务新名词，并注意突出规划背后的科学决策机制。例如，"两线三区"旨在用生态控制线和城市开发边界（两线），将北京市域空间划分为生态控制区、集中建设区和限制建设区（三区），其背后的决策支撑是对北京发展转型科学、准确的判断，与对新发展理念的贯彻。针对发展中国家普遍面临经济增长乏力、民生问题严峻的问题，可重点宣介以科技与金融创新带动经济技术开发的"三城一区""村镇银行""首都标准化战略补助资金"等政务新名词，以及反映民生改善、老旧小区改造的"普惠性幼儿园""蔬菜直通车""一村一室""医联体""城市更新""共生院"等政务新名词，并注意突出这些举措背后富有中国特色的党建引领、群众路线、社会主义市场经济思想。例如，"共生院"模式将四合院传统空间布局同现代居住功能相结合，在切实改善居民居住生活条件的同时，实现建筑共生、居民共生、文化共生，这一开拓性的减量提质、城市更新思路之所以能成功落地实施，离不开党和政府、民众、社会等多方力量的"共建共治共享"。同理，只要基于发展中国家的国别特征，抓准北京与其相契之处，北京各领域积累的政务新名词就都有机会成为这些国家构建的"北京词库"中的新成员。

**就面向发达国家来说**。发达国家数量虽然不多，但对华信息需求却比较复杂。一方面，中国是国际舞台上越来越重要的世界一极，发达国家渴望了解中国；但另一方面，中国又被部分抱持冷战思维的发达国家视作所谓战略竞争对手或系统性竞争对手，导致这些发达国家常常无法或不愿真正了解中国，反而故意抹黑污蔑中国。对此，中国一方面坚守必要的舆论阵地，一方面也始终致力于做好增信释疑的沟通工作，尽最大可能维持与发达国家之间正常、健康的关系，推动构建人类命运共同体，维护世界和平与发展。应当指出的是，发达国家的对华心态看似自相矛盾，在关注对象上却高度相通，比如，发达国家最爱抹黑污蔑的中国民主人权、民族宗教、环境保护、产业政策、国有企业等，也是他们最不了解且总体上最渴望了解的问题，不但如此，这些问题彼此之间其实也有相通之处，倘若能找到巧妙的切口或抓手，大可以以点带面、以一知万。这意味着，中国的回应既要有意识地兼顾告知、解释与回击，又要善于抓住要害、提纲挈领。

具体到首都国际传播，**要让"北京想讲的"符合发达国家的国别特征，可以依据以上特点和要求做有针对性和策略性的宣介**。以环境保护类政务新名词为例。环境保护是一个非常具有包容性和延伸性的话题，它与一般的政经问题相比，意识形态色彩较淡，易于作为中国和发达国家间沟通的桥梁，且非常契合率先完成现代化的发达国家的关切。同时，环境保护关乎人类生存赓续，能够作为一个典型案例，帮助发达国家理解中国提出的人类命运共同体理念，看到中国在应对全球气候变化过程中的大国担当与付出的切实努力；环境治理所需的城市转型、科技创新、平衡不同群体间利益的政治智慧，还能够生动透视中国式民主人权建设、中国式现代化发展道路在北京的实践。此外，尽管环境保护主题宏大、意涵丰富，却易于以基础设施、生活环境与民生的改善作为讲故事的落点，比较适合避开面向发达国家传播时容易遭遇的意识形态或跨文化困境，可见，只要善于依托富有情节性、人情味的故事，环境保护就可以成为既有助于满足发达国家对华、对京认知需求，又能有效回击部分发达国家无端指责与诋毁的"小而美"的巧妙切口和抓手。

例如，在"树木绿地认建认养""自然岸线保有率""绿视率""两个关键小事""一微克行动""碳交易""生态控制线""两线三区""河长制"等反映北京环境保护举措与成就的系列政务新名词中，"一微克行动"就是这样一个所指迁延性强，能指又极具故事感和修辞性的北京特色话语。"一微克行动"是一项针对北京大气污染防治的长期任务，强调细颗粒物治理要一个微克一个微克去抠，综合运用科技、执法、管理等手段，实施大气污染精准治理。2012年以来，北京大力推进生态文明建设，深化大气污染治理，2021年PM2.5年均浓度降至33微克/立方米，空气质量首次全面达标，市民享受到更多蓝天白云。尽管如此，北京市仍将坚决打好蓝天保卫战，以持续开展"一微克"行动，协同控制PM2.5和臭氧污染，推动空气质量持续向好。[①] 这是以人为本的执政理念，

---

① 蔡奇. 北京市第十三次党代会报告全文公布［N/OL］. 北京日报，2022-07-04［2022-09-01］. http://www.bjsupervision.gov.cn/ttxw/202207/t20220704_78419.html.

也是一任接着一任干、一棒接着一棒跑的中国式执政特色在环境保护领域的写照。对科技、执法、管理等手段的综合运用，也意味着作为一个系统工程，"一微克行动"的顺利推进，离不开"疏解整治促提升"专项行动对降低首都核心区"四个密度"、留白增绿的顶层规划，离不开"接诉即办"机制对环保民意的体认与应对相关社会矛盾的民主决策，也离不开"综合性国家科学中心""绿色债""绿色金融"等对科技、金融领域的创新扶持。"一个微克一个微克去抠"的拟人化修辞，把以上种种努力连缀起来，成为中国首都高水平治理体系、治理能力的缩影。循此思路，在向发达国家宣介其他政务新名词时，我们都要尽可能"用足"这些政务新名词的概念内涵，充分激发其能指、所指潜能。

## 三、讲好北京故事，提升首都国际传播叙事能力

习近平总书记关于对外叙事能力建设的重要论述，为引导各级各类北京地方媒体结合自身实际，创新叙事方式，提升首都国际传播叙事能力指明了方向和具体路径，即**创新北京故事的深层叙事结构，让北京故事建立在北京之"道"、中国之"道"的基础上，同时在方式方法层面，兼顾事实与情理、自述与他述，大胆创新叙事手段，打造北京特色叙事体系**。在叙事体系的建构与叙事能力的提升中，创新深层叙事结构居于基础且核心的地位，故须先对叙事结构做深入探讨。

### （一）创新深层叙事结构的两大路径

"叙事结构"的概念最早由古希腊哲学家柏拉图和亚里士多德提出，一般指一种框架结构，在此基础之上，故事或叙事的顺序和风格被展示给读者和听众。[1]但是，在20世纪60年代受结构主义和俄国形式主义影响而兴起的叙事学看来，叙事受到人类外部的社会历史文化的影响，同一叙事可以有不同的变体，由不同的形式来呈现，但千变万化的叙事形式内部潜藏着相似的基本结

---

[1] 傅洁. 从拉波夫的分析模式看话本小说的叙事结构[J]. 邢台学院学报, 2009, 24（1）: 83-85.

构,也就是说,作为文化要素的具体的叙事文本是表象性或偶然性的,真正有意义或起作用的,是使具体叙事联结为一种文化整体的语言结构或语言模式,而非具体文本。由此,叙事学将叙事结构划分为表层结构和深层结构:表层结构是可见的、在场的语言组织形式,是传统文本分析和内容分析关注的研究对象,包括语音语法、句段组合、情节材料等;深层结构则以表面"缺席"实质"在场"的形式存在于文本中,是文本中基本的价值系统和深层意蕴,是赋予文本以存在意义的深层逻辑表达形式,它们无意识地存在于人的心灵中,包含着具有普遍意义的规范、价值和态度,在文本中反映着特定社会系统的价值和规范结构。①

为了在话语的表层结构下抽象出一个潜藏的深层结构,俄国结构主义叙事学先驱弗拉基米尔·雅可夫列维奇·普罗普(Владимир Яковлевич Пропп)、法国结构主义人类学家列维-斯特劳斯(Levi-Strauss)、法国结构主义语言学家 A.J. 格雷马斯(Algirdas Julien Greimas)等人通过对一系列文本故事的形式化处理,提炼出"故事形态""逻辑事纲""符号矩阵"等深层结构模型,从而为深层结构分析提供了有效工具。② 相较而言,普罗普的"故事形态"侧重从文本样式规律——可引申为文体——探究叙事的深层结构,格雷马斯的"符号矩阵"则侧重从文本意义的生成规律探究叙事的深层结构。

新闻也是一种叙事文本,要创新新闻深层叙事结构,首先得找到其深层结构肌理。作为一种有着鲜明文体规范的文本,其深层结构肌理可从文体、文本两个层面探究,而这也正是对其进行结构创新的两个入手点。

**1. 创新文体层面的深层叙事结构**

在近代资产阶级新闻业的专业化、职业化过程中,新闻演变出多种文体。新闻报道、新闻评论是最基本的两大文体,新闻报道之下又细分出消息、通讯、特稿、访谈、专题、深度报道等文体,新闻评论之下又细分出社论、编者按语、专栏评论、述评等文体,这些文体各有特定的叙事结构。新媒体时代,

---

① 王攀峰. 教科书叙事分析:理论与方法[J]. 课程·教材·教法, 2021, 41(1): 21-28.
② 王攀峰. 教科书叙事分析:理论与方法[J]. 课程·教材·教法, 2021, 41(1): 21-28.

伴随媒体融合，各种文体也相互融合，衍生出更多叙事结构。但从普罗普的"故事形态"模型看，表面多变的新闻文体并非无规律可循，而是潜藏着稳定的"不变项"或"常项"，它们是新闻的深层叙事结构。

普洛普基于对俄罗斯民间故事的文本细读，发现千变万化的故事背后存在一个不变的叙事单位：由人物行为构成的"功能"——这些功能总是按一定的次序出现，相互作用形成"回合"，进而推动故事情节。"功能"与"回合"构成了民间故事的基本形态，发挥着叙事"公式"的作用，所有的民间故事都不过是这些公式的不同表现形式。普罗普的这种以"功能"为叙事单元剖析文本深层结构的思路，为荷兰传播学者范迪克（Van Dijk）的"新闻图式"所借鉴，见图4-1。

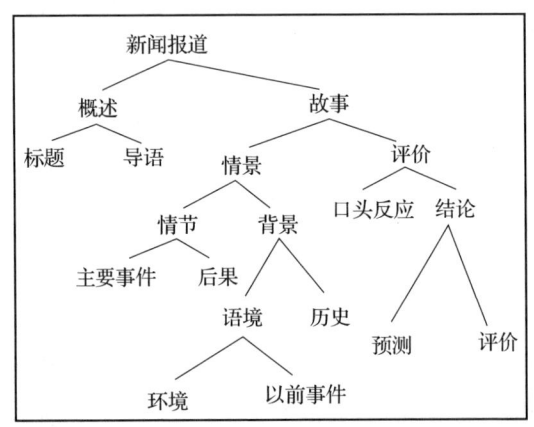

图4-1 范迪克的"新闻图式"模型

"新闻图式"是范迪克基于新闻报道文体提出的一个结构模型，旨在提炼新闻报道的常规形式。与普罗普发现俄国民间故事背后的"故事形态"一样，范迪克也看到形态各异的新闻报道背后，潜藏着一个由诸多"功能"单元与"回合"构成的"故事形态"、叙事"公式"，范迪克将其称为"新闻图式"。在"新闻图式"中发挥"功能"作用的是五大基本图式范畴：概述，包括标题和导语，用以概括新闻选题与主题；情节，位于导语之后，包括主要事件和后果，是对概述部分的展述；背景，包括语境和历史，是对短则几天或几个月、长则一年或数年前相关事件的回顾，用以更全面地理解主要事件，并为评价主要事件做倾向、立场上的铺垫；口头反应，是来自业界人士、机构、直接当事人的评价；结论，是记者及媒体自身对新闻发表的预测和评价。以上五大范畴除概述、情节外，不必同时出现，但也可视具体情况多次反复出现。

新闻之所以采用这样的结构，既源于其作为告知社会最新变动的叙事文体内在的演变逻辑，也源于传播技术更新、受众需求变化的时代逻辑，还源于资本主义市场经济下新闻业发展的商业逻辑——它们共同影响新闻从最初单一的政论性叙事文体，演变为多样的新闻性叙事文体，新闻业的属性也在单一的政党属性、政治属性之外，发展出多样的商业属性、公共属性等。在这样的多重逻辑下，重要性、显著性、时新性、趣味性、反常性等新闻价值原则得以确立，所以，显示新闻最重要要素的"概述"居于专门且最靠前的结构位置；完整新闻事实则以新闻价值递减的"倒金字塔"结构渐次排列，以方便受众随时停止阅读但又不影响他们了解新闻梗概；同时，客观、平衡的报道原则也逐渐被确立，因为只有呈现对新闻事实的多方观点，新闻才有可能被更广泛地接触、售卖。新闻这种拼接式的、重头轻尾的，且反时间顺序和事件发生发展逻辑顺序的叙事结构，与童话、神话、小说、戏剧等各种典型的故事类叙事文本的结构截然不同，甚至相反，并不符合一般的阅读习惯，但却具备传播的高效，因而延续至今——尤其是在新闻报道最基础的消息文体中。

不过，随着受众、市场、传播技术、媒介形态的不断发展变化，新闻的这一经典叙事结构也在与时俱进，如以美国《华尔街日报》惯用的一种新闻写作方法命名的"华尔街日报体"，就对"倒金字塔"的导语部分进行了优化，以新闻局部的趣味性、反常性优先替代了传统的重要性、时新性优先，同时以更突出的对新闻的故事化处理，改造其他图式范畴的衔接方式，避免新闻常有的阅读上的生硬感。当前，相互融合的新闻文体衍生出更多叙事结构，"倒金字塔"又一次面临挑战。例如，在社交媒体上，新闻的呈现方式主要是"折叠式"的，读者需要先被吸引、点开标题链接才能看到全貌，这使得标题不再必须是对新闻基本要素的概括，而可以缺少新闻要素甚至无新闻要素，以此制造悬念、矛盾、冲突，激发受众的好奇心。点开标题链接之后的正文图式也有变化，如为了适应受众碎片化的浅阅读趋势，导语之前还可能再辟一个提纲性的"阅读提示"或"导读"，把新闻的叙事框架或其他吸引人的新闻要素抽取出来，满足受众没耐心细看全文，却又想获得比导语更丰富信息的需求。"导读"和"导语"虽仅有一字之差，内涵、功能却相差甚远，完全可以和标题的变化一同被视为新闻叙事的一次深层结构变革。究其缘由，是因为"新闻图式"揭示的不是一般的语言组织形式，而是新闻的深层叙事结构。

普罗普用"功能"来界定俄罗斯民间"故事形态"，而意义才会产生功能。不过，普罗普通过"故事形态"，发现的不是单个俄罗斯民间故事的意义，而是作为整体的俄罗斯民间故事的意义之源，可见，"故事形态"并非填充情节、安排情节位置次序的篇章、段落框架，而是俄罗斯民间故事的深层结构。范迪克的"新闻图式"也是这样的深层结构。表面上，它似乎只是对篇章组织、段落架构的格式规范，不对具体某篇新闻产生意义，但各图式范畴都有特定的功能，每一个范畴的产生与改变影响的都是对"何为新闻"的基本认知，因而是从文体源头上影响作为整体的新闻的意义。上述新闻文体的发生发展过程印证了这一点。从"倒金字塔"的应运而生到其后的种种演化，无不是对一定社会政治、经济、文化、科学技术等状况的映射，也是一定社会规范、价值观念的产物；反过来，新闻文体又以不断变化的结构和形态形塑新闻的样貌，让新闻成为承载一定社会规范、价值观念的叙事文本。这就不难理解，当"华尔街日报体"成为被全世界媒体奉为圭臬的新闻叙事的典范结构时，《华尔街日报》或者说美国的新闻价值观及其相应的话语体系也随之被奉为圭臬。正因如此，范迪克不仅指出新闻报道是由约定俗成的"新闻图式"所组织的，还指出"新闻图式"的作用是填充不同的意义，再现规则、规范和意识形态系统。[①] 美国媒介社会学学者迈克尔·舒德森（Michael Schudson）也认为，新闻的叙事结

---

① 综合自戴伊克.话语心理社会[M].施旭,冯冰,译.北京：中华书局,1993；范迪克.作为话语的新闻[M].曾庆香,译.北京：华夏出版社,2003：28-29.

构反映着报道的新闻思维，报道形式相比报道内容更能彰显媒介的力量。[1]

**新闻文体蕴含着新闻的深层叙事结构，这启发我们，创新中国故事、北京故事的深层叙事结构可以从创新新闻文体入手；而新闻文体的演化过程更启发我们，新闻文体创新的关键是紧跟时代潮流、抓住时代需求**。例如，在文化自信背景下，从源远流长的中华叙事传统、"京派"叙事文化中汲取养分，用章回小说、评书、说唱甚至戏曲的叙事结构创新新闻文体就是一个有益尝试——北京晚报的"说疏Ⅰ"系列堪为一例，它用短视频说书的形式讲述"疏整促"（即"疏解整治促提升"——笔者注）工程的故事，还借鉴了影视剧分季播出的结构。又如，就当下的传播环境来说，我们更应该抓住的是媒体融合潮流下打造全程媒体、全息媒体、全员媒体、全效媒体的机遇，利用好中国在移动网络平台、社交媒体、虚拟社区建设方面并不逊于发达国家的起步条件，抢占开发新闻传播、国际传播新图式的高地。近年来，全程媒体的建设实践催生出"慢直播"，全息媒体的实践创造出不胜枚举的优秀融媒案例，全员媒体的实践掀起方兴未艾的短视频、直播革命，全效媒体的实践则为新闻开发出内容、社交、政务、服务等多种功能……凡此种种，都孕育着对新闻文体的点滴创新，并且每一个创新都带着中国经济社会发展的烙印。比如，慢直播的爆火起于新冠疫情防控期间，中央电视台客户端"央视频"对武汉火神山、雷神山医院建造全过程进行的24小时不间断直播，催生这一全新直播形态的是特殊情景下网友的抗疫热情，更离不开国家强大的基础建设实力成为其适配的题材；短视频、直播革命的背后是移动互联网及其相关传播技术在中国的飞速发展，与多元化的传播生态；"新闻+政务+服务"的功能融合——典型案例如北京广播电视台新媒体视频平台"北京时间"推出的"接诉即办"融合应用，则反映了时下媒体平台化发展的内在需求。因此，完全可以说，这些创新都是在蓄力构建富有中国特色的新媒体时代的"新闻图式"，其在作为传播内容的形式载体的同时，本身就是对中国之"道"、北京之"道"的述说，是文体层面中国故事、北京故事叙事体系的底层逻辑，自然也就是讲述北京故事、承载北京

---

[1] 杨暖暖，于志强. 现阶段我国报纸对老年人信息化报道的媒介取向分析[J]. 山东理工大学学报（社会科学版），2020，36（2）：63-72.

之"道"的深层叙事结构。

**2. 创新文本层面的深层叙事结构**

创新深层叙事结构除了可从文体层面入手,通过文体创新,创新文本的深层逻辑表达形式;还可从文本层面入手,通过厘清文本意义生成的规律,创新文本价值系统和深层意蕴内嵌的思维范式。格雷马斯的"符号矩阵"模型,正是一个有助于厘清文本意义生成规律的工具。

格雷马斯的"符号矩阵"借用亚里士多德逻辑学对矛盾与对立的诠释,综合索绪尔语言学的基本学说,以及列维-斯特劳斯的二元对立理论,将普罗普的研究成果从一个对具体对象的研究演化为一个结构语义范式。① 格雷马斯认为意义产生于一系列结构所产生的关系之中,故事的意义也是如此。在格雷马斯看来,所有的文学故事均由若干人物或事件的对立构成,当这些对立的人物和事件因素全部展开时,故事就得以完成。他用矩阵符号表达这一思想(见图4-2),用文字表述即为:设正项X,则必有负项反X,且伴有与正项X相矛盾但非对立的非X,以及与反X相矛盾但非对立的非反X。它们相互交叉,结构出对立(如X与反X,非反X与非X)、矛盾(如X与非X,反X与非反X)、蕴含或互补(如X与非反X、反X与非X)三种基本关系,全部的文学故事就在这些交叉和关系中展开。②

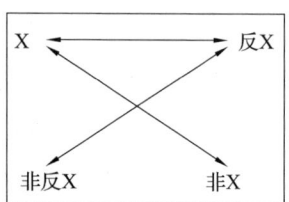

图4-2 格雷马斯的"符号矩阵"模型

---

① 综合自杨景雯.格雷马斯符号矩阵下的《肖申克的救赎》[J].青年文学家,2021(9):149-151;高璐.从格雷马斯叙事学理论解读电影《复仇者联盟4》[J].青年文学家,2020(14):150-151.
② 张江.当代西方文论的理论缺陷[N/OL].文学报,2014-08-19[2023-12-20]. http://www.chinawriter.com.cn/2014/2014-08-19/215196.html.

新闻是对新近发生的事实的报道，真实、准确、客观是其最首要的叙事原则，但为了吸引受众、迎合市场，有更好的传播效果，从"华尔街日报体"的流行开始，新闻就越来越重视讲故事的能力。当新闻以故事的方式讲述，那么，凸显矛盾、冲突、悬念、人物心理等的情节性、情感性新闻要素势必得到更多强调，有时甚至不惜以牺牲真实、准确、客观为代价，故事化由此成为新闻叙事的另一重要原则，千差万别之处只在于讲什么样的故事与怎样讲故事。而在格雷马斯的"符号矩阵"模型看来，讲什么样的故事与怎样讲故事受制于一个更深层的关系结构，这个关系结构是特定思维范式的外化，决定了将什么样的人物、事件置于矛盾、对立、蕴含或互补关系中，是对文本价值系统和深层意蕴的建构。

百年未有之大变局下，中国故事除了中国在讲，也成为其他国家尤其是西方媒体的讲述重点。得益于在国际传播秩序中的垄断地位，西方媒体在其长期的对华叙事中形成了一套深层叙事结构，深远地影响了其他国家媒体的思维范式。我们要在对外讲好中国故事中创新深层叙事结构，须先对这一套叙事结构及其思维范式有深入了解。

借助格雷马斯的"符号矩阵"模型可知，拨开林林总总的新闻故事的表面情节，在西方媒体建构的对华叙事矩阵中，西方是当然的正项。以此眼光视之，与西方世界存在巨大的历史文化、政治制度、发展道路差异的中国，是显然，也必须存在的负项。只不过，在不同的形势环境下，中国有时处于与西方的蕴含或互补关系中，有时则处于与西方的矛盾或对立关系中。具体而言，中国故事中容易被处理成蕴含或互补关系的人或事，主要来自经贸、人文交流、全球气候治理、国际反恐合作等意识形态色彩相对较弱的领域，尤其是一度被视为中西关系"压舱石"的经贸领域。但近年来，随着某些国家单方面推行全面遏华战略，"压舱石"遭遇严重的碎裂风险，被推入矛盾、对立关系中的人或事越来越多，频率也越来越高。这样的人或事既涉及传统意识形态色彩较强的领域，如民主、人权、民族、宗教等，也涉及被个别国家以冷战思维、国家安全为借口挑拨起的新领域，如高科技产业、互联网企业、国企改革、产业政策、人文学术交流等。

西方与中国分别被赋予正项、负项的角色，揭示了西方中心主义思维范式下二元对立的深层叙事结构，以这套深层结构展开对华叙事，会在不同领域衍生出一系列具体的以西方价值观为主导的二元对立的深层叙事结构。例如，对有关中国新冠疫情防控的叙事，不以"生命"为正项设置故事冲突的负项，漠视"病毒""死亡""人道主义灾难"与"生命"之间的矛盾、对立关系，更看不到"科学""意志""团结"与"生命"之间的蕴含或互补关系；相反，却以"威权"与"民主"，"专制"与"自由"为正负项，建构深层叙事结构，在这一套结构里，"科学""意志""团结"因为是与所谓威权、专制相融的产物，便成了"民主""自由"的对立面，"病毒""死亡""人道主义灾难"反倒与"民主""自由"互为蕴含或互补关系。同理，中国的脱贫攻坚不是发展与落后生产力的矛盾叙事，而是强迫劳动与自由、风俗、宗教、文化的矛盾叙事；中国的国企改革、产业政策不是生产力与生成关系的矛盾叙事，而是计划与市场、公权与私权的矛盾叙事；中国的共同富裕、反腐、反垄断不是效率与公平、与法制的矛盾叙事，而是政治压迫与经济自由、改革与倒退的矛盾叙事；中国的"一带一路""人类命运共同体"倡议也不是发展与贫困、和平与强权政治的矛盾叙事，而是南北对立、挑战既有国际秩序、新殖民主义的矛盾叙事，等等。这样的深层叙事结构映射到文本的话语层面，就成为一套模式化的表述，如中国腐败官员不是"被解职"而是"被清洗"、中国对外投资不是"投资"而是诱使对方落入"债务陷阱"、中国追踪新冠确诊病例活动轨迹不是"流调"而是"监视"……当实在找不到"合适"的词汇时，又造出一种"万能句式"："中国经济在增长，但代价是……""中国加大了环保力度，但代价是……""中国城市正在变得更加智能，但代价是……""北京冬奥会还算成功，但代价是……""中国拉动柬埔寨经济增长，但代价是……"，诸如此类。①

任何事物都包含着矛盾，矛盾双方既对立又统一，由此推动事物的发展。

---

① 触目惊心！起底西方媒体抹黑中国的套路［EB/OL］.（2023-02-06）［2023-12-08］. https://mp.weixin.qq.com/s/ePXQ2WfIvsZ-Y14M4m9V8g.

准确把握这一矛盾规律,有助于透过现象洞察事物的本质。格雷马斯的"符号矩阵"正是这一客观规律在叙事中的表现。习近平总书记一再强调要以"讲故事"的方式介绍中国,一则因为从传播效果看,好的故事确实需要借助矛盾、冲突、悬念、人物心理等元素的推动;二则因为从叙事学的角度看,"符号矩阵"在故事中的广泛存在及其对叙事的规定性,会引导叙事者更有意识、更具技巧性地挖掘和凸显矛盾、冲突、悬念、人物心理等元素,从而既能达到好的传播效果,又有助于通过表象,讲清楚中国故事的本质。可见,设置客观公正、合情合理的"好"的正项、负项,为故事搭建一个客观公正、合情合理的"好"的"符号矩阵",不仅大有可取之处,而且应得到大力加强。问题只在于,何谓"好"——其间巨大的建构性,体现了不同叙事结构、叙事体系的分野。

西方中心主义思维范式下二元对立的深层叙事结构,充满着对中国的误解、偏见甚至毁谤,显然不是一个"好"的"符号矩阵"。中国要对外讲好自己的故事,不仅所讲的故事要与西方不同,更关键的是要从叙事的底层逻辑上摆脱这套西方中心主义的深层结构,创新中国故事的叙事体系,否则就仍是"表面上在说自己,实则在为别人说"。而要确保用中国特色的叙事体系,"由内及外都是自己说",为之匹配的深层叙事结构应源自中国的历史文化传统、当下的发展实际,并汲取一切有益的世界文化养分。例如,对外,用"和而不同""美美与共""天下为公"等建构国际交往的深层叙事结构;对内,用新时代新的社会主要矛盾,即人民日益增长的美好生活需要和不平衡不充分的发展之间的矛盾,建构国家发展的深层叙事结构。

## (二)创新北京故事的深层叙事结构

北京故事的叙事逻辑既要奠基于中国故事的叙事逻辑之上,还要结合北京实际,以承载北京特色的话语体系。

### 1. 以"转型—治理"创新全国政治中心的深层叙事结构

在讲好北京全国政治中心的故事方面,相较某些外媒"都—城"对立、过度政治化、意识形态化的深层叙事结构,首都国际传播应准确把握北京全国政治中心建设的主要任务：适应北京进入新发展阶段后首都建设的转型需求，提高"四个服务"水平，营造提质升级的政务环境。在从北京发展转向首都发展，从单一城市发展转向京津冀协同发展，从聚集资源求增长转向疏解非首都功能谋发展，从城市管理转向超大城市治理，转向创新发展、绿色发展、高质量发展、以人民为中心的发展的过程中，越来越多深层次的结构性障碍、错综复杂的利害冲突浮出水面，需要北京以极大的政治勇气、极高的政治智慧，做出针对首都发展的新的顶层设计和路径规划，否则就无法确保北京能正常发挥服务其他几个中心的功能。由是观之，北京的城市规划其实是以治理"大城市病"应对首都负荷过重，主体功能不突出的故事；城市法治建设是以重点领域、新兴领域的立法变革，应对日益深刻的首都法治环境变化的故事；城市治理是以政务服务创新，应对市民不断提升的精细化、个性化美好生活需求的故事；城市安全保障是以建设更高水平的"平安北京"，应对风险社会更复杂、更艰巨挑战的故事。可见，北京作为全国政治中心的故事就是围绕首都"转型—治理"这一对根本矛盾展开的，以此作为深层叙事结构，才能讲清楚北京政治的真义是治理体系和治理能力的现代化，而这也是透过北京可以管窥的中国政治的真义。

**2. 以"文化生产力—生产关系"创新全国文化中心的深层叙事结构**

在讲好北京全国文化中心的故事方面，要着力打破单一传统文化符号下的北京刻板印象，就要摒弃那种将北京的历史与现实、传统与现代割裂并对立的深层叙事结构，这种叙事结构仅以时间为范畴，单从事物线性发展的维度看待文化的内在矛盾。但事实上，任何一种文化的历史与现实、传统与现代都是一脉相承的，同时，北京的古都文化、红色文化、京味文化、创新文化，既为北京转型发展提供精神力量、思想支撑，也以各种富有创意的文化"+科技""+旅游""+体育""+金融"的方式为其创造实实在在的经济效益。因此，今天的北京文化肩负着充分释放生产力的艰巨任务——而既然是生产力，与之构成矛盾的就应该是生产关系。以"文化生产力—生产关系"的矛盾范式，即北京不断革新文化生产关系以适应新时代文化生产力的发展，建构北京作为全国文化中心的深层叙事结构，并从文化观念、体制、机制创新的视角，统领其四大文化叙事，才能找准北京改革、创新四大文化，实施"人文北京"战略的内生动力和内在逻辑。

**3. 以"开放—机遇"创新国际交往中心的深层叙事结构**

在讲好北京国际交往中心的故事方面，针对某些外媒在零和博弈的思维范式下建构的"中国挑衅—规则捍卫"的深层叙事结构，首都国际传播应在人类命运共同体的思维范式下，以"北京的开放—世界的机遇"建构新的深层叙事结构。这两大叙事结构的差异在于，前者的底层逻辑是弱肉强食、强权政治，后者则是平等互利、合作共赢。北京国际交往中心的定位也是对自身在全球化中的角色定位，因此这两大叙事结构还反映着对全球化的不同理解。"中国挑衅—规则捍卫"叙事以工具化的心态看待全球化，当全球化有利于维持西方世界的先发优势、垄断利益时，西方世界会以一套"自由""竞争"话语为其张本，而一旦其优势、利益遭遇后来者的"挑衅"时，"自由""竞争"话语就被一改而为一套"秩序""规则"话语，全球化遂沦为"捍卫"既得利益的体系——这其实是在逆全球化。与此相反，"开放—机遇"叙事视全球化为推动世界和平与发展的机遇，反对将其用作遏制、打压后发国家的武器。北京为推动这一理念的具体实践就是更加积极、充分地开放。所以，北京国际交往中心建设聚焦的两条主线——服务国家总体外交和首都高质量发展，从本质上讲，就是要以更加开放的姿态，克服种种不利于开放的制度政策、营商环境、人才资源方面的困难，搭建更多促进开放的平台，为推动全球化并充分发挥其机遇贡献北京力量。背靠整个中国的经济体量、市场规模，北京的这份力量举足轻重，其影响是世界性的、结构性的，体现了应对逆全球化暗流的北京担当。

**4. 以"创新—变革"创新国际科技创新中心的深层叙事结构**

在讲好北京国际科技创新中心的故事方面，首都国际传播面临的较大阻力是某些外媒歪曲我国的科技产业政策，将其归为不正当竞争，或者炒作所谓知识产权剽窃、知识产权要挟等话题，扰乱正常的科技交流、阻碍人员间的正常往来。在这种"被钻空子""吃亏"的心理下，"中国偷窃—世界受害"的深层叙事结构，固然在一定程度上也能敦促我们完善相关领域的制度建设，规范市场行为，但本质上是对快速崛起的中国科技实力的疑惧和打压，并非客观公正、实事求是的判断。更关键的是，这种深层叙事结构妨碍了我们对另一些重要问题的研究。例如，随着科研活动日益复杂，科技发展日益呈现多源爆发、交汇叠加的"浪涌"现象，以及国家日益成为重大科技创新的组织者，科学研究范式与创新治理范式正发生着双重的深刻变革，在这样的形势下，如何做到习近平总书记向2021中关村论坛视频致贺时所说的"通过科技创新共同探索解决重要全球性问题的途径和方法""共同促进人类和平与发展"，日益成为需要全世界共同应对的时代挑战和崇高事业；又如，随着以人工智能、基因编辑、环保为代表的高精尖技术的兴起，如何以"科技为人""科技向善"为导向，引领人类社会在下一个百年的科技思维范式变革，也日益被提上议事日程。鉴于此，首都国际传播可围绕"创新—变革"构建北京作为国际科技创新中心的深层叙事结构，联手各国把更多关注与更多资源投入真正紧迫的问题，以更高的时代站位与理论境界把握科技领域的国际话语权，打造"科技北京"战略高地。

**5. 以"人本—发展"创新国际一流的和谐宜居之都的深层叙事结构**

在讲好北京国际一流的和谐宜居之都故事、实施"绿色北京"战略方面，生态环境、公共服务建设等方面存在的不足是影响北京"国际一流"形象的短板，但短板本身并不可怕，政府与人民上下一心、有序规划、持续奋斗、接续改变这一短板的过程，也是北京好故事。然而，某些外媒却习惯性地以双重标准看待各国现代化过程中都出现过的工业污染问题，以及迄今各国都在探索、也都难免遭遇各种曲折的民生福利问题。在他们摘不掉的有色眼镜、"阴间滤镜"下，这些问题发生在西方发达国家，不过是"发展的不可避免的代价"，是经济问题；发生在中国、北京，则是"威权体制"下，"官员政绩与人民权利的冲突""带血的GDP"，是政治问题。近年来，甚至有外媒把缺水、热浪，以及亚马孙雨林被毁等世界性环境问题都归咎于中国，因为"中国对猪肉和牛肉不断增长的需求,加剧了对环境的破坏"。① 这种"官员政绩—人权受损""中国发展—世界遭灾"的深层叙事结构,不仅暴露出缺乏科学精神的伪人道主义,而且已带有令人不齿的种族主义色彩,是我们必须揭露、批驳的。事实上,北京对国际一流的和谐宜居之都的建设规划,立足于可持续发展,以及在发展中解决发展问题的认识,这一认识源自历史悠久的"天人合一"的生态观与"以人为本"的民本思想,源自中国共产党"人民至上"的执政理念,还建立在智能科技、智慧城市建设所代表的先进的生产力的基础上,只要坚持正确的价值导向和科学的方法路径,北京建设国际一流的和谐宜居之都的所有困难都能在,也只能在发展——高质量的发展中解决。可见,要构建北京作为国际一流的和谐宜居之都的深层叙事结构,必须从根本上超越把发展视为官民矛盾症结,甚至把中国发展视为地球包袱的西式思维范式,建构一套新的人本主义的发展叙事,即"人本—发展"的深层叙事结构。在这套深层叙事结构中,发展作为建设国际一流的和谐宜居之都的制约性要素,仍是矛盾的一端,只不过是因为发展不平衡、不充分、不科学,才成为矛盾的一端,因此,解决之道并非放弃发展,而是在矛盾另一端的人本主义精神观照下平衡、充分、科学地发展。这是真正"绿色"的发展,因为"绿色"象征永续、健康,其本质就是"和谐",它既是对自然生态的要求,也是对人类社会生态的要求——正是在这个意义上,国际一流的和谐宜居之都与"绿色北京"战略是相通的。因此,以"人本—发展"构建北京作为国际一流的和谐宜居之都的深层叙事结构,既有助于真正把握北京建设国际一流的和谐宜居之都的底层逻辑,也有助于世界更好地理解中国式现代化所追求的全体人民共同富裕、人与自然和谐共生等理念,是对人类现代化多元道路的卓越贡献,不论是理论还是实践都堪为"国际一流"。

## (三)创新北京故事的叙事手段

在讲好北京故事、传播好北京声音、阐释好北京特色的国际舞台上,首都

---

① 见又背锅!"中国人每吃一块肉,亚马孙雨林就冒出一股烟……"[EB/OL].(2020-01-09)[2023-08-08]. https://baijiahao.baidu.com/s?id=1655245810034908565&wfr=spider&for=pc.

国际传播不缺好的素材，也逐渐明晰了应以一套富有北京特色的新概念、新范畴、新表述体系表征这些素材，以一套彰显北京主体性的底层叙事逻辑、深层叙事结构组织、统领这些素材，那么，接下来，很关键的就是如何在具体的方式方法层面，多维度地创新叙事手段，运用好、处理好这些素材。下面从叙事视角、叙事情节、叙事语言三个维度对其展开探讨。

**1. 创新叙事视角：自述、他述相融合**

**创新叙事视角意在提供看待、评说北京故事、北京声音、北京特色的多元思维范式，这个多元可以表现为政治、经济、文化等内容上的多元，也可以表现为求同存异、去芜存菁的价值多元。**

叙事视角是叙事学的基本概念，指讲述故事的角度和立足点；按照不同时空的叙述关系，可将其划分为时间叙述视角和空间叙述视角。前者研究叙述与事件的叙述关系——集中表现为事件与叙述间隔的时间关系；后者主要研究第一人称叙述和第三人称叙述。第一人称叙述是故事内的叙述角度，第三人称叙述是故事外的叙述角度。对于叙事视角，不同的叙事学理论有各自的解释和类型划分。[①] 结合国际传播实际与习近平总书记把"自己讲"和"别人讲"结合起来的讲话精神，这里以叙事主体的身份及其与叙事对象的关系，将叙事视角分为自述与他述。自述就是自己讲自己的故事，他述就是让别人来讲自己的故事——通俗地说就是借"外嘴"说话。自述属于常规叙事视角，将其与他述结合起来就是对常规叙事视角的创新。

在传播技术、传播生态大变革的当下，他述的"他"内涵丰富，既可以是他国媒体、政要、智库、学者、专家、舆论领袖，也可以是他国普通民众、草根"网红"；他述的"述"，其方式方法、手段途径也很丰富，既可以让"他"以受邀的方式"述"，如以消息源、访问对象、受邀嘉宾、专栏作家等方式接受采访、开设专题、撰写约稿、发表主旨演讲等，也可以创造条件，让"他"自愿、自发地借助各种平台渠道主动"述"，如借助国际组织、国际会议赛事活

---

① 朱立元. 艺术美学辞典[M]. 上海：上海辞书出版社，2012：251.

动、国际媒体智库，以及种类繁多的"委办局"媒体、企事业组织媒体、社交媒体、个人自媒体等。传播学理论与实践证明，自述有利于把握议题设置的主动性，他述有利于增强叙事的客观性、公信力，二者相辅相成、相得益彰，势必大幅提升对外讲好北京故事的传播效能，也能更好彰显北京故事的"国际范儿""现代味儿"。北京市提出的坚持主场外宣、主流外宣、主力外宣齐头并进，坚持"走出去"和"引进来"双向发力等，就是对自述与他述相互融合的要求，尤其是其中的主力外宣，强调影响有影响力的主力人群、选择有国际影响力的主力渠道，更是对如何融合自述与他述提出了具体建议。

依托"四个中心"建设，北京搭建了覆盖政治、经济、文化、教育、旅游、体育等多个领域的中外交往平台，创造了越来越多吸引"他者"来北京，以旅游、工作、生活等多种方式亲身实地体验北京、感受北京的机会，这无疑为首都国际传播加强自述与他述的融合提供了便利。从实际情况上看，北京市属新闻媒体这方面的意识是比较强的，实践探索也比较早，推出了不少优秀的作品，如前文提到的北京广播电视台制作的《我看北京这五年——老社长的故事》、连续推出三季的"天涯共此时——'一带一路'大型新闻行动"等。近年来比较有代表性的作品还有：北京广播电视台 2019 年制作的广播专题片《埃德温·马尔：归期未有期》(获第 29 届北京新闻奖[①]二等奖)、《麦启安：我最大的心愿是让中国更了解世界，让世界更了解中国》(获第 29 届北京新闻奖三等奖)，2022 年制作的融媒产品《老外眼中的新北京 Beijing in My Eyes》(获第 32 届北京新闻奖三等奖)、《京味》系列微纪录片(获第 32 届北京新闻奖一等奖)等。

未来，在自述与他述相融合方面，首都国际传播还有可以加强的地方。第一，增加数量。这是指除了诸如"外国人眼中的……"的专题性作品外，还可更经常地将他述渗透日常的新闻传播中，尤其是在处理有关国际交往中心、国际科技创新中心、国际消费中心、国际一流的和谐宜居之都这类带有国际"帽子"的议题时，可更主动地把更多的"外嘴"纳入自述视野，让他们成为各级

---

[①] 北京新闻奖是北京市新闻报道领域的重要奖项，用以表彰北京市新闻报道领域的杰出成就和优秀作品，获奖作品代表了北京市新闻报道的最高水平。

各类北京地方媒体日益习惯性关注的城市一分子,从而把北京国际化的城市定位落到实处。

第二,提高质量。当下,以自述与他述相融合的方式开展国际传播,是无论中央级媒体还是地方媒体都越来越经常运用的做法,但有时也难免套路化甚至功利化。例如,只挑符合我们立场的"外嘴",或只让"外嘴"说我们想说的话,这种多少带有"对口型"意味的做法,很容易消解他述的意义,并再次使我们落入批评者加诸我们身上的"虚假宣传"口实中,且也不符合大众传播求新、求异,受众偏爱悬念、冲突的规律。中国的快速发展、北京的蓬勃生机,赢得越来越多国际友人的由衷称道,这无疑是"外嘴"他述的主基调,但"外嘴"的多元身份在带来他述的丰富性之外,也增添了他述的复杂性。例如,一些他述是赞赏与误解、肯定与否定的混合体,可能算不上最典型或最理想地说我们"好"的类型,但也不乏独到的见解和富有启发性的思路;地缘政治、现实外交与新媒体环境下,一些他述还可能夹杂着政治投机或引流、涨粉的功利成分……面对前者,我们可尝试在掌握议题设置主动权的基础上,给予这类非典型"外嘴"一定的他述空间,以再现国际舆论场的真实生态;面对后者,我们则要有所甄别,避免简单地照单全收。总之,要注意避免落入仅把"外嘴"当作"装饰""点缀"的形式主义,真正发挥他述独立、客观地提供新思维、新视角的价值功能。提高他述质量的更多途径还可在探索中不断总结,如提升他述话题的思想深度、创新他述的形式等。

### 2. 创新叙事情节:讲述、陈情、说理相融合

**创新叙事情节指在表达方式层面,充分挖掘北京故事的素材在讲述、陈情、说理方面的修辞潜力,使其事理交融、情理兼备,从而把好的叙事素材变成打动人心且令人信服的好的故事情节。**这一叙事手段包含两个层面的考虑:一是只有将讲述、陈情、说理融合起来,才能以叙事情节的创新,突破只有北京的"事"却没有北京"故事"的做法;二是只有将讲述、陈情、说理融合起来,才能更进一步,以好看、好听的北京故事带来世界各国人民的民心相通,

"在事实认同的基础上为更高的价值认同创造条件"①。

先说第一个层面的考虑。新闻不单是"news"而且是"story",这一观念自20世纪八九十年代从西方新闻界传入中国后,现已成为普遍共识,且"故事"这种提法如今也已泛化到各个领域,成为媒介化社会信息交流的理想载体。以故事而不单是新闻的方式介绍北京,这是对外讲好北京故事的核心叙事要领。故事与新闻尽管都以事实、观点等素材作为叙事支撑,但二者最大的区别在于叙事逻辑。只要信息要素齐备,就不失为合格的新闻,而故事却要求除了信息要素齐备,还要以某种结构,把这些信息要素演绎成以人物为中心的情节,即经过一个情节化演变过程,把新闻变成一个包含开端、发展、高潮、结局的故事。新闻传播业界以俗称的"四化"概括这个借助情节把新闻变成故事的过程:主题事实化、事实故事化、故事人物化、人物细节化。要做到这一点,我们对新闻素材的理解,以及获取新闻素材的方式都要有所改变、有所创新,具体而言,就是要将能否或便于把信息要素转换为故事情节作为一个重要的新闻价值标准,加入到素材选择、加工的一整套操作流程中去。同时,在表达方式上也要做出改变与创新,再不能只是单一地、冷冰冰地讲述,而是要把讲述与陈情、说理,即所有讲故事的手段都结合起来,如此才能把抽象的北京的"事"讲成有血有肉的北京"故事",从而深刻地改变北京形象。

再说第二个层面的考虑。我国著名修辞学家陈望道提出,"意与言会、言随意遣",只要是为了适应题旨情境斟酌语词,以寻找最切合的表达方式的努力都属于修辞。②讲述、陈情、说理,作为三种基本的表达方式,当其最切合地适应了素材呈现所需的题旨情境时,它们同时也是三种修辞方式。而根据现代修辞学的观点,修辞的目的不只限于文本美化,还要获得认同、说服他人等。早在古希腊时期,哲学家亚里士多德就探讨过如何说服他人,他总结出三条:"演说者的品格""使听者处于某种心境""借助证明或表面证明的论证本身"③。"演说

---

① 徐和建. 新形势下的首都国际传播新思考[J]. 对外传播,2021(8):35-39.
② 陈望道. 修辞学发凡[M]. 上海:复旦大学出版社,2011:2.
③ 亚里士多德. 修辞术[M]//苗力田. 亚里士多德全集:第9卷. 北京:中国人民大学出版社,1994:338.

者的品格"指的是说者要具备使人信服的三种素质：明智、德性与善意。明智是指"正确的意见"，德性是指心地"贤良"，善意是指"把自己最好的识见作为劝说提出来"。① "使听者处于某种心境"指的是让听者感知说者的诚意，并能把听者带入有利于理解说者的特定情绪中，比如同情、义愤等。② 总体来看，亚里士多德认为成功的说服是事、情、理多种因素共同作用的结果，这就进一步提升了讲述、陈情、说理的修辞功能，也凸显了三者相互融合、不可偏废的必要性。同时，亚里士多德对"演说者的品格"的理解，以及将之和"使听者处于某种心境"一起，放在"借助证明或表面证明的论证本身"前面的处理，更意味着在他看来，相比知识、智慧、逻辑，即讲述、说理这类通常更受重视的说服"利器"，调动说服对象的情感并与之共情，即陈情，往往更有奇效。

在美国主动挑起中美博弈，且拉帮结派鼓动盟友频频掀起涉华负面舆论，而"西强我弱"的国际舆论格局又没有根本改变的情势下，中国的国际传播需要向世界做很多艰难的解释、说服工作，以争取他国人民的了解、理解、认同。习近平总书记提出的"我们有本事做好中国的事情，还没有本事讲好中国的故事"，其真正意涵指的也是，中国的国际传播还没能把原本做得很好的事，讲出让人信、让人服的认同效果。从修辞角度讲，这就是一种国家修辞行为。基于国家修辞，讲述、陈情、说理就不仅是一个有关文辞、文采、故事表达方式的问题——当然这也很重要，也不能只以传者的思维方式进行，而要更多地琢磨受众心理，否则传者自以为逻辑严谨、文采斐然的讲述、陈情、说理，却可能只是"鸡同鸭讲"。这是因为信、服不完全是一个理智判断的过程，时常受情感甚至情绪的激发，所以作为叙事者的我们，固然首先要做好事，但又不能只是做好事，更要在用我们的"事"触动受众的"情"上多下功夫，这再次证明讲述、陈情、说理融而为一的重要性，同时还强调了陈情的引领价值——这就是亚里士多德更看重德性、善意、心境这些修辞活动中的心理因素的道理。

---

① 亚里士多德.修辞术［M］//苗力田.亚里士多德全集：第9卷.北京：中国人民大学出版社，1994：409.
② 亚里士多德.修辞术．［M］//苗力田.亚里士多德全集：第9卷.北京：中国人民大学出版社，1994：544.

应该说，在以上两个层面，首都国际传播都还有较大提升空间。以北京广播电视台旗下"BRTV 国际传播中心"（原北京外语广播——笔者注）在海外社交平台脸书上的账号 Touch Beijing 为例——这是北京媒体在脸书上粉丝数最高的账号。随机浏览其 2022 年 12 月 7 日至 12 月 13 日一周的帖子，一方面，我们看到，Touch Beijing 的推送不限于文化、旅游、生活等地方外宣通常偏好的休闲性软内容，而是对北京"四个中心"的发展与特色都有均衡、丰富、及时的展示。城市副中心建设、新型文化产业、"文化+金融业"、新冠疫情防控政策优化、中关村科学城、怀柔科学城、数字人民币、特色小镇、老旧小区改造等议题，高度契合北京城市功能定位、"十四五"规划、2035 年远景目标、第十三次党代会等重要政策、会议精神，让人感觉作为现代大都市的北京，城市发展"新动作"连连，"新提法""新词"不断涌现。然而另一方面，我们也看到，帖子呈现的北京日新月异发展的信息量虽然很大，但主要表现为消息类新闻，且多以会议召开、政策发布、新规施行、成果展示等方式表达，基本看不到人物、引语、场景、细节等情节性元素，尽管推送大多配有图片或视频，但图片或视频也受表达方式的制约，当被处理得和文字一样时，同样存在有图有像却无故事的问题，故总体都给人模式化、抽象的感觉——点开贴子所附链接看到的全文也给人同样的感觉；同时，由于较缺乏内容整合基础上的精心的专题或专栏策划，原本很有新闻点的"新动作""新提法""新词"大多只是"一晃而过"，这对于国际受众来说，接近性明显不足，甚至有些让人不明就里——这可能是几乎所有贴子后面反映受众反馈的点赞、评论、转发都零零星星的重要原因。

举例来说，Touch Beijing 分别在 2022 年 12 月 7 日、2022 年 12 月 9 日、2022 年 12 月 10 日，推送了如下三条分别反映北京老旧小区改造、国际科技创新中心建设和文化产业"文化+"融合发展战略的帖子：

The 2022 old neighborhood #renovation task in Chaoyang District has been completed. 20 neighborhoods were renovated and the living environment has improved significantly. In Ganluyuan

Nanli, a community built in 1993, a clean and smooth new road was paved, water pipes were replaced, exterior walls were insulated and waterproofed and new screens were installed, all of which made local residents very happy. #Beijing.

（译文：朝阳区2022年老旧小区改造任务已完成。20个街区得到了改造，人居环境明显改善。1993年建成的甘露园南里社区铺设了一条干净平整的新路，更换了水管，外墙做了隔热防水处理，还安装了新的纱窗，这些都让当地居民非常高兴。）

An important part of the 2022 Zhongguancun Innovation and Entrepreneurship Season, #Zhongguancun Science City Sino-German #Innovation Activity has been held online.

Participants had in-depth discussions about the opportunities and challenges of Sino-#German cooperation in sci-tech innovation and the development trend of sci-tech innovation industries.

17 projects in the fields of Industry 4.0, autonomous driving, intelligent hardware and green innovation were unveiled during the event. #Beijing.

（译文：作为2022中关村创新创业季的重要组成部分，中关村科技城中德创新活动在线上举行。与会者就中德科技创新合作的机遇与挑战，以及科技创新产业的发展趋势进行了深入探讨。活动期间，工业4.0、自动驾驶、智能硬件和绿色创新等领域的17个项目被公布。）

Beijing recently issued support funds of nearly 140 million yuan to 666 cultural enterprises and financial institutions in the city to promote the integrated development of #culture and finance and the high-quality development of the capital's cultural industry. By subsidizing corporate financing of various types, #Beijing has injected "financial vitality" into the cultural industry to facilitate its recovery.

（译文：北京日前向全市666家文化企业和金融机构发放支持资金近1.4亿元，推动"文化+金融"发展和首都文化产业高质量发展。通过补贴各种类型的企业融资，北京为文化产业注入了"金融活力"，以促进其复苏。）

第一条帖子包含的新闻素材，属于本书第三章梳理的全国政治中心类议题下，城市治理议题的典型案例；第二条帖子属于国际科技创新中心类议题下，创新生态营造议题的典型案例；第三条帖子属于全国文化中心类议题下，创新文化议题的典型案例。三则素材都是反映北京"好本事"的、做得很好的事情，是需要精心设置的重头议题，且都不空不虚，富含故事基因，如"高兴的居民""17个项目""666家文化企业和金融机构"等。但略有遗憾的是，三条推送都只用了讲述这一种表达方式，只意在发布、告知信息，而没有明显表现出在应和题旨、情境，或说服、认同方面的修辞努力，这种"有事情无故事"的处理，在信息爆炸、舆论竞争的国际社交平台上，恐难给人留下深刻印象，容易导致"有议题无设置"的低效传播。类似上述遗憾，在其他北京媒体开设的脸书账号帖子中都较为普遍地存在，使得北京故事的亮点、层次，以及亲和力、感召力都不够充足。

如果换作讲述、陈情、说理相融合的方式，那么，不妨改用描写型导语，更富人情味、情节性地凸显新闻素材中打动人心的情境，或改用评论性导语——这里的评论既可以是新闻中某个人物的言论，也可以是代表Touch Beijing立场的言论，更具思想深度或温度地凸显新闻素材中影响人态度、行为的题旨。在此基础上，再配以同样富含故事性、修辞性元素的图片、视频，传播效能才有望大幅提升。

**3. 创新叙事话语：政策话语、学术话语、大众话语相融合**

创新叙事话语指在语体、语用层面，丰富北京故事、**北京声音、北京特色的话语呈现形式，并提升不同话语形式与语境的契合度。**

语体是一定语境中形成的，运用与语境相适应的语言手段并以特定方式反映客体的言语功能的变体①，语体有特定的风格形态，有不同的语用功能②。在不同的交际领域下，为了达到特定的交际目的，我们需要采取不同的语体。语体具有一种潜在的规定性，使得交际参与者在特定交际语境下必须遵从特定语体所要求的类型规则进行交际。③语体可以从不同层级和维度分类，如可根据不同的使用场合，分为口语语体、书面语体两大类；根据不同的功能，口语语体可再细分出日常谈话语体、演讲语体等，书面语体可再细分出文艺语体、科技语体、新闻语体、公文语体、广告语体等。④随着人们的语用需求、交流语境越来越多样，语体类型越来越丰富，不同语体间的融合也越来越频繁。

作为一个专门的语体类型，新闻语体指人们在言语交际中，为了适应新闻交际领域的目的、任务等需要，运用全民语言传播新闻信息而形成的语言特点体系，是以传播功能为标准区分出来的语体类型。⑤新闻交际、大众传播，这一语用需求和交流语境带给新闻语体的主要特点是"准确具体，简洁平实，通俗新颖"⑥，在这一语体规定性之下，不管新闻信息表达方式、传播方式如何演变，新闻语体总体以大众话语的特点和风格表现出来。但是，鉴于新闻信息所涉领域广泛、现代社会新生事物更迭迅速，新闻叙事中的专门话语，如政策话语、学术话语，也越来越常见。对于这些话语，一方面，需要兼容并蓄、适当保留，丰富新闻叙事的表达方式和语体风格；另一方面，由于这些话语常有专业性强、抽象、不易理解甚至晦涩的特点，因此要想适切于新闻交际、大众传播的语用需求和交流语境，就需要进行话语创新，即对之适当改造、转换，使之与大众话语相融合。融合的实质是让政策话语、学术话语符合一般大众的认知逻辑与语言接受习惯，如简洁明了、清晰晓畅、形象具体等。

首先，就政策话语与大众话语的融合创新而言。

---

① 王德春，陈瑞端.语体学[M].南宁：广西教育出版社，2000.
② 李熙宗.关于语体的定义问题[J].复旦学报（社会科学版），2005（3）：176-186+196.
③ 丁金国.语体风格分析纲要[M].广州：暨南大学出版社，2009：23.
④ 综合自丁金国.从语篇到语体寻找回家的路[J].当代修辞学，2018（3）：55-66；张弓.现代汉语修辞学[M].天津：天津人民出版社，1963.
⑤ 赵雪.融媒体时代的新闻语体[J].当代修辞学，2019（5）：15-25.
⑥ 罗远林.新闻修辞研究[M].辽宁：辽宁师范大学出版社，1994：128.

政策话语一般是围绕政策议题展开，主要在政策文件、领导人讲话中使用的话语，表现着鲜明的公文语体风格。在新时代北京故事的五大核心议题及子议题中，有大量议题涉及相关领域的文件发布、政策出台、领导发言，媒体在对其报道、分析、评论时，就会出现政策话语。这样的政策话语是新闻信息不可或缺的基本要素，也是媒体叙事准确性、权威性的保证，但如果没有把握好使用的度，比如数量过多或没有经过适当改造、转换，就可能适得其反，导致常被诟病的宏大叙事、不接地气、缺乏可读性等问题。要改变这种情况，可多管齐下，如：吃透政策文件、领导讲话精神，根据受众需求和叙事主题提炼亮点，以亮点重新组织叙事内容和结构层次；为政策话语补充背景材料、专业分析等解读性信息，降低政策话语的理解门槛；为政策话语搭配现实场景或典型事例，让政策话语故事化；运用比喻、拟人、谐音、比较、互文等修辞，加大对政策话语的修辞改造，等等。要用好以上这些"盘活"政策话语的技巧策略，很关键的一点在于找准政策话语中适合进行大众话语改造、转换的元素、事例，并选择适配的媒体类型——如用传统媒体还是新媒体、用职业新闻媒体还是个人自媒体等；其次，选择适配的媒介产品形式——如用消息、评论、深度报道还是专访；最后，还要把握好场合、契机——如在正式的官方通告后再发，还是提前预热、吹风。前文提到的创新能指所指、高度浓缩政务精华的政务新名词，以短视频说书形式讲述"疏解整治促提升"工程故事，围绕某项举措或专项工作开设专题等，都是典型的成功案例。需要特别指出的是，对于一些重点或大型议题，非常有必要加强统筹策划意识，以便更好地调度各方资源，创造性地挖掘甚至主动设计政策话语中可供大众话语改造、转换的元素、事例，更深、更广地开拓政策话语与大众话语相融合的路径。

以北京建设国际消费中心城市为例，这属于北京国际交往中心类议题下的服务首都高质量发展子议题。自2021年，北京市出台《北京培育建设国际消费中心城市实施方案（2021—2025年）》以来，这一建设任务已成为北京的一大中心工作。在新冠疫情防控之后迫切需要拉动内需的背景下，此任务更显重要，相关部门围绕"实施方案"提出的十大专项行动，各自发布具体举措，使得该议题集中了较多政策话语，同时因其突出的工作指导性、内容上的市场接近性与生活服务性，又具备很好的大众话语改造、转换基础，为此，北京市提出要"制定国际消费中心城市培育建设整体宣传方案"①。这个整体宣传方案的要点概括起来说，一是议题设置上要突出建设过程中的"重要举措和工作成效"，提升"北京消费品牌"的国际认知度和美誉度；二是充分利用、整合多种传播渠道，既要"协调中央媒体，调动市属媒体，用好新媒体"，还要"用好境外媒体资源"；三是借助大型国际活动、展会、赛事、"一带一路"倡议等具有全球影响力的平台，加强品牌策划、市场营销，与建设过程中的创新案例归集。前两条是对媒体操作的直接部署，且非常突出地反映了与本书主张相一致的有机整合各级各类媒体资源的要求，最后一条强调的是要为媒体提供有针对性、有分量的案例，即向媒体主动"投喂"优质内容。该宣传方案最给人启发之处是其整体性思路，即政策话语与大众话语相融合是一个系统工程，表面上看只在媒体传播环节发力，实则需要生产政策话语的政府、政策话语涉及的对象、研究政策话语的智库机构等的多方配合，如政府、市场主体、智库等增加信息发布、主动策划宣传活动、搭建各方与各级各类媒体沟通的平台。这样一来有助于更准确地把握政策话语的内涵、精髓、实际反响，二来有助于加大对媒体的供给，不至于使大众化改造、转换成为无源之水无本之木。在这个过程中，媒体，尤其是职业新闻媒体，要居间发挥重要的"穿针引线"作用，以扎实的调研、专业的采访，以及擅长策划的优势，把这些资源积聚起来，最大限度地把政策话语向大众话语改造、转换的潜力激发出来，变为传播现实，提升国内外公众对北京作为国际消费中心城市的认知与体验热情。

以此标准观之，当前在以政策话语与大众话语的融合实现叙事话语的创新方面，做得比较好的是对政策话语的及时报道与准确解读，但在从政策话语中提炼亮点、故事化呈现、设置舆论热点方面尚有改进空间，如有关国际消费中心建设的报道，仍表现出较明显的空、泛、政策味浓、信息与公众缺乏关联等特点，这需要更有力地推动各级各类媒体的相互配合。其中，鉴于职业新闻媒体较高的专业水平，它应该发挥更积极的主动性和主导性，如通过自主采访获

---

① 重磅！北京培育建设国际消费中心城市实施方案全文发布［N/OL］.北京日报，2021-09-24［2022-06-12］. https://mp.weixin.qq.com/s/5aP4rNmDTiagQe4ZyFDvMw.

取材料的方式，或约稿制作专题、转载、引流等方式，加强与形态多样的"委办局"媒体、企事业组织媒体、社交媒体、个人自媒体的合作，从中发现鲜活的语言、生动的故事，甚至共同研发案例、创造运用场景，让政策话语自然地下沉到基层、个人等中微观层面。

其次，就学术话语与大众话语的融合创新而言。

学术话语反映的是各领域的学术思想、理论成果，表现出鲜明的科技语体风格。在新时代北京故事的五大核心议题及子议题中，科技领域的学术话语主要集中在国际科技创新中心类议题下的创新高地建设类子议题，以及国际一流的和谐宜居之都类议题下的生态环境改善、智慧城市建设类子议题。与政策话语类似，科技类学术话语向大众话语改造、转换的技巧策略也在于做好场景化、故事化、修辞改造，同时，对于一些重点或大型议题，也需要加强统筹策划意识，制定整体宣传方案。2022年北京冬奥会期间，大至场馆建设、配套设施，小到运动员的餐饮、服饰、起居，北京向世界展示了大量高科技、"黑科技"产品及应用，引发关注热潮。北京各级各类媒体也予以了突出的报道，它们用通俗易懂、生动形象的大众语言"翻译"科技术语，用记者的亲身体验、使用者的现身说法吸引人们的眼球，或者在叙事文本中增加悬疑、探秘设计，来吊足大众胃口。不少媒体还非常巧妙地以产品或产品运用场景为由头，引出其背后的企业及相关科研团队的科技攻坚故事，不仅拉近了学术话语与大众的距离，增加了专业报道的接近性、人情味，无形中还开展了品牌传播、推广了北京的企业与城市形象。还有一些媒体有意识地跟踪、收集各国运动员发在世界各大社交媒体上的图片、帖子，做成系列、专题，与我们自己的对外传播形成呼应。这些创新学术话语表达的实践，难能可贵地充分利用了新媒体时代丰富的媒介资源，是非常有开创性的探索。

除了科技类学术话语，在新时代北京故事中，还有大量涉及历史、文化、政治、国际关系等人文社科领域的学术话语，主要集中在全国政治中心、文化中心与国际交往中心类议题及子议题中。习近平总书记指出，在对外讲好中国故事时，要把"道"贯通于故事之中，用中国理论之"道"阐释中国实践之"故事"，用中国实践之"故事"升华中国理论之"道"。理论之"道"经常以学术话语的形式表达出来，是我们讲好，同时也是引领世界读懂新时代北京故事的核心要素，足见其不可或缺的重要作用——尤其是在中外交流日益进入价值观、意识形态传播深水区的今天，世界有对中国、北京"为什么会是这样""以后还会怎样"等越来越深入的追问，而我们自己也越来越难以回避某些尖锐甚至挑衅性的涉及国家根本制度、发展道路的问题，这一紧迫的形势急需学术界、理论界加快构建自主知识体系、加大学术话语供给。北京，作为全国哲学社会科学学术、理论研究重镇，为本地各级各类媒体敏锐、及时地跟踪、发布北京哲学社会科学界的前沿动态创造了难得的机遇，因此，北京媒体要加强与北京各科研院所、学术机构、智库组织等的联系与配合，通过多种途径与方式把北京对国际国内重大事件、问题的最新认识和研判传播出去。同样，当涉及一些重大学术理论问题时，也要特别注意精心设置议题，做好通盘规划，把握好学术话语的发布时机、媒介形式、传播渠道等，促成有节奏、有呼应、有声势的舆论生态格局。不过，从习近平总书记的话中，我们也能看到，理论之"道"不宜完全，或只以学术话语的形式表达，而要贯通于故事之中，并在故事中得到阐释与升华。在北京进入新发展阶段后的城市发展转型中，方方面面的变革、创新背后都蕴藏着丰富的理论之"道"，既需要借助好故事做叙事载体，也需要不失时机地把北京特色的学科、学术、话语体系广泛地宣介出去。例如，北京基层治理的故事反映的是中国特色的治国理政思想及其最新理论成果，就需要媒体适时地、鲜明地亮出"全过程人民民主""基层党建"等创新性的学术概念、范畴与表述；同理，城镇化、城市更新、产业升级、公共服务提升的故事要突出"中国式现代化""中国特色社会主义市场经济"等学术话语，新冠疫苗快速研发、生产与国际援助的故事要突出"新型举国体制""以人民为中心""人类命运共同体"等学术话语。

最后，就政策话语与学术话语的融合创新而言。

创新叙事话语，除了政策话语、学术话语分别要和大众话语相融合外，政策话语与学术话语之间也要互相融合。这是因为，二者之间本就存在互相转化的规律：学术话语产生现实影响的方式之一是转换为政策话语，反之，对政策话语进行理论化抽象、凝练，就可能使其演变为学术话语。这一规律启发我们，要把新时代北京故事背后的"道"，深刻、透彻地讲清楚，从话语表达层面来说，就是要深入各种话语的内部肌理，溯源其发生、演变的思想渊源、内在逻辑。一项政策为什么会出台、为什么会以这样的方式措辞，背后蕴藏着怎样的新思潮、新动向；一个学术话语为什么会在这个时候被提出来、为什么会使用这样的概念，对现实政治意味着什么……凡此种种，都蕴含着巨大的叙事、解读空间。自觉增强将二者结合起来报道、阐释的意识，既能促进政策话语、学术话语的融合，也有助于中国特色话语体系的构建。

以上为首都国际传播话语和叙事能力建设提出的策略，同样以政策研究、媒体实务研究、国际舆论研究为依托，对标党和政府的战略传播规划和北京外宣实际，旨在为引导各级各类北京地方媒体不断更新北京故事"词库"、创新表达方式提供参考。相关内容较多，以图总结，更易于准确把握，见图4-3。

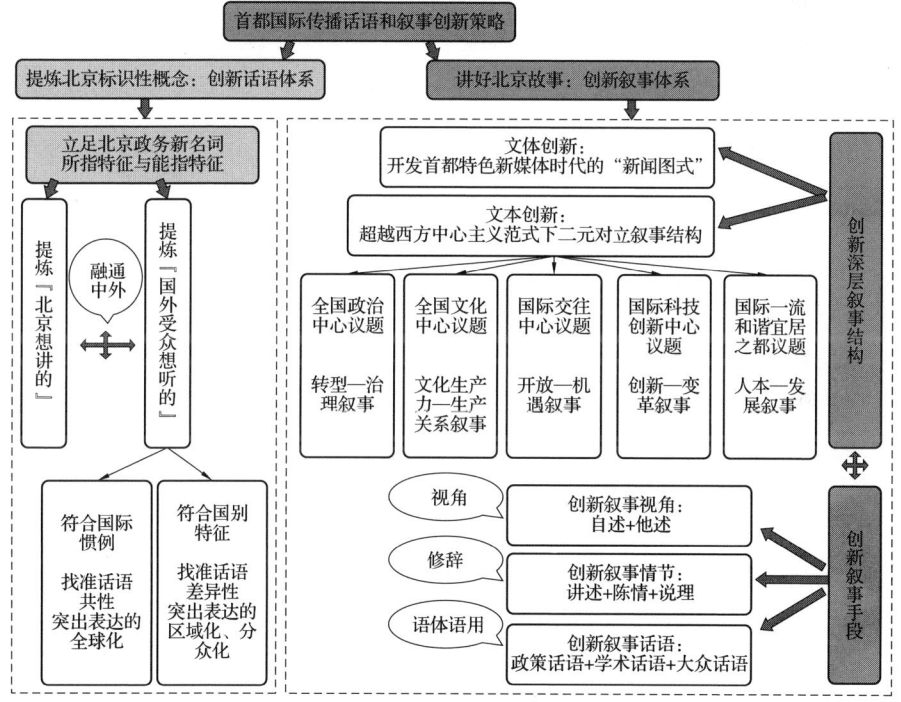

图4-3 首都国际传播话语和叙事创新策略

# 第五章
## 首都国际传播媒体融合能力建设

媒介技术日新月异、受众需求日益丰富但注意力日益稀缺的时代，再优质的内容如果找不到优质的传播载体、形态或方式，也难以实现预期的传播目标，产生理想的传播效果。作为首都国际传播能力建设的第三项重要内容，本章拟探讨的媒体融合能力建设针对的正是**如何为优质内容找到优质的传播载体、形态或方式**，即相对第三章探讨的议题设置能力建设旨在提升"讲什么"的能力，第四章探讨的话语和叙事能力建设旨在提升"怎么讲"的能力，本章的媒体融合能力建设旨在提升"怎么传"的能力。

自2014年中央全面深化改革领导小组印发《关于推动传统媒体和新兴媒体融合发展的指导意见》、正式将媒体融合上升为中央决策和国家战略至今，中国的媒体融合已经走过十年。2014年后，相继又有多个"意见"出台，如2016年的《关于进一步加快广播电视媒体与新兴媒体融合发展的意见》、2018年的《关于加强县级融媒体中心建设的意见》、2020年的《关于加快推进媒体深度融合发展的意见》；"十四五"规划与2035远景目标纲要也收录了"推进媒体深度融合"的表述；2023年，"扎实推进媒体深度融合"被首次写入政府工作报告；习近平总书记在有关新闻舆论、宣传思想工作的会议上更是多次强调媒体融合的重要性、紧迫性，2019年还带领中共中央政治局专门到人民日报社召开以"全媒体时代和媒体融合发展"为主题的集体学习。十年间，中央对媒体融合的工作力度要求从"推动"升级到"加快推进""深度融合"，战略目标从打造"新型主流媒体"，形成"现代传播体系"，到构建"资源集约、结构合理、差异发展、协同高效的全媒体传播体系"[1]，我国的媒体融合建设也逐步从传统媒体与新兴媒体的简单相加阶段迈向彼此相融阶段，从"你是你、

---

[1] 曾祥敏，刘思琦.媒体融合十年考：传播体系、社会治理与自主知识体系现代化的实践路径[J].现代出版，2024（1）：47-60.

我是我"变成"你中有我、我中有你",进而再迈向"你就是我、我就是你"。①

媒体融合的具体概念学界虽还有探讨,但总体来说,它指向的是"人类传播活动诸要素内部界限模糊的一种状态"②,是2019年1月,习近平总书记在十九届中共中央政治局第十二次集体学习时讲话所说的"通过流程优化、平台再造,实现各种媒介资源、生产要素有效整合,实现信息内容、技术应用、平台终端、管理手段共融互通"③。且早在2016年2月,习近平总书记在党的新闻舆论工作座谈会上就提出"融合发展关键在融为一体、合而为一",这为我国媒体融合发展提供了根本遵循。

如果说媒体融合最初的动因是传统媒体应对新兴媒体的挑战,那么经过十年的探索发展,**媒体融合已成为各类媒体提高信息传播效率和质量,满足人民群众日益增长的信息需求的普遍手段**,是"加强全媒体传播体系建设,塑造主流舆论新格局"④的重要抓手,更被赋予了"积极融入现代化建设和国家治理体系,服务国家战略发展和人民生活需求"⑤的重任。而对于中国国际传播来说,**媒体融合的意义还在于为缩小与西方主流媒体的差距、打破"西强我弱"国际舆论格局提供了突破口、开辟了新路径**。这是因为基于历史、政治、国际关系等原因,现阶段中国媒体的整体实力与西方媒体差距仍然较大,尤其在传统媒体领域,西方主流媒体依然居于国际舆论场的强势地位,垄断着国际话语霸权,其全球影响力短期难以超越。但是,随着新兴媒体的崛起,借助媒体融合,中国媒体发展迅速,不仅在技术、内容、产品形态创新上有显著提升,而且大大开拓了传播平台、渠道,在直接触达国际受众方面,有力缓解了长期以

---

① 习近平谈媒体融合发展:关键在融为一体、合而为一[EB/OL].(2018-08-22)[2024-02-08]. http://jhsjk.people.cn/article/30242991.
② 韦路.媒体融合的定义、层面与研究议题[J].新闻记者,2019(3):32-38.
③ 习近平主持中共中央政治局第十二次集体学习并发表重要讲话[EB/OL].(2019-01-25)[2024-02-08]. http://www.gov.cn/xinwen/2019-01/25/content_5361197.htm.
④ 习近平:高举中国特色社会主义伟大旗帜 为全面建设社会主义现代化国家而团结奋斗——在中国共产党第二十次全国代表大会上的报告[EB/OL].(2022-10-25)[2022-11-10]. http://www.gov.cn/xinwen/2022-10/25/content_5721685.htm.
⑤ 曾祥敏,董华茜.媒介认知、深度融合辨识与数字具身共存:2022年媒体融合研究综述[J].现代出版,2023(1):28-42.

来制约中国国际传播"上天容易落地难"的困境，从而迅速缩小了与西方主流媒体的差距。这一可喜局面对于首都国际传播能力建设来说极具启发意义，也意味着重大机遇。首都国际传播要应对第二章所述平台、渠道建设的挑战，肩负起北京外宣提出的多主体、多平台、多渠道、多载体地讲好新时代北京故事，生动传播最新最美最好北京的艰巨任务，必须紧跟时代趋势，抓住历史机遇，大力提升媒体融合能力。为此，本章结合五大议题的典型案例，分别从技术融合、平台渠道融合、产品形态融合三个方面探讨能力提升策略。

## 一、技术融合策略

技术是媒体融合的基础与核心驱动力，媒体融合的本质是技术融合。[①] 因此，技术融合能力建设是首都国际传播媒体融合能力建设的前提和关键。

随着互联网、数字化、人工智能等信息技术的不断进步，信息传播方式和内容形态发生了深刻变化，为媒体融合提供了必要的技术支持和实现可能。纵观媒体融合的演进历程，其背后深藏着一条信息技术更新迭代并不断与传媒业融合，从而日益广泛、深入地影响人类各种传播活动的技术脉络。2020年，中共中央办公厅、国务院办公厅印发的《关于加快推进媒体深度融合发展的意见》就明确提出，"要以先进技术引领驱动融合发展""加强新技术在新闻传播领域的前瞻性研究和应用，推动关键核心技术自主创新"。[②] 可见，面对技术融合的时代潮流，**媒体的应对策略应是积极拥抱前沿科技，加强与科技公司、研发机构、商业平台多层次、多维度的合作，积极探索媒体融合创新技术的运用场景与转化落地。**

今天，移动通信技术已发展到5G时代。5G赋能万物互联的背景下，技术与传媒业的融合实现了从单一配置到复合型的转变，即将高清/超高清、虚

---

[①] 方兴东，钟祥铭.重估媒体融合：50年数字技术驱动下的媒体融合演进历程与内在价值观[J].西北师大学报（社会科学版），2022，59（2）：5-19.
[②] 中共中央办公厅国务院办公厅印发《关于加快推进媒体深度融合发展的意见》[EB/OL]．（2020-09-26）[2024-02-08]．https://www.gov.cn/zhengce/2020-09/26/content_5547310.htm.

拟现实、大数据、物联网、云计算、区块链、元宇宙、人工智能等前沿科技创新成果综合应用于媒体内容生产、传播，以及组织架构、经营管理的全流程，为媒体融合带来了网络化、数字化、多媒体化、社交化、数据化、智能化等趋势。简言之，**"以 5G 技术为核心的 5G+ 多元技术综合应用"**[①] **成为媒体融合中技术融合的主要表现**。具体来说，在技术设备层面涉及的技术应用有 4K/8K 超高清拍摄播放设备、AI 智能追踪拍摄设备、大型伸缩摇臂等；在内容生产层面涉及的技术应用有 H5、短视频、VR、AR、人工智能等；在传播分发层面涉及的技术应用有 5G、智能算法推荐、区块链、元宇宙等；[②] 在平台渠道层面涉及的技术应用有多媒体编辑、终端互联、大数据、物联网、云计算等；在组织管理层面，最有代表性的"中央厨房""媒体矩阵""新闻+""跨媒体协作"等运营模式涉及的技术应用有大数据、媒体云、人工智能、多媒体技术、安全技术等。

作为全国科技创新中心，北京媒体融合的技术实力雄厚，这使其总体的融合水平一直处于全国领先地位。2018 年，北京在全国率先实现区级融媒体中心全覆盖。2019 年，为贯彻落实中宣部关于县级融媒体中心技术平台建设的部署，**北京成功搭建、运行"北京云·融媒体"市级技术平台**，17 个区级融媒体中心全部接入，旨在建设"新闻+政务+服务+商务"融合媒体平台，助力区级融媒体中心提供媒体服务、党建服务、政务服务、公共服务和增值服务，从而构建起**北京市"1+4+17+N"的全媒体传播格局**——1 个市级融媒体指挥调度系统、4 家市级新媒体[③]、17 家区级融媒体中心、N 家"委办局"App 和民生服务类 App，最终形成"一体统筹、上下联动、协同互通、资源共享"的全新媒体生态，打造起北京地区互联互通、互补互促的智慧融媒体可持续发

---

[①] 卢迪，林芝瑶，庄蜀丹. 从 5G+ 融合媒体到媒体融合 +5G：先进技术驱动下的媒体深度融合发展［J］. 中国编辑，2022（8）：87-91.
[②] 曾祥敏，刘思琦. 媒体融合十年考：传播体系、社会治理与自主知识体系现代化的实践路径［J］. 现代出版，2024（1）：47-60.
[③] 4 家市级新媒体指的是：北京日报、北京时间、新京报、北京头条四级移动端。见北京市委常委、宣传部部长杜飞进：为媒体深度融合贡献北京路径［EB/OL］.（2020-09-08）［2024-02-15］. https://weibo.com/ttarticle/p/show?id=2309404546874911883335.

展生态圈。①

"北京云·融媒体"市级技术平台按照首善标准规划设计，在建设中采用了各种新技术，拥有多项创新，包括北京融媒指数、基于区块链的等级保护等，其中一些创新应用在省级融媒体平台中首次被使用。该平台系统功能完备，达到国内领先水平，符合省级技术规范要求，具备支撑构建北京市市区两级融媒体机构全媒体传播格局的技术能力。②据悉，平台一期共建设了11个子系统：宣传指挥调度平台、"中央厨房"、数据中台（含舆情监控与传播分析、数据共享交换、用户管理等功能）、监测监管应用、融媒体融合客户端、融媒体指数及数据展示应用、媒体工具及能力组合、多云调度平台、IT基础设施、智慧运维能力、安全防护体系。③以"中央厨房"系统为例，其具备新闻实时指挥调度、全媒体舆情监测、传播效果评估、媒体融合智能运用、技术服务保障、数据挖掘整合运用等功能，支持全市媒体资源在内容、渠道、平台、管理、运营方面深度融合，实现了一体化策划、全平台共振、立体化传播、网格化管理。④

"1+4+17+N"全媒体传播格局的构建为北京推进媒体深度融合奠定了良好的基础，在内外宣界限日益模糊的新形势下，该传播格局也为北京外宣更好适应新媒体发展态势，不断开拓国际传播新局面创造了条件。因此，首都国际传播应充分发挥这一全媒体传播格局的潜力，进一步提升前沿传播技术与各级各类北京地方媒体的融合。

---

① 综合自戴武，康宁，周绍辉."北京云"为市民打造指尖便利［N/OL］.北京广播电视报，2019-06-05［2024-02-12］.https：//www.sohu.com/a/318843500_120060070；杨杰."北京云"融媒体平台建设多项创新 具有重要借鉴意义［EB/OL］.（2019-11-23）［2024-02-08］.https://m.sohu.com/a/355599128_114731.
② 杨杰."北京云"融媒体平台建设多项创新 具有重要借鉴意义［EB/OL］.（2019-11-23）［2024-02-08］.https：//m.sohu.com/a/355599128_114731.
③ 曾春.北京云融媒体市级技术平台建设的探索与实践［J］.有线电视技术，2019（12）：68-71.
④ 戴武，康宁，周绍辉."北京云"为市民打造指尖便利［N/OL］.北京广播电视报，2019-06-05［2024-02-12］.https：//www.sohu.com/a/318843500_120060070.

## （一）立足内容生产加速创新技术落地应用

让技术融合为以新闻、信息传播为主的媒体的内容生产服务，这是媒体融合的"主业"，为此，提升首都国际传播媒体技术融合能力的第一个策略，是紧紧围绕对外讲好新时代北京故事这一内容生产的核心任务与目标，顺应当前移动化、社交化、可视化的国际传播趋势，**加速各项媒体融合创新技术落地应用，以适配满足各种需要的产品形态及其背后整个的内容生产流程**。

### 1. 适配首都国际传播内容产品形态创新

在媒体融合的过程中，技术与媒体内容产品的融合是一个相互适配的过程，技术的发展不断为内容产品的形态创新创造条件，反过来，内容产品形态创新的需求也不断激发技术进步的动力，并为其开辟运用场景。这说明二者需要被有效连接起来，**促成技术及时而精准地落地应用，为媒体的内容生产提供最适配的技术支撑**。2021年北京市广播电视局印发的《关于加快推进北京市广播电视媒体深度融合发展的三年行动计划（2021—2023）》就提出："推进5G高新视频落地应用，支持运用VR/AR/MR和流媒体、4K/8K超高清等技术，提供全息化、沉浸式、交互式视听体验，丰富传播形态、传播样式。"[①]

与当前媒体融合技术创新应用的整体步伐一致，各级各类北京地方媒体也在根据各自特点，探索适配不同国际传播产品形态的最佳技术融合模式。文字为主的产品，如发布在以文本和图片内容为主的海外社交平台推特、脸书、照片墙上的帖子，或以《北京日报》与海外华文媒体合作的系列"北京新闻"为代表的海外专版、多语种报刊等，主要融合数据图表、动图、动漫等可视化技术；音视频为主的产品，如发布在以视频内容为主的海外社交平台油管（YouTube）上的长短视频、直播节目、综艺节目、影视剧、微短剧，或BRTV国际传播中心的外语节目、专题片、纪录片等，主要融合高清/超高清、数字

---

① 北京局推进广电媒体深度融合发展［EB/OL］.(2022-12-28)[2024-02-12].https://www.nrta.gov.cn/art/2022/12/28/art_114_63075.html；北京广电发文：推进有线电视网络整合与广电5G一体化，实现IP化、云化、智慧化改造［EB/OL］.(2021-09-01)[2024-02-12].http://www.dvbcn.com/p/126058.html.

人、虚拟现实、3D交互、全息实时互动等技术；国际版网站或移动客户端产品，如北京市政府国际版门户网站等，主要融合大数据、交互设计等技术。

尽管已经在实践中打下了良好的媒体技术融合基础，但面对日新月异的技术发展态势，首都国际传播还需时刻保持对新技术的敏感，推进与前沿技术的融通共享，为内容产品形态创新赋能。这方面，北京走在了全国前列，为域内各级各类媒体搭建起"为媒体找技术、为技术找场景"的平台。自2020年起，北京市广播电视局面向全国率先发起了媒体融合创新技术与服务应用遴选推广计划，旨在打通媒体与企业之间的信息壁垒，发掘全国优秀技术，建立共性技术的集约化供给，推动创新技术与服务应用在市、区两级媒体落地，全面提升媒体融合的技术支撑能力。该项目每年遴选入库项目，将其纳入"北京媒体融合创新技术应用项目库"，并提供后续的对外查询服务；在此基础上，遴选优秀项目，在中国广电媒体融合发展大会上路演、展示，并向全国推介；条件允许的情况下，还遴选扶持落地项目，为其在北京市主要媒体和区融媒体中心落地应用提供资金支持。[1] 经过三年实践，北京已初步构建起媒体融合创新技术和应用的项目库和企业库，推动了一批优秀的技术在市区媒体落地应用。[2]

梳理2020年至2023年该项目遴选出的数百个项目，有两个是专门针对国际传播的，一是2021年的入库项目"高清/超高清海外视听传播系统研发及测试"，二是同时入选2023年入库项目和优秀项目的"基于大模型的国际传播平台"。前者为快速出海数据传输系统，以高传输带宽和传输速率保障视频类大文件在全球的高清分发，并确保在海外环境下实现高清、流畅、稳定的视频传播，该项目助力中国影视顺利登陆海外新媒体平台[3]；后者为响应建设智能化国际传播中心的业界需求而搭建的"国际传播一体化平台"，该平台基于

---

[1] 北京市广播电视局关于公布2022年度媒体融合创新技术与服务应用遴选推广计划评审结果的通知［EB/OL］.（2022-12-27）［2024-02-10］. https：//gdj.beijing.gov.cn/zwxx/tzgg2/202212/t20221227_2885035.html.
[2] 所想即所见——全息技术落地北京丰台［EB/OL］.（2022-11-25）［2024-02-10］. https：//weibo.com/2611712073/MgG59qW4G.
[3] 让文化走出去，北京三家企业挂牌新视听国际交流示范单位［EB/OL］.（2021-08-06）［2024-02-10］. https：//baijiahao.baidu.com/s?id=1707312283958003550&wfr=spider&for=pc.

海量多语言多模态数据，结合大模型、AIGC 等核心技术，推出智能内容生产与管理、海外网络平台矩阵管理等落地功能，如提供一站式采、编、审、发内容生产工具，支持图文、视听等内容智能生产和审校，支持对文、图、音、视等内容的语义理解，实施大集群、大中心运行，实现集中生产、集中管理，该平台已于 2023 年落地，帮助建设北京广播电视台 BRTV 国际传播中心。[1]

"为媒体找技术、为技术找场景"，这是北京贯彻落实中央加快推进媒体深度融合发展要求的一项重要举措，也应该成为首都国际传播不断提升技术融合能力，从而提升对外讲好新时代北京故事能力的重要抓手。当然，与此同时，我们也要在眼花缭乱的技术迭代中保持定力，坚守技术服务内容的信念，紧扣首都外宣的职责使命，以提升首都国际传播能力为主旨推进技术融合，避免过度"炫"技而忽略了内容之本。

**2. 适配首都国际传播内容生产全流程**

新媒体时代，媒体的内容生产不再是仅由传播者主导的线性过程，而是在与受众不断互动甚至传受身份不断互换中循环往复、交相推进的过程。在这一过程中，产品往往并非内容生产的结束而是下一轮生产的开始——媒体越来越借助对产品受众、市场、舆论的分析与反馈，对优质内容进行多次开发、利用，或者设计新一轮内容生产的议题、方式、手段等，从而提高传播效能。因此，**媒体技术的融合不能仅限于某个孤立的内容产品，而是要适配内容生产全流程，彻底重构新闻生产链**。

对于国际传播的内容生产来说，这意味着要加快推进有助于获取第一手传播数据、信息的新技术研发与落地应用，有了第一手传播数据、信息，我们就能进行准确的国际受众画像、社区分布调查、传播链条追踪、热点舆情监测、传播效果统计等，从而推动构建自主可控的自有平台。以支撑自有平台建设的技术为例，经过多年努力，我国已初步建立起立体、多元的国际传播矩阵，但不少矩阵中的"一角"仍依靠的是"借船出海"的渠道，在世界格局深

---

[1] 媒体融合发展新命题，国际传播融媒体平台应该怎么建？［EB/OL］.（2023-08-15）［2024-02-10］. https://www.wenge.com/content/details_53_4471.html.

度调整、西方反华势力甚嚣尘上的当下,这些渠道难免面临萎缩甚至断裂的风险——即使是自主运营的独立性相对较高的海外社交平台,也很难摆脱复杂地缘政治、国际关系与算法、人工智能的操控,这就使得构建自主可控的国际传播自有平台迫在眉睫。然而,要建设自有平台,不可能仅依托用户数量、阅读量、点赞量、转发量、评论留言等表层数据,而是必须有大数据技术和独立的算法技术的支持,否则就无法基于用户画像精准定位与追踪用户的社交习惯和偏好,有区分地提供检索、推送、服务链接等功能,更谈不上进行中国特色社会主义核心价值观传播、服务化营销以至流量变现等从根本上维持平台运营的操作。①习近平总书记在主持中共中央政治局第三十次集体学习并讲话时提出,要采用贴近不同区域、不同国家、不同群体受众的精准传播方式,推进中国故事和中国声音的全球化表达、区域化表达、分众化表达;北京外宣也强调首都国际传播要做到区分对象、精准施策,其背后的技术逻辑都是一样的,即必须让媒体融合创新技术更广泛、深入地落地到国际传播内容生产的全流程、全链条。

因此,不难理解北京市广播电视局在遴选媒体融合创新技术与服务应用项目时,其遴选范围除了"内容采集"外,还包括在内容"生产、分发、接收、反馈、服务等全链条中的创新应用",包括但不限于"创新技术应用工具、系统解决方案、集成平台、服务模式等"。②例如,前文提到的"基于大模型的国际传播平台"项目,除提供"国际传播内容生产管理"外,还提供"全球区域热点话题监测""国际传播统计效果评估""国际传播社区门户服务""海外事件预警发现处置""AIGC 国传数智大模型引擎"。③

---

① 孔繁丽,刘国良.从融媒到智媒,新京报融媒体转型中有哪些探索与挑战?[EB/OL].(2021-04-23)[2023-02-07].https://baijiahao.baidu.com/s?id=1697830349304086888&wfr=spider&for=pc.
② 北京市广播电视局关于实施2021年媒体融合创新技术与服务应用遴选推广计划的通知[EB/OL].(2021-07-05)[2024-02-07].https://gdj.beijing.gov.cn/zwxx/tzgg2/202107/t20210705_2429097.html.
③ 媒体融合发展新命题,国际传播融媒体平台应该怎么建?[EB/OL].(2023-08-15)[2024-02-10].https://www.wenge.com/content/details_53_4471.html.

## （二）立足全媒体传播体系开发技术融合新场景

全媒体传播体系是媒体从融合迈向深度融合的进阶性任务与目标。具体来说，媒体融合阶段的任务与目标是通过传统媒体和新兴媒体之间的融合，"形成立体多样、融合发展的现代传播体系"[①]；到了媒体深度融合阶段，其任务与目标已发展为要"统筹好传统媒体和新兴媒体、中央媒体和地方媒体、主流媒体和商业平台、大众化媒体和专业性媒体"四组关系，"形成资源集约、结构合理、差异发展、协同高效的全媒体传播体系"。之所以有如此的提升，最根本的驱动力是信息技术的迅猛发展。2019年1月25日，习近平总书记在中共中央政治局第十二次集体学习时将之概括为："全媒体不断发展，出现了全程媒体、全息媒体、全员媒体、全效媒体。"[②]"四全媒体"的出现意味着在传统新闻信息传播的功能基础上，借助技术赋能下的流程再造，媒体本身也成为一项基本的基础设施，成为能汇聚、整合各种要素与事务性功能，深度参与政府治理、社会服务的"新闻+政务+服务+商务"平台。人工智能技术的面世与推广，将更有力地推动"新闻+政务+服务+商务"平台向智慧化、生态化演进。

全媒体传播体系的构建也深刻地影响着对国际传播功能、角色的再认识：国际传播不止限于国际新闻、信息等内容的生产与传播，全球化、媒介化社会下，也涵盖一切国际交往交流，因此完全可能被赋予更多作为"接口""平台""生产要素"的国际交往基础设施功能。2023年是广电领域多家省级国际传播中心集中成立的一年，可以预见，省级国际传播中心将持续全面发展。为此，有学者提出，不能只是把省级国际传播中心定位成地方外宣的工具，而应充分利用现代媒介技术手段和平台化经营理念，调动并发挥其在整套社会运转机制中的更大作用，如将其打造成具有地方特色，适应当地情况，可以直接助

---

① 习近平：共同为改革想招一起为改革发力 群策群力把各项改革工作抓到位［EB/OL］.（2014-08-19）［2024-02-07］. http://cpc.people.com.cn/n/2014/0819/c64094-25490968.html.
② 习近平：加快推动媒体融合发展 构建全媒体传播格局［EB/OL］.（2019-03-15）［2024-02-07］. http://jhsjk.people.cn/article/30978511.

力并服务该地区国际贸易、科技文化交流、外事活动等的综合类多功能国际传播平台，从而帮助地方实现国际传播综合治理体系和能力建设的现代化。①

**从技术的角度看，国际传播上述功能的增加，其实质就是技术融合场景的更新与增加——从内容生产领域拓展到更广阔的平台服务领域**。秉持这样的眼光，首都国际传播有了新的开拓空间与路径，而北京业已形成的"1+4+17+N"全媒体传播格局恰可为之提供技术支撑。接下来，重要的就是能否不断开发出技术融合的新场景，让首都国际传播功能的扩容依托这一全媒体传播体系得到技术上的实现。这是提升首都国际传播媒体技术融合能力的又一个策略。

**1. 助力首都国际传播服务"数字北京"建设**

立足全媒体传播体系，开发首都国际传播技术融合新场景，可首先考虑与"数字北京"建设对接。

"数字北京"建设是"数字中国"建设在北京的实践，核心是发展数字经济、建设智慧首都，目标是建设全球数字经济标杆城市，打造中国数字经济发展"北京样板"、全球数字经济发展"北京标杆"。②

结合北京市有关"数字北京"建设的三份重要文件——2021年的《北京市关于加快建设全球数字经济标杆城市的实施方案》《北京市"十四五"时期智慧城市发展行动纲要》和2023年的《北京市数字经济促进条例》，可以看出，"数字北京"建设中很关键的是数字基础设施建设，同时，传媒、传播、出版等产业的数字经济转型也是其重点推动的项目。这对于首都国际传播来说，意味着内容生产全流程中产生、汇聚的海量数据，是一个巨大的、为"数字北京"提供数字生产要素的资源宝库，迫切需要在大数据、区块链、云计算、人工智能等技术的支持下，被深度利用、开发，并借助"1+4+17+N"全媒体传播体系服务于"新闻+政务+服务+商务"平台建设，而首都国际传

---

① 胡正荣，李润泽. 以智慧全媒体平台赋媒介未来之力：省级国际传播中心的时代机遇［J］. 对外传播，2024（1）：15-18.
② 中共北京市委办公厅 北京市人民政府办公厅印发《北京市关于加快建设全球数字经济标杆城市的实施方案》［EB/OL］.（2021-07-30）［2024-02-07］.https：//www.beijing.gov.cn/zhengce/zhengcefagui/202108/t20210803_2454581.html.

播自身的数字化转型同样亟须更深度的媒体技术融合。为此，首都国际传播务必紧跟北京提出的超前布局 6G 网络、算法创新、区块链等领先一代数字技术创新的步伐，抓住机遇，借"数字北京"建设契机，创造性地开发技术融合新场景，大力提升媒体技术融合能力。

**2. 助力首都国际传播服务北京国际交往中心建设**

立足全媒体传播体系，开发首都国际传播技术融合新场景，还可考虑与北京国际交往中心建设对接。

在北京"四个中心"建设中，国际交往中心突出表现为，为北京作为中国首都和国际大都市的各种国际活动、商贸往来、人员流动提供服务保障，包括软硬件两个方面的建设。硬件建设主要表现为培育服务国家顶层国际交往的活动场所；软件建设主要表现为优化国际化服务环境，吸引集聚国际组织、跨国公司地区总部、研发中心、国际人才等高端要素，推动更多国际资源转化为促进首都高质量发展的现实生产力。[①] 首都国际传播无疑是软件建设中的重要一环。除了最基本的国际新闻信息服务外，近年来，各级各类北京地方媒体越来越多地把业务范围从"幕后"扩展到"台前"，积极开展面向驻华政要、记者、商贸人士、留学人员等的服务、联谊与首都宣介活动，牵头主办或参与各种国际性会议、赛事、商贸活动，日益发挥起沟通各界的平台作用。

不过，对照《北京推进国际交往中心功能建设领导小组 2023 年工作要点》可知，为更好地引聚国际高端要素，北京还有不少需要优化的涉外服务和国际化服务环境，如"提升 12345 市民服务热线电话国际化水平""建立涉外政策数据库""完善综合监测评价指标和国际比较体系"等。[②] 对此，首都国际传播还可继续发力，积极开发技术融合新场景，提升技术融合能力，发展为能为北京国际化发展连接更多要素和资源的全媒体传播平台。例如，在 12345 市民

---

① 陈雪柠.首次编制重点任务、重大项目、创新政策三张清单 北京国际交往中心功能建设五年规划出炉［N/OL］.北京日报，2021-09-17［2022-06-12］. http://www.beijing.gov.cn/fuwu/lqfw/gggs/202109/t20210917_2495881.html.
② 一图读懂 | 北京推进国际交往中心功能建设领导小组 2023 年工作要点［EB/OL］.（2023-04-24）［2024-02-10］. http://wb.beijing.gov.cn/home/gjjwzx/xxzl/202304/t20230424_3066870.html.

服务热线电话的国际化方面，可尝试比照"北京时间接诉即办融合应用"开发类似产品，以适应12345市民热线电话面向在京外国人的应用场景。作为北京广播电视台的深度融合产品，"北京时间接诉即办融合应用"与北京市12345市民热线服务中心打通数据后台，将技术与内容结合，对政府接诉即办工作进行转办跟踪服务，是"新闻+政务+服务+商务"的典型案例。该应用以接诉即办管理平台为核心，从文字、图片、视频、LBS定位、实名认证等多个维度方便市民精准描述诉求，同时，使用数据同步技术，实现毫秒级数据实时同步、转发、追踪、反馈，使用大数据算法对诉求进行分析整理，以便记者及时与属地政府联系，共同推进社会治理。①

## 二、平台渠道融合策略

在信息技术的推动下，相比以传统报纸、广播、电视为最主要的新闻信息载体的时代，今天的传播平台、渠道已大大拓展，且彼此间原本分明的界限不再清晰，给媒体内容生产带来了深刻的变革。这是技术融合为媒体融合开拓的又一重要领域，是首都国际传播媒体融合能力建设的又一重要内容，它将促使首都国际传播进一步体认"大外宣"战略思想在北京外宣中的具体表现、要求，及其面临的主要问题，从而更加有针对性地探讨平台、渠道融合能力提升的策略。

在新闻信息传播中，平台、渠道是两个既有区别又联系密切、经常合用的概念。平台侧重为传播内容的聚合、分发与互动提供场所，渠道则侧重为传播内容提供信息、信号等相关传输途径与方式。传统媒体时代很少提"平台"这个概念，因为以报社、广播台、电视台为代表的大众媒体垄断了新闻信息的传播渠道，人们读报只能通过报纸、听广播只能通过电台、看电视只能通过电视台，但互联网出现后，一切都改变了。人们可以依托互联网接触来自

---

① 2022年第32届中国新闻奖获奖作品简介[EB/OL].（2022-11-01）[2024-02-08]. http://www.zgjx.cn/2022-11/01/c_1310667987.htm.

不同渠道的内容，使得互联网成了一个类似"卖场"的信息集散平台；同时，互联网还以一种新的信息技术支持各传播主体自主生产内容，所以它也是一种新的信息传播渠道。随着互联网技术、互联网应用、信息接收终端的进一步发展，信息传播的平台、渠道更加多元，联系更加紧密，功能更加多样，为催生身份多元、形态丰富的各级各类媒体，并促进这些媒体间的深度融合创造了条件。当前，媒体融合在平台、渠道方面的典型表现就是搭建一个覆盖门户网站、移动客户端、各类社交媒体，以及各种形式的第三方内容聚合平台的传播矩阵。

经过长期努力，**我国已构建起"1+6+N"的"大外宣"格局，即中国国际传播宏观意义上的平台、渠道**，而且这一格局中的每一个构成，无论是"1"代表的中国国际电视台；"6"代表的六家央媒，即新华社、《人民日报》、中国国际广播电台、中央电视台、《中国日报》、中国新闻社；还是"N"代表的其他部门，如首都国际传播之类的地方国际传播，它们各自又都建有横跨海内外的传播矩阵。这些传播矩阵纵横交错，共同织就了一张中国特色的国际传播平台、渠道网，为对外讲好中国故事发挥了巨大作用。不过，目前这张网的一个突出问题是，看似平台、渠道很多，国际受众触达率却不够理想。主要原因是，一方面，受地缘政治、国际关系的影响，一些平台、渠道受制于人，传播受限，对此，**打造自主可控的平台、渠道成为关键**；另一方面，我们自身对平台、渠道的理解还不够深入，不少资源没有得到充分利用与整合，对此，**推进媒体平台、渠道的深度融合成为关键。两者相辅相成，做到了后者的深度融合，才有可能另辟蹊径，创新开拓出新的平台、渠道，从而实现前者的自主可控**。就首都国际传播而言，要做到以深度融合打造自主可控的平台、渠道，可从以下三个方面入手。

## （一）加强各级各类媒体的融合

国际传播相关研究证明，一度发挥过重要作用的借海外新闻媒体版面、频道之"船""出海"而构筑起来的平台、渠道，在媒体融合背景下的效果已渐渐不如从前，百年变局下还极易受外部因素影响。要转而自主"造船出海"，那就还得练好内功，首先把已有的各级各类媒体的平台、渠道资源充分利用好、整合好。新媒体时代，不管自己是否有意识但实际都在参与对外讲好北京故事的传播主体，身份日益多元，所凭借的媒体形态也日益丰富，既有专门的外宣媒体，也有非专门做外宣的一般新闻媒体，还有大量政府"委办局"媒体、企事业组织媒体、社交媒体、个人自媒体。**加强各级各类媒体的融合指的就是，要充分利用、整合这些媒体所拥有的平台、渠道资源，促成它们在首都国际传播舞台上彼此借力、相互配合的生动局面。**

**1. 加强职业新闻媒体的融合**

无论从全国还是地方层面看，职业新闻媒体在国际传播中都居于核心地位，其拥有的平台、渠道最专业，在打造自主可控的平台、渠道方面负有不可推卸的首要责任，因此职业新闻媒体内部的平台、渠道要首先被打通。

以市属媒体为代表的北京职业新闻媒体大多已搭建起完备的、横跨海内外的传播矩阵，基于"中央厨房"、融媒体中心等的技术与管理支持，矩阵内的媒体较好地实现了平台、渠道的融合，如一则新闻、一个产品可在矩阵内的不同平台、渠道上实现海内外同步、多次落地。根据北京外宣的部署，北京将继续鼓励、支持市属主要媒体对内深化与中央级媒体，对外深化与境外主流媒体、海外华文媒体及相关机构的平台、渠道合作，通过专题或专版定制、节目互换、联合制作、联合报道等形式，推动外语节目、纪录片、专题片、综艺节目、多语种报刊等在境外落地传播。

不过，平台、渠道融合不能局限在职业新闻媒体各自搭建的传播矩阵内部，还应打破壁垒，加强彼此之间的融合。首先，北京市属媒体与中央级媒体的融合规模需要进一步扩大。比如从北京媒体的角度看，除了《北京日报》、北京广播电视台这样实力比较雄厚的媒体与中央级媒体的合作比较稳定外，其他市属媒体相对比较逊色，建议更加积极主动一些；从中央级媒体的角度看，《中国日报》相对来说是与北京市属媒体合作较多的中央级媒体，今后可考虑与"1＋6＋N"中的其他央媒也加强合作。

其次，北京市属媒体之间的融合程度需要继续走深、走实。作为首都国际传播的中坚力量，北京日报报业集团与北京广播电视台双峰并峙，前者以文字传播见长，后者以音视频传播见长，通过各自构筑的传播矩阵，双方都运营、维护着独具特色的国际传播平台、渠道，长期以来也互有合作。下一步，双方除了继续借助优势互补推进平台、渠道的深度融合外，还可**借助强强联手或差异化内容供给，打造北京内容的分众化、垂类化国际传播平台、渠道**，如联合北京日报报业集团旗下的《北京商报》与北京广播电视台的财经频道中心，打造专业的北京经济新闻国际传播平台、渠道。

第三，北京市属媒体与区级融媒体中心的融合路径需要更多创新。如前所述，有学者前瞻性地指出，区县级融媒体中心有望在未来三五年，从讲好本地故事和协助县委宣传部统筹县域范围内的对外传播主体两个点，加入"大外宣"格局，助力形成中央、省区、市县三级媒体国际传播体系。早在2018年，北京就在全国率先实现区级融媒体中心全覆盖，这些融媒体中心也踊跃地参与首都国际传播活动，如西城区融媒体中心与法国巴黎市政府合作举办中法文化艺术展览，展示中法两国的传统艺术和现代创意作品；石景山区融媒体中心制作了一系列英文版的旅游推广节目，通过海外旅游频道播出，吸引外国游客来京观光。融媒体中心与北京市属媒体也有意识地展开合作，如朝阳区、海淀区融媒体中心分别与北京广播电视台合作，制作了一系列介绍北京文化、旅游、科技等的节目，这些节目通过北京广播电视台的国际频道播出，向海外观众展示了首都魅力。上述实践非常值得肯定，不过，这种散点式的、个别节目合作式的实践尚未常态化，也未上升到制度化的平台、渠道建设层面，尤其没有充分发挥出"新闻＋政务＋服务＋商务"这一全媒体运作模式的国际传播潜能。对此，在财力、人力、技术、业务等方面更具实力的北京市属媒体应以更强的行业引领意识，主动探索与区级融媒体中心的深度融合路径。随着北京国际交往中心、国际科技创新中心建设的推进，北京各区级融媒体中心辖区内的外国驻京机构、企业、生活社区、人员会越来越多，落实、运行好"新闻＋政务＋服务＋商务"这一全媒体运作模式，能使各融媒体中心成为密切联系、深度了解在京外国人的重要窗口，同时鉴于区级融媒体中心的基层属性，这又会是一个可以直接触达在京外国人，且容易让在京外国人感觉亲近的传播平台、渠道。对于这一难得且自主可控的国际传播平台、渠道资源，北京市属媒体务必予以全局性、系统性的统筹规划，可考虑与这些区级融媒体中心合作开发新闻采编、信息加工、受众画像、传播反馈等各种类型的线索库、素材库、数据库，建立内容生产合作机制，共享内容产品的运维、分发、营销链，比照北京市建设"小而美"的外交外事活动场地的思路，**营造"小而美"的区域国际传播生态**，真正把摆脱宏大叙事、将传播浸润在国际受众平凡日子里的理想场景落到实处。

**2. 加强职业新闻媒体与其他媒体的融合**

职业新闻媒体在首都国际传播中居于核心地位，主要是基于其在内容生产的职业规范方面拥有传统优势，在价值引领方面更是肩负着保障意识形态安全的重任，但这并不意味着可以忽视其他类型的媒体在平台、渠道建设中的地位与作用。新媒体时代，如果能加强职业新闻媒体与它们的有机融合，兼顾前者的职业规范、价值引领，与后者密布于社会生活各个角落的渗透力，势必更能打造一个高水平的自主可控的平台、渠道。

前文在分析北京外宣对首都国际传播平台、渠道建设方面的要求时提出，支持全市各单位政务新媒体、属地社会网站发挥自身优势，创造具有国际元素的新媒体产品，展示北京国际形象。这个要求对习惯于自我定位为国内、市内、行业内的政务新媒体、属地社会网站来说是一个不小的挑战——它们或者很难从自我角色定位中转变过来，或者觉得国际传播与自己的业务无关。这就需要北京的职业新闻媒体主动作为，加强与政务新媒体、属地社会网站所代表的"委办局"媒体和企事业组织媒体融合，引导它们树立"大外宣"战略思想，并利用自己的专业优势，与它们合作开发具有国际元素的新媒体产品，进而开辟出新的北京故事国际传播平台、渠道。这之中，那些开展涉外服务的政务新媒体，与规模较大且有国际业务的北京企业所办网站需要特别重视，加强职业新闻媒体与它们已有的政务服务、产品销售等平台、渠道的融合，有助于把首都国际传播的触角直接送达它们的受众与客户。

此外，为适应国际传播领域的移动化、社交化趋势，北京的职业新闻媒体还需要加强与社交媒体、个人自媒体的融合。与社交媒体融合要注意避免一个误区，不要认为只是在社交媒体上开设了账号、发布了内容，就算实现了与社交媒体的融合，真正的融合应该是与受众、与其他账号有积极的互动、及时的信息和情感反馈。然而，毋庸讳言，虽然北京的职业新闻媒体在国内外的社交媒体，包括具备社交功能属性的第三方内容聚合平台上大多开设了账号，有的还开设了不止一个账号，但与受众之间、各新闻媒体之间，以及与其他账号之间的互动、反馈普遍不主动、不热烈。同样，北京的职业新闻媒体与个人自媒体，如那些热爱北京、自发宣传北京的中外网红的融合也不够深入。社交化的传媒生态下，除了职业新闻媒体，原本只是用于信息传输、集散的平台、渠道越来越呈现出可自主生产内容的媒体属性，甚至表现出比职业新闻媒体更大的议题设置潜能和更高的传播效能。中央之所以提出"大外宣""战略传播"等概念，就是意在盘活所有媒体资源，打通所有传播平台、渠道。因此，北京的职业新闻媒体需更加重视与社交媒体、个人自媒体的融合，比如建立制度化、常态化的机制，并配置专门的财力、人力、技术手段，主动发掘、联络传播北京内容的中外网红，在与之建立起良好、稳定的社交关系后，将他们聚拢到"中央厨房"、融媒体中心，以采编联动、内容共享，或专题"定制""众包"等形式，相互借力，共同扩充北京内容的国际传播平台、渠道。

必须指出的是，北京职业新闻媒体与"委办局"媒体、企事业组织媒体、社交媒体、个人自媒体融合的好处不只是平台、渠道层面的，还表现在议题设置导向以及话语和叙事创新方面，有利于职业新闻媒体把北京市委、市政府在外宣工作方面的整体部署与任务要求传达给这些"其他"类媒体，引导其自觉以地方外宣需求规划自己的传播活动，以相互策应、互为借力之势，在国际传播舆论场上同声相应、同气相求，协同发出北京好声音。正是在这个意义上，我们说，媒体融合更有助于打造一个高水平的自主可控的平台、渠道。

## （二）加强大众、小众、分众传播的融合

加强北京各级各类媒体平台、渠道的融合，是从为"造船出海"培育、夯实自主可控的"航道"而言的，这里强调的所谓**加强大众、小众、分众传播的融合**，则是从精细化"航道"类型入手，让北京故事的出海"航道"既可以是综合性"主干道"，也可以是区域化、个性化"支流"。

习近平总书记在主持中共中央政治局第三十次学习并讲话时提出，要采用贴近不同区域、不同国家、不同群体受众的精准传播方式，推进中国故事和中国声音的全球化表达、区域化表达、分众化表达。北京外宣也强调首都国际传播要做到区分对象、精准施策。这些指示精神落实到平台、渠道建设上，就是要做到大众、小众、分众传播的融合。国际传播中的大众传播面向的是世界各地的广大受众，主要借助主流媒体和全球性的传播平台、渠道；小众传播面向的是依需求和兴趣差异而从笼统的大众中划分出的特定受众群体，主要借助专门的传播平台、渠道，精准传递专而深的信息；分众传播面向的是依国家、区域差异划分出的特定受众群体，既可以借助一般性的也可以借助专门的传播平台、渠道，但传递的是符合不同国家、地区受众的文化背景、价值观念、信息接受习惯的定制性信息。

伴随中国国家实力和世界影响力的增长，也基于几代传播人的努力，中国国际传播无论是从国际受众的需求层面，还是从自身的传播战略、技术实力，以及从中央到地方传播内容的丰富度层面讲，都到了应该也能够细化传播平台、渠道，把大众、小众、分众传播融合起来的时候，关键只在于找准切入点，制定具体策略。

### 1. 从细分内容入手

加强大众、小众、分众传播的融合，首先可从细分内容入手。诚如前文对新时代北京故事五大核心议题及子议题的梳理，北京"四个中心"的城市定位与"国际一流的和谐宜居之都"的发展目标，为首都国际传播提供了丰富的传播内容与议题，北京各级各类地方媒体可根据自己的定位、特长，结合对国际

传播市场、受众的大数据分析，或独立或与其他媒体合作，在大众传播之外，开辟小众化、分众化的传播平台、渠道。这些小众化、分众化的传播平台、渠道可投放时政、经济、文旅、体育、教育等按社会生活领域划分出的内容，也可投放按专题、时间周期等划分出的内容。

以文旅类内容为例，鉴于世界对北京"古都风韵"的认知度最高，这类议题也最受国际受众欢迎，因此，北京非常重视这方面内容的供给，除了通过综合性专业新闻媒体进行大众传播外，还通过行业媒体进行小众传播，如北京市文化和旅游局（以下简称北京市文旅局）在推特、脸书等海外社交平台上开设了专门的文旅账号"Visit Beijing"，结合文化宣介旅游。未来对北京特色文化、风物民情的传播还可以专题形式再小众化细分，比如推出专门主打京剧、胡同、北京中轴线、北京雨燕等的内容；同时，鉴于不同国家或地区的政治经济、历史文化差异，还可以对北京特色文化、风物民情做分众化细分，如同样是宣介北京中轴线，在展现其历史文化渊源与底蕴的基础上，面向西方发达国家时可以突出对其的遗产保护，面向发展中国家时则可突出文明遗存如何被有机融入现代城市建设。这些小众化、分众化内容除了可以在网站、移动客户端、海外社交平台等平台、渠道上进行分发外，还可以考虑多与海外中国文化中心或孔子学院、国际知名文旅媒体等专业平台、渠道合作，力争把"小内容"做精、做专，垂直深耕国际文旅传播市场。

应当看到，在首都国际传播的内容供给中，文旅是广受欢迎且有良好基础的内容，以此为依托开拓大众、小众、分众传播融合的平台、渠道相对较容易。但为了改变国际社会对北京"四个中心"的形象认知不均衡、不完整，特别是认为北京有"都"无"城"、传统有余现代不足的状况，首都国际传播应整合资源，适时推出更能体现新时代北京城市发展理念、水平与成果的小众化、分众化内容：按领域分如财经类、科技类、国际交往类等；按专题分如城市副中心、科技城、产业园、智慧城市等。和对文旅类内容的处理思路一样，这些内容除了可以在网站、移动客户端、海外社交平台等平台、渠道上进行分发外，还可以根据具体内容特点，主动出击，开辟个性化、精准化的传播平台、渠道。比如，财经类、科技类内容可以尝试专门投放给相关智库、研究中心；科技城、产业园类内容可以考虑特别投放给"一带一路"沿线国家。

**2. 从细分受众入手**

加强大众、小众、分众传播的融合，除了从细分内容入手，还可从细分受众入手，即受众在哪里，就将传播平台、渠道延伸到哪里，就为哪里的受众生产有针对性的内容。这里的细分受众可以按多种标准划分，如国别、性别、职业、宗教信仰、受教育程度、经济条件、媒体使用习惯等。

面对庞大、未知的国际受众群体，既可对之粗略划分，也可借助大型调查、大数据技术等精细研究。比如对于当前比较流行的国际社交平台，我们已大致了解它们各自的受众群体及其内容偏好：脸书、推特、油管的受众最广泛，都几乎覆盖所有年龄段和地区，不过脸书偏日常生活动态分享，推特新闻性强，偏政治、评论，油管偏视频创作、娱乐消遣；照片墙、TikTok 受众多为年轻一代，偏生活方式分享、休闲互动、产品营销；领英（LinkedIn）受众多为职场人士，偏职业社交；VKontakte 被称为"俄罗斯版脸书"，受众集中于俄罗斯、乌克兰等东欧国家，偏品牌推广、游戏社交；Quora 被称为"美国版知乎"，受众多为专业人士，偏专业知识交流、市场调研。了解了这些平台、渠道对受众的细分，首都国际传播就可以因地制宜，有针对性地投放内容。投放方式可以多种多样，不断探索，如既可以鼓励、支持北京各级各类媒体各自到以上平台、渠道开设账号，也可以统筹协调彼此间的合作，以媒体融合的方式入驻以上平台、渠道。

借助专业的受众分析技术与手段，首都国际传播还可更进一步，鼓励、支持有条件的北京媒体定期开展国际受众调查。这个受众调查越精细越好，比如，除了捕捉一些粗泛的人口学信息，勾勒出一个大致的受众画像外，还要能够结合热点新闻或舆情勾画出重要的信息传播节点，每个信息传播节点的背后很可能就是一个关键舆论领袖。为这些关键舆论领袖创建人脉库、资源库，适时与他们建立联系，以便向他们点对点推送新闻信息，以及我们自建的网站、客户端等。

以上尽管是从细分内容和细分受众两方面入手，对如何加强大众、小众、分众传播间的平台、渠道融合进行探讨，但二者其实是相互关联的：为细分内容匹配合适的平台、渠道离不开对受众的考量；反过来，为细分受众匹配合适的平台、渠道也离不开内容的依托。这提醒我们，**大众、小众、分众传播的融合，其实是平台、渠道与内容、受众的交相融合**——深耕内容，不断开发好的项目、产品；深耕受众，敏锐把准市场需求的脉搏，只有将二者结合起来才有望为新时代北京故事建造出可自我掌控"航道"的"出海之船"。

## （三）加强多种外宣方式的融合

万物皆"媒"、物物相联时代，传播平台、渠道是一个非常开放的概念，**任何能够传递信息的介质、载体都可以成为传播的平台、渠道**，这使得中国故事、北京故事的出海之"船"又多了许多。加强多种外宣方式的融合，创新性地运用好这些"船"，有助于进一步巩固自建国际传播平台、渠道，使其更自主可控。

### 1. 线上线下的融合

线上线下融合是一个比喻性的说法，泛指媒体把有形与无形、台前与台后、虚拟与现实的各种传播时机、空间都利用、结合起来，不仅充当新闻信息"旁观式"的传播者，也亲自"下场"，成为新闻信息主动的发起者、参与者与传播对象。

在今天，线上线下的融合已不是新鲜事物，有多种实践方式，如传播者既利用报纸、广播、电视、网站、客户端、社交媒体发布和分享内容，也通过举办会展、竞赛、论坛、讲座，以及形式多样的联谊活动等，与受众进行面对面的直接交流与互动。北京颁发的有关"四个中心"建设的各类政策、规划，都十分强调多开发涉外线上线下融合的项目、产品，将其打造成一种品牌化的、能形成规模效应的首都国际传播平台、渠道，多方位营造北京外宣声势，如："培育中外媒体高端对话交流传播平台。积极组织境外媒体访华团在京参观采访，主动邀请境外主流媒体、华文媒体的名笔、名嘴、名主编、名评论员、网络名人来访,持续打造丝路大V北京行、国际城市媒体北京论坛等媒体合作交流平台""组织常驻京境外媒体集体采访、专访、专题通气会、记者沙龙、中华文化体验活动""创新北京周、北京日、魅力北京、北京之夜、北京优秀影视剧海外展播季等品牌文化交流活动"①等。北京市政府新闻办公室从2018年起,连续五年入选中国外文局主办的"年度对外传播十大优秀案例",其报送的有关应对新发地突发聚集性疫情、百位丝路大V打卡北京感受百年党庆、"双奥之城"等作品无不是线上线下融合的典范。除了北京市政府新闻办,北京市人民政府外事办公室(以下简称北京市政府外办)近年也开发出年度性的"'北京·国际范儿'短视频大赛""光影见证·国际交往中心"纪实摄影作品拍摄征集活动,以及"亲历 见证——我与国际交往中心的故事"征文活动。这些活动通过线上线下的融合,在首都国际传播传受双方之间架设起直观可感,也更具温度和灵活度的桥梁,往往能产生线上平台、渠道达不到的效果。

不过,目前线上线下的融合主要由政府或官方媒体牵头,以后可调动身份多元的北京各级各类媒体参与,甚至主导,一来有助于进一步使平台、渠道更多元;二来有助于发挥非官方平台、渠道在国际传播中的独特作用。另外,对所谓线上线下的理解还应更深入一些,要充分意识到,每一个参加活动的外国友人其实都是一个对外讲述北京故事的平台、渠道,所以不能说办了个活动,邀请了人来参加就算融合了,而是应珍惜难得的机会,精心设计活动主题,安排好场所、流程,尽可能多地满足外国友人的信息需求,多与之展开面对面的直接交流,活动结束后也应尽可能地继续维护与他们的良好关系。

**2. "走出去""引进来"的融合**

基于北京独特的区位、地位、站位特点,北京市提出,坚持主场外宣、主

---

① 北京市推进全国文化中心建设中长期规划(2019年—2035年)[EB/OL].(2020-04-09)[2023-08-08]. http://www.gov.cn/xinwen/2020-04/09/content_5500586.htm.

流外宣、主力外宣齐头并进，坚持"走出去"和"引进来"双向发力。① 和线上线下融合一样，"走出去""引进来"的融合也是灵活运用多种外宣方式，创新开拓首都国际传播平台、渠道的一种实践。

国际传播自然是"走出去"，不过这里的"走出去"，除了前文所述以媒体身份、新闻信息传播的形式"走出去"，还包括以组织、参与活动的形式"走出去"。例如北京市提出，要"积极参与中国当代作品翻译工程、经典中国国际出版工程、丝路书香、丝绸之路影视桥、'纪录中国'等国家对外传播工程，整合实施中华文化海外推广、对外影视合作传播、国际合作出版等项目，推出一批精品出版物和影视译配作品，推动北京表演艺术、视觉艺术、文学影视等优秀作品在海外展示展映展播"，还要积极"参加具有国际影响力的节展和评奖活动，扩大北京新闻产品的知名度和影响力"。②

至于"引进来"，是基于北京作为首都及知名国际大都市，本身就是一个巨大的国际传播舞台而提出的一条极具地域优势的外宣路径。在北京，外交政治活动、国际赛事、国际会展、重大庆典等主场活动繁多，民间涉外交流、人员往来也十分活跃、频繁。应抓住这些契机，创造机会，组织邀请各界人士作为"外嘴""外脑"加入首都国际传播的朋友圈，如"组织常驻京境外媒体集体采访、专访、专题通气会、记者沙龙、中华文化体验活动，生动宣介北京特色文化。推动国际知名智库专家在外媒刊发文章、接受专访、出席媒体论坛，客观准确地介绍中国、介绍北京"③等。

与对加强线上线下融合的建议类似，在"走出去""引进来"的融合上，也要注意不局限于政府或官方媒体层面，可适时通过合作策划、搭桥牵线等方

---

① 综合自中共北京市委关于新时代繁荣兴盛首都文化的意见［EB/OL］.（2020-02-14）［2023-08-05］. http：//www.beijing.gov.cn/zhengce/zhengcefagui/202004/t20200410_1799129.html；北京市推进全国文化中心建设中长期规划（2019年—2035年）［EB/OL］.（2020-04-09）［2023-08-08］. http：//www.gov.cn/xinwen/2020-04/09/content_5500586.htm.
② 北京市推进全国文化中心建设中长期规划（2019年—2035年）［EB/OL］.（2020-04-09）［2023-08-08］. http：//www.gov.cn/xinwen/2020-04/09/content_5500586.htm.
③ 北京市推进全国文化中心建设中长期规划（2019年—2035年）［EB/OL］.（2020-04-09）［2023-08-08］. http：//www.gov.cn/xinwen/2020-04/09/content_5500586.htm.

式，把"引进来"的资源也融合到企事业组织媒体甚至个人自媒体中。由此也可以看出，**加强线上线下融合与"走出去""引进来"融合，存在一个很重要的共性：均内含公共外交的精髓，即充分利用新媒体时代灵活多样的传播平台、渠道，尽可能直接面对国际受众，注重加强民间交流交往**。我们常说，中国的真实面貌经常被某些西方媒体有意无意地遮蔽、歪曲了，所以特别欢迎外国朋友亲自来中国走走、看看，相信来了就一定会对中国有新的认识。北京也是如此，也需要敞开大门，请更多外国朋友亲自来走走、看看，而从传播学角度看，这是有力对冲外界干扰的最直接、最充分、效果最理想的传播场景之一。媒体因其得天独厚的信息传播与舆论引导功能，必须切实助力推动、实现这种愿景，为新时代北京故事的高效出海打造稳定可靠的平台、渠道。

## 三、产品形态融合策略

作为媒体内容生产的最终呈现形式或方式，产品形态的融合可以说是媒体融合最直观的成果。早期的产品形态融合只是简单地将文字内容复制到网站上，或将音频、视频内容中的解说词、同期声等转换为文字。但是，在技术赋能以及观念、认识的提升下，今天的融合产品形态已升级为经过二次编辑，把不同媒介产品的形态有机融合在一起，形成一个新的媒介产品形态——融媒产品。最常见的例子如将报纸、广播台、电视台、网站及其各种应用的产品形态融合在一起，制作出一条融文字、音频、视频、超链接于一体，分别适配门户网站、客户端、社交媒体、小程序等不同传播场景的融媒产品。未来，随着全媒体传播体系建设的深入，产品形态的融合有望更深度地把新闻产品与政务、服务、商务产品融合在一起，不仅成为新闻信息传播的一种新形式，更成为国家治理、城市治理的一种新变革。

媒体产品形态融合的这一趋势是技术推动的结果，也是传播平台、渠道日益丰富多元的必然要求，是对首都国际传播媒体融合能力建设提出的又一挑战。梳理北京外宣对媒体产品形态融合提出的具体要求可知，其中既有基于差异化内容传播定位的融合要求，又有基于不同平台、渠道特点的融合要求。以上两方面的要求正可以成为首都国际传播产品形态融合能力建设的两条路径。下面结合近四年，即2019至2022年度北京新闻奖中的获奖融媒作品和国际传播类作品，分别探讨这两条路径的具体实践以及未来还可改进、提升之处。

## （一）适配差异化内容传播定位

尽管有各种时髦的媒介技术帮助打造"炫酷"的融媒产品，但形式应始终为内容服务，不能本末倒置，所以媒体产品形态融合首先要立足内容之需。**在以"大外宣"思维，对身份多元、形态丰富的各级各类北京地方媒体做战略传播规划时，要有意识地把北京内容的国际推广纳入一盘棋的整体部署中：或者基于新时代北京故事所含五大核心议题的差异，分别做出特色化、个性化的产品；或者基于北京地方媒体各自的身份、种类差异，做出能够相互策应、互为借力的品牌化产品。**

### 1. 基于北京议题的差异性

新时代北京故事包含政治中心、文化中心、国际交往中心、国际科技创新中心、国际一流的和谐宜居之都五大核心议题，每个核心议题之下又可以分出若干子议题，内容十分丰富。而且，很多内容无论在议题内涵还是话语与叙事体系方面，都独具北京在城市建设和治理方面与国际国内其他城市不一样的创新特色，北京外宣也希望在世界面前，专为北京打造出"北京智慧""北京创意""北京模式""北京方案""北京经验""北京样板"这样的城市名片与标识。因此，我们在为这些议题，尤其是各议题中的典型案例设计融媒产品的形态时，要充分结合各领域议题的特色差异，从中提炼最能体现北京城市名片与标识的国际元素。

在近四年的北京新闻奖获奖作品中，融媒产品集中关注的议题有：全国政治中心类议题下的北京两会、党代会、京张高铁建设、精品街巷建设、接诉即办（12345热线电话）、局处长走流程；全国文化中心类议题下的北京中轴线文化遗产保护与开发、党（团）建文化、北京雨燕、北京胡同；国际交往中心类议题下的服贸会；国际科技创新中心类议题下的科创政策、科技实力、产业链条；国际一流的和谐宜居之都类议题下的新冠疫情防控、数字人民币。研究这些获奖作品可以发现，"文字＋音视＋视频"的融合是共同的、也最常见的产品形态融合方式，但针对具体议题特殊性的产品形态设计却表现出丰富的差异性，不少设计独具匠心。

总体来说有这样几个规律。第一，视觉性元素丰富或时空感强的议题，多采用VR动画、三维动画、手绘图、360°/720°互动全景、H5、小程序、线上线下融合等形式，这在多个融媒作品反映的北京中轴线、精品街巷、胡同、雨燕等议题上表现最突出。反映中轴线的作品如《中轴线——现时与愿景》（北京青年报，2020）、《北京地铁8号线最美车站竟是它！探秘"地下中轴线"》（北京晚报，2021）、《360°全景VR，"转动"北京中轴线》（新京报，2022）、《全景中轴》（北京广播电视台，2022）、"骑行中轴线"系列双语短视频（北京商报，2022）；反映精品街巷、胡同的作品如《H5｜带你骑车打卡，感受十年蝶变，点"靓"北京最美街巷！》（北京晚报，2022）、"骑妙之旅"小程序（北京广播电视台，2022）、《听，流动的北京城｜"大声喊 新年好"2022—2023广播跨年融媒特别直播（跨年骑行篇）》（北京广播电视台，2022）；反映北京雨燕栖息、迁徙特点，以及对其的保护的作品如《一生几乎不落地的它，为何"安家"北京？》（新京报，2022）。此外，展现历史纵深的议题也多采用此类融媒形态，如《回听北京70年》（千龙网，2019）以H5的形式，串联起不同时代的代表性声音，让受众在鸽哨儿、吆喝声、抖空竹、皮黄腔、铛铛车、自行车铃、2008年奥运会、北京地铁、新机场首飞等一段段声音中感受北京70年间的飞速发展；《京小团带你穿越百年》（北京团市委和北京青年报，2022）以水墨动漫的形式，让"北京团团"的代言人"京小团""置身于"北京青年运动的20个关键历史节点，让受众跟随"京小团"一起沉浸式体验、体悟百年青运史背后的精神内核。

第二，医疗、教育、社区服务、城市治理等民生类议题除采用一般的融媒形态外，较注重采用互动性强的小程序形式，着力构建"新闻＋政务＋服务＋

商务"融媒体平台。例如,新冠疫情防控期间,《北京晚报》先后推出《〈防疫宝典〉便民抗疫工具箱》(2022)和《H5 | 请查收,这有一份属于您的防疫工具包》(2022),不仅汇总、梳理了各种防疫政策、信息、知识,还通过"服务查询""在线问诊"等链接,把新闻信息与公共卫生服务融合在一起。类似的,2022年还有阿里健康小鹿中医与北京广播电视台新媒体平台"北京时间"联合打造的"首都名中医挂号预约服务平台"、北京教育融媒体中心打造的"丘瑞斯北京市学生在线活动平台"。更综合的"新闻+政务+服务+商务"平台类融媒产品,则当数北京广播电视台2021年推出的"北京时间接诉即办融合应用":用户点击"诉求提交",上传视频诉求,经过初审后,符合受理标准的信息会被传送至12345数据后台,由政府进行统一受理并纳入督办考评体系,用户可选择媒体介入,由记者跟踪报道,推动问题妥善解决。①

第三,知识性、系统性、专业性强的科学技术、经济社会发展等议题较常采用动画、时间轴、数据分析图、调查问卷等形式。例如,《科创北京》系列组合报道(新京报,2019)融合文字与数据图,通过对北京科创板企业的全面报道,清晰展现了北京科技创新的现状;《100场新闻发布会,记录北京战疫历程》(北京晚报,2020)以时间轴形式,形象、直观地再现了北京疫情发展与应对的重要节点;《从"阳过"到"阳康"》系列新闻调查(北京时间网站,2022)融合数据图与问卷调查,通过统计、分析100名"阳过"者(指新冠肺炎核酸检测曾为阳性的人——笔者注)和1000名"阳康"者(指新冠肺炎核酸检测由阳性转为阴性、恢复健康的人——笔者注)的相关数据,为公众提供防疫建议。

以上根据北京故事不同议题特色采用的不同的产品形态融合策略,与内容相得益彰,共同塑造世界对新时代北京富有创意、充满活力的印象。不过,值得注意的是,在各类议题中,**针对北京国际交往中心和国际科技创新中心类议题的融媒产品数量最少,而这两类议题集中了较多反映现代北京城市发展的内**

---

① 2022年第32届中国新闻奖获奖作品简介[EB/OL].(2022-11-01)[2024-02-08]. http://www.zgjx.cn/2022-11/01/c_1310667987.htm.

容，也是能够有力改变国际社会对北京某些刻板印象的重要内容，这提醒我们要更仔细地研究这两类议题的特点，积极探索与之适配的产品形态融合策略，与其他类议题一样，创作出更多特色化、个性化的融媒产品。

**2. 基于北京媒体的差异性**

适配差异化内容传播定位的产品形态融合策略，不仅可从新时代北京故事所含五大核心议题的差异入手，还可从北京地方媒体各自的身份、种类差异入手。

综观近四年北京新闻奖的获奖作品，有一个较明显的规律，重大题材的融媒作品主要由党媒制作，一般综合性题材的融媒作品由综合性媒体制作，专业性题材的融媒作品由专业媒体制作。以专业性题材的融媒作品为例，除上文提到的"丘瑞斯北京市学生在线活动平台"由北京教育融媒体中心制作外，反映北京副中心交通枢纽的《国企聚力 筑地下交通城》（2022）由行业媒体《首都建设报》制作，绝大部分商业、财经类题材的融媒作品都由北京唯一一家市属经济类媒体《北京商报》制作，如《国内大循环下的电商新路径》融媒策划报道（2020）、《解码央行数字货币》融媒策划报道（2020）、《北京数字人民币六区行》融媒策划报道（2021）、2022服贸会"纸端指端双向融合创新传播报道"（2022）。

这启发我们，**媒体在身份、类型、传播定位方面的特点，应成为其制定产品形态融合策略的重要考量，要善于充分利用各自特色，培育标志性的融媒作品或栏目品牌，形成差异化竞争优势**。不过，就实际情况看，已自觉树立起这种融媒产品品牌意识的媒体还较缺乏，未来，在进一步挖掘专门的行业、专业媒体的融媒生产潜力外，还应大力调动"委办局"媒体、企事业组织媒体、个人自媒体的融媒生产积极性。后者的具体方法既可以由北京外宣部门牵头，通过举办讲座、会议、论坛等形式，提高各类媒体对产品形态融合及其品牌化的重视；也可以由北京市属媒体牵头，通过节目、栏目或专题合作的形式，为底蕴深厚、层次丰富的北京内容找到最匹配的媒体载体，使其尽可能广泛地借助各级各类北京媒体的融媒力量传播出去，并逐渐形成特色品牌，比如涉及高新产业发展、营商环境优化的内容，可加强与企业媒体的合作，涉及市容市貌、百姓生活的内容，可加强与个人自媒体的合作。

### （二）契合不同平台、渠道特点

契合不同平台、渠道特点创作融媒产品，是首都国际传播产品形态融合能力建设的又一路径。平台、渠道是连接内容和受众的桥梁，是完成整个内容生产、接受市场检验的"最后一公里"，因此，**如果说适配差异化内容传播定位的融媒策略体现的是立足内容之需，那么，契合不同平台、渠道特点的融媒策略体现的就是立足受众之需。**

关于这一路径，北京外宣已有具体要求，如：借力中央媒体设计"出海"的产品形态时，要善于融合中央媒体这类平台渠道级别高、影响广、传播网络稳定可靠的特点，积极推出北京专题类权威的、有分量的定制传播产品；借力境外主流媒体、海外华文媒体及相关机构设计"出海"的产品形态时，要善于融合这类平台渠道各自的受众类型特点与信息接收习惯，主攻落地，推动有较好跨文化传播属性的外语节目、纪录片、专题片、综艺节目、多语种报刊的创作生产；通过海外社交平台自主设计"出海"的产品形态时，要善于融合这类新兴平台渠道开放、多元、碎片化、即时性的特点，推出更富移动化、社交化、可视化元素的产品。

经过长期努力，这些要求都在实践中取得了不错的成绩，不过仍有一些瓶颈性问题亟待解决。这些瓶颈性问题有些受制于百年变局下复杂的国际关系，很难通过中国单方面的努力在短期内解决，如在境外主流媒体上的内容落地问题，但也有些瓶颈性问题可以通过我们的主动作为改进提升。以当前越来越受重视的海外社交平台来说，尽管这一平台渠道也难免受国际时局的影响，但其传播自由度仍然显著高于境外主流媒体，更何况尽管遭遇重重围堵，中国自建的以 TikTok 为代表的海外社交平台已经拥有极大影响力，因此这是我们可以也必须好好利用的平台、渠道。然而，现实情况是，作为首都国际传播主力的北京市属媒体，尽管几乎都在推特、脸书等主流海外社交平台开设了账号，也都基本实现了常态化运营,但一来它们传播的内容主要呈现为"文字+图片"这样最简单的融媒形态,二来它们普遍存在阅读、点赞、转发量不高,评论更是稀少等人气不足的现象,可见我们针对海外社交平台特点开发融媒产品的举措还有待改进、能力还有待提升。下面特就此提两条建议。

**1. 增加融媒产品的社交元素**

**本建议针对海外社交平台显著的社交属性提出,旨在顺应国际传播领域日益社交化的趋势。**

国际传播领域之所以表现出越来越显著的社交属性、社交化趋势,是因为人们参与传播活动,除了为了获得新闻信息外,另一个重要动机是进行社会交往,包括表达观点、交流思想、寻找朋友、构建个人社会网络等——这种情形下,人们就不仅是受众,更是用户。全球化、新媒体时代,以脸书、推特、照片墙、油管为代表的主流海外社交平台,突破了国别界限,为世界各国的人们提供了一个相对开放的信息和思想的集散地,拥有较广泛的国际影响力。在这些平台、渠道上开展首都国际传播,有利于北京内容直达国际受众,拓展其国际传播力、影响力,但前提是必须改变传统媒体时代只管单向供给内容,不擅长互动反馈、关系维护等社交化内容运营的做法。从产品形态融合的角度看,就是要**有效增加融媒产品的社交元素,让产品有利于满足海外社交平台用户的上述社交需求。**

增加融媒产品的社交元素可以有多种方式,**增强与评论区网友的互动**就是很重要的一种,然而这一点恰是我们普遍的弱项。我们不应该像传统媒体时代那样认为,一旦作品推送出去,内容生产就结束了,相反,新媒体时代的内容生产是一个可以被无限延长的过程。网友的留言、评论有时会包含对所推内容的疑问、困惑甚至误解、曲解,如果置之不理,从某种程度上说就是该内容提供信息、设置议题和引导舆论的功能没有完全、充分地发挥出来;反之,如果积极应对,那么我们的反馈、交流也将作为内容生产的一部分,共同构成这一由生产者与接受者、使用者共同参与的媒介产品。从具体做法来看,增强与评论区网友的互动,除了在自己的账号下进行外,还可以主动去别的账号下进行。比如，对于那些热爱、关注北京，或经常推送北京内容的国内外机构或自媒体账号——尤其是其中的舆论领袖，若有意识地主动加强与它们的联系，就有利于加速形成一个同声相应、同气相求的良性"北京舆论场"。

**增加融媒产品的社交元素还要从作品本身的设计入手**，这一是需要提升技术融合的能力，二是需要提升内容策划的能力。一个值得借鉴的案例是，西安在照片墙账号上发布"梦回大唐、变身古人"线上体验活动，吸引众多海外网友参与，该活动借助唐装变装的 AR 特效，让海外网友体验中国古装。[①] 通过变装、穿越、沉浸式体验吸引网友的互动、参与，从而激发更多分享、交流、合作等社交行为，是时下融媒产品的一个设计热点，也是国际传播的一个创意思路。作为全国文化中心，北京有着极为丰富且极具国际魅力的古都文化、红色文化、京味文化、创新文化资源，精心做好选题策划，适宜变装、穿越、沉浸体验的题材可谓取之不尽。另外，更不能忽略的是，在建设国际科技创新中心、国际一流的和谐宜居之都的过程中，北京还有很多高新产业、科技应用、智慧城市生活场景可供挖掘来作为变装、穿越、沉浸式体验的题材，以这类题材制作的产品将进一步丰富北京作为现代化大都市的形象。当然，可用于增加融媒产品社交元素的技术不限于以上 AR、VR 特效，随着智能媒体技术及其应用的兴起，数字人、ChatGPT 等人机对话程序都可能被用于融媒作品中，有力提升首都国际传播产品形态融合能力。

### 2. 增强融媒产品的可视化效果

**本建议旨在顺应国际传播领域日益可视化的趋势，在海外社交平台上抓住方兴未艾的短视频"风口"。**

有研究指出，不同海外社交平台的传播特征不同：推特平台的内容以文本为主、图片为辅；脸书侧重图片分享，文字普遍较为简洁；油管则以长短视频为主。[②] 可见，图片、短视频是通用的传播形式。另外，有研究指出，最受国

---

① 西安再度获评"中国国际传播综合影响力先锋城市"[EB/OL].（2024-01-29）[2024-03-21]. https://snydyl.shaanxi.gov.cn/article/59464.html.
② 刘滢，等.主流媒体对外传播的新媒体策略[M].北京：清华大学出版社，2018：178.

际受众欢迎的传播形式,首先是"文字+图片""文字+视频";然后是"文字+图表""文字+音频"。总体来看,音视频内容比文字内容更具吸引力,国际传播已进入视频化时代。① 图片、图表、视频,都属于可视化产品,它们的流行给首都国际传播产品形态融合带来的启发就是,必须高度重视海外社交平台受众的信息接收偏好,紧跟平台、渠道的发展潮流,产出更多可视化内容,增强融媒产品的可视化效果。

其中,短视频作为一种新兴视听产业,以其短平快、大流量、强社交、内容多元等特点风靡海内外——世界上传播量最大的10条信息里有8条以上是短视频,短视频业已发展成为各国政府、各大平台、机构、媒体等构建话语权和争夺传播流量的重要细分赛道。谷歌、互随(Hootsuite)、世界网络指数网站等世界知名的科技公司、传播趋势分析机构、数据统计机构均非常看好短视频在国际传播领域的发展,认为短视频将会在未来几年内使国际传播的方式产生变革,甚至会影响海外社交平台未来的算法定义、发展趋势与升级方向。因此,我们应抓住"短视频风口",充分利用短视频传播新时代北京发展的主流价值、主流舆论、主流文化,壮大短视频领域北京故事的主流传播,使其成为构建首都国际传播新优势的重要赛道,以及提升首都国际传播能力建设的重要抓手。②

在近四年获北京新闻奖的融媒作品和国际传播类作品中,我们明显地看到了各媒体融合创新产品形态时对短视频的重视,以及短视频创作取得的可喜成果,如《北京小伙短视频讲述家门口的变迁》(北京广播电视台,2020)、《老外眼中的新北京(Bejing in My Eyes)》(北京广播电视台,2022)、《细说中国宝贝——STORY OF CHINESE TREASURE》(北京晚报,2022)、《梦想北京》城市形象片(北京广播电视台,2022)、《京味》系列微纪录片(北京广播电视台,2022)等。分析以上获奖作品,可以发现:第一,短视频作品数量在2022年有明显的增长,相信这一趋势还将在未来一段时间内持续;第二,绝大多数短视频作品出自专业的电视媒体;第三,不少短视频作品运用的是传统

---

① 刘滢,等.主流媒体对外传播的新媒体策略[M].北京:清华大学出版社,2018:95+142.
② 徐和建,张轶群.短视频赋能国际传播的实践与思考[J].对外传播,2024(3):33-35.

的视听手段。后面两点共同反映了**北京职业新闻媒体短视频创作的一个不足之处：短则短矣，但与传统电视节目没有本质差异**。传统电视节目在叙事上往往追求事件的完整性，常因循"导语+解说+空镜头"模式[①]，然而时下火爆的短视频更看重的是瞬间的故事亮点、视觉冲击力与情绪满足，所以，**短视频创作需要在新媒体技术赋能下，融合更多、更富创意的视听手段**。

对于这个问题，首先，可以考虑通过**引入更多创作主体**来解决，如从传播介质的角度，推动更多纸媒和广播媒体投入短视频创作，以融合多样的可视化手段；从创作者身份的角度，推动更多"委办局"媒体、企事业组织媒体、个人自媒体加入短视频创作队伍。多元的内容生产主体，一则有助于群策群力，激发更多创新灵感，二则有助于创新开拓短视频的创作题材——丰富的题材是催生内容生产转型升级的强大动力，具体而言就是把新时代北京在"中国式现代化、高质量发展、高科技创新、智慧创意生活、风土风俗人情"[②]等各方面兼具传统与现代的内容及时推送给国际受众。

其次，可以考虑通过**更加精准地把握短视频的创作规律**来解决，如深入研究各种可视化手段，探索开辟其在短视频中新的表达与呈现方式，这方面，加大职业新闻媒体与个人自媒体的合作是亟须推广的思路。新媒体时代，人民群众的创造力是非凡的，很多爆款短视频来自民间创意，这表明人民群众往往对短视频叙事的底层逻辑有最敏锐的感知，完全可以成为北京外宣部门统筹规划首都国际传播格局、提升首都国际传播能力不可或缺的有生力量。

以上两条策略都涉及发动多元主体参与，因而也可被视为融媒产品社交属性的一种体现，可见，**增强融媒产品的可视化效果与增加融媒产品的社交元素是相通的**。另外，在媒体技术飞速发展、目不暇接的背景下，抓住当下短视频的"风口"固然十分要紧，但同时要有一定的前瞻意识，见微知著，及时发现、引领下一个媒体产品形态的新"风口"，如此才能持久保持媒体融合的创造力。

---

① 庄永志. 平台与媒体的"协作式新闻生产"：以新京报"我们视频"为例[J]. 新闻记者，2023（4）：36-43.
② 徐和建，张轶群. 短视频赋能国际传播的实践与思考[J]. 对外传播，2024（3）：33-35.

附 录

# 北京日报报业集团二十年"走出去"调研报告
## ——以《欧洲时报》"北京新闻"专版为例

### 范 敏 李司麒

**摘要**："大外宣"战略下，加强国际传播能力建设已提升至战略传播高度。中国故事，尤其是新时代中国故事，需要中央、地方共同来讲。在首都国际传播能力建设中，北京本地的新闻媒体，尤其是主流党媒，发挥着领头羊的作用。20世纪90年代末以来，北京日报报业集团探索适宜地方媒体"走出去"的策略已有二十余年，其依托境外华文报创办"北京新闻"专版便是具体实践。本调研报告以《欧洲时报》"北京新闻"专版为例，抽取其2009年至2019年发行的120个专版为样本，以框架理论为指导，结合专版的创办宗旨，考察《北京日报》国际传播的报道框架，探究其国际议题设置的策略与有待改进之处。

**关键词**：北京日报报业集团；《欧洲时报》；"北京新闻"专版；报道框架；"走出去"战略

"大外宣"战略下，加强国际传播能力建设已提升至战略传播高度。中国故事，尤其是新时代中国故事，需要中央、地方共同来讲。在首都国际传播能力建设中，北京本地的新闻媒体，尤其是主流党媒，发挥着领头羊的作用。20世纪90年代末，以《北京日报》为代表的北京日报报业集团就尝试"走出去"与海外华人媒体合作，迄今已进行了二十余年的探索实践。这之中，《欧洲时报》虽不是北京日报报业集团最早合作的华文媒体，但鉴于其是欧洲地区影响力最大的华文媒体，且从 1994 年开始就开辟了中国各省市专版，北京日报报业集团与之的合作有研究的代表性。

鉴于 2020 年的新冠疫情暴发属突发事件，本报告选取北京日报报业集团 2010 年 1 月至 2019 年 12 月十年间与《欧洲时报》合作出版的"北京新闻"专版为研究对象。但是，爬取数据后发现专版 2010 年上半年的版面有缺失，故将统计起点提前半年，研究范围调整为 2009 年 6 月至 2019 年 12 月。这期间的专版除了缺失的 56 版，共有 496 版。考虑到研究的可操作性，本报告采取系统抽样法获取样本，即以月为单位对样本进行分层，同时，鉴于专版一般一周一期，而每月首期出版的专版无论是出版的连续性还是报道的丰富性都优于其他周，因此统一抽取每月首期的专版为样本，如此便得到 120 个样本。

在研究理论方面，本报告采用框架理论对专版报道做框架分析。框架理论是分析报道框架的重要理论资源，不过，在具体运用中，不同传播学者建立的分析框架不尽相同。本报告总体采用台湾学者臧国仁高层、中层、低层结构的分析框架，但鉴于臧国仁的分析框架对每一层结构设置的分析类目更适合研究单一新闻报道，而不完全适合研究作为报道整体的版面，因此，本报告在借鉴小坦卡得（J.W.Tankard, Jr）、张丽娜和韩帅、蔡骐和蒋佳欣等传播学者的分析框架基础上，搭建了一个较能体现专版特点的分析框架。具体而言，在高层结构分析中，下设出版周期、版面设计、选题类型三个子类，旨在结合专版的出版和编辑特点，研究专版报道的议题设置定位；在中层结构分析中，下设材料、体裁两个子类，旨在研究专版报道的议题设置定位如何借助新闻事实与新闻文体表现出来；在低层结构分析中，下设高频词、主题词、报道倾向三个子类，旨在研究专版报道在议题设置中表达的主题与立场。

## 一、北京日报报业集团的"走出去"战略

考察北京日报报业集团的"走出去"战略，可以其旗下的北京日报社为例。在 20 世纪 90 年代北京日报社还未集团化时，《北京日报》就设有对外部，

并且抓住邓小平发表南方谈话后国家不断加快改革开放步伐的契机，首先与美国《侨报》建立了专版合作，算是北京地方媒体中"走出去"最早的，也是仅有的几家有实力"走出去"的地方媒体之一。专版以华人华侨为主要受众群体，介绍北京发展状况，向当时离开家乡在海外打拼的华人华侨提供中国资讯，同时引进海外人才。《北京日报》对外部于1999年定名为《北京日报》海外编辑部，一直沿用至今。

此外，二十余年来，北京日报报业集团还在法国巴黎、美国华盛顿、日本东京和俄罗斯莫斯科设有驻外记者站，在上海设有办事处，并在美国《国际日报》、澳大利亚《澳华时报》、加拿大《今日中国》和法国《欧洲时报》都开辟了"北京新闻"专版。

推动北京日报报业集团扩大"走出去"战略规划的契机，是2001年开始的中国传媒行业发展变革。2001年，中共中央办公厅、国务院办公厅转发了《中央宣传部、国家广电总局、新闻出版总署关于深化新闻出版广播影视业改革的若干意见》（以下简称"17号文件"），"17号文件"从实质上认可了传媒的产业属性和市场化的经营趋势，集团化的资源整合为中国本土的传媒机构走向国际舞台提供了一定的物质基础和管理配置方面的经验与教训。[①]

## 二、《欧洲时报》"北京新闻"专版的创办宗旨

### （一）《欧洲时报》的媒体定位和影响力

《欧洲时报》于1983年创刊，1999年其版面改成横版，2000年应读者要求开始使用简体中文，是欧洲发行量最大、影响最广的华文媒体，以报道欧洲各国新闻时政和华人生活资讯为主，在助力提升中国国际话语权方面发挥着积极作用。

---

① 胡正荣，张磊.时代之印：中国媒介三十年 1978—2008［M］.西安：陕西人民出版社，2008：317-321.

居住在欧洲的华人华侨是《欧洲时报》的主要受众。《欧洲时报》纸质版分为日报和周刊，内容定位为向海外华人华侨提供所在国家和中国的最新资讯，维护中国移民和在外华人的利益，反映中国移民、海外侨胞的心声，其中服务类信息旨在向侨胞提供生活资讯，帮助侨胞融入当地社会。

《欧洲时报》总部设在法国巴黎，有编辑部、记者采访部、营业部、多媒体部。《欧洲时报》也在英国伦敦、奥地利维也纳、德国法兰克福、意大利罗马、西班牙马德里这五个城市设有分部，在中国北京设有代表处，位于北京市朝阳区。[①]《欧洲时报》纸质版分为日报和周刊，主要在法国、英国、德国、荷兰、西班牙、比利时、意大利和奥地利等国发行，同时部分发行到东欧和北非国家。

在新媒体环境的影响下，欧洲时报社设有官网、微博、微信公众号、新闻客户端，读者以欧洲高层次人才和年轻人为主。[②]其中，《欧洲日报》官网每日平均点击量3万，官方微博粉丝数总计80余万，微博日平均阅读次数超10万，微信公众号中较受欢迎的"英伦圈"关注人数超40万。欧洲时报社在海外社交平台油管也设有账号，有3000名订阅者。

中国高层官员访问法国时经常接受《欧洲时报》的采访。在《欧洲时报》创刊十五、二十和二十五周年之际，法国时任总统希拉克和萨科齐都特地向该报写信致贺，称赞《欧洲时报》为连通华侨华人与原籍国的一座无与伦比的桥梁。

## （二）《欧洲时报》"北京新闻"专版的创办宗旨

本报告结合《北京日报》海外编辑部和《欧洲时报》内部编辑人员发表的文章，以及"欧洲时报网"官方网站上对报纸受众和内容的介绍，并参考其他学者的研究成果，对《欧洲时报》"北京新闻"专版创办宗旨做如下概括。

---

① 详见欧洲时报网：http://www.oushinet.com/static/contactus.html。
② 详见欧洲时报网，全媒体简介：http://www.oushinet.com/static/summary.html。

**1. 服务以华人华侨为主的海外受众**

中国加入世界贸易组织后，加大开放步伐，在此契机下，《欧洲时报》与近 50 家中国地方媒体合办地方专版，每期地方专版同步更新在欧洲时报网上。这些专版见证了不断增长的前往海外发展的华人群体，如移居海外的第一代移民，在国外出生长大、对国内生活文化已不了解的第二代、第三代移民，以及侨商、留学生、在海外短暂工作旅游的华人等。这些群体接触《欧洲时报》既可能是因为不精通外文，也可能是因为更习惯中文母语或需要学习中文。[①]《欧洲时报》的中国地方专版集中报道中国某一个地方的新闻，便于侨胞在众多信息中迅速找到家乡新闻，获知家乡的近况，从而成为侨胞了解家乡各方面发展的便捷渠道。[②]

北京日报报业集团与《欧洲时报》合作创办的"北京新闻"专版，随《欧洲时报》周刊发行，并同步更新在欧洲时报网上。与《欧洲时报》的其他中国地方专版一样，"北京新闻"专版服务以华人华侨为主的海外受众，尤其是旅居海外的北京人，或者关心北京发展的海外人士。

**2. 为北京招商引资，吸引海外人才**

北京的发展和建设需要源源不断的资金支持。改革开放，尤其是中国加入世界贸易组织以来，中外贸易往来密切，外资成为地方发展不可或缺的资金来源，外资独资和中外合资也成了常见的企业运营模式，而在外资引进中，一半以上的资金引进需要依靠海外华人华侨，特别是侨商的人脉资源。因此，借华文媒体版面持续报道北京的经济建设情况、投资环境、当下政策方向和企业生存状况[③]，借华人华侨在当地的资源优势为北京招商引资，便成为创办"北京新闻"专版的重要宗旨。[④] 此外，专版还意在吸引海外人才，通过对一些福

---

① 金强，林旭娜. 区域媒体对外传播的本土情怀：《南粤侨情》传播策略分析 [J]. 传媒，2011 (8)：67-68.
② 李里江. 突出"外"字 淡化"宣"字：外宣十年的思考和实践 [J]. 新闻与写作，2009 (4)：66-68.
③ 北京日报海外版编辑部. 向海外宣传北京 [J]. 新闻与写作，1999 (11)：12-13.
④ 赵文侠. 对外传播应具有大视野与好角度 [J]. 新闻与写作，2016 (5)：104-106.

利政策的介绍，吸引有意向来中国发展的华人华侨，或海外优秀留学生来京发展，为首都北京的建设出一份力。

### 3. 传播京城文化，发展地方旅游业

北京是有着悠久历史的古都，也是全国文化中心，市政府在北京的文化建设上投入了大量的资源。作为地方媒体的北京日报报业集团，有责任向外介绍北京的特色文化，并将北京特色文化的创新成果传播出去。北京日报报业集团与《欧洲时报》合办专版也意在发展地方旅游业，尤其自2008年开始，政府便正式把旅游业培育为首都经济的支柱产业和新的经济增长点，努力发展北京地方旅游业，在此契机下，媒体对外传播京城文化，发展地方旅游业的责任更为重大。

## 三、《欧洲时报》"北京新闻"专版报道的框架结构

### （一）高层结构

在高层结构分析中，本报告主要分析"北京新闻"专版的出版周期、版面和选题，旨在结合专版的出版和版面编辑特点，研究专版在议题设置上的定位。

#### 1. 出版周期

《欧洲时报》每周出版五天，"北京新闻"专版作为其诸多中国省市专版之一，一般一周出一版，先后出过周三刊、周四刊和周五刊。但2017年后，专版的出版周期变得不太固定，无规律延期、减少版面，与缩短周期、增加版面（如周五至周日跨三天出版、周六至周一跨两天出版、周三至周四跨一天出版）两种情况都时有发生。总体来看，专版的出版周期在五至十二天间浮动。

#### 2. 版面设计

版面设计分析从专版的版面整体布局和专栏设计两个方面入手。

整体布局上，2016年6月前的专版，每期刊载报道（含图片新闻）6至8篇，其中居于头条或上半版显著位置的新闻以北京城市建设、经济发展、对外商贸往来为主，并配有突出的大标题。报道多穿插图片，尤其是报道春节等传统节日或游园展览等大型市民活动的新闻，配图常达4张以上，视觉效果突出。《欧洲时报》官网提供的北京专版显示，从2016年6月的最后一期开始，专版改为彩色印刷，同时版面上增加了带有京城文化元素的图案。2017年后，版面布局也做了一些调整：增加单篇报道的长度，压缩每期报道刊载量（改为4至6篇），其中头条新闻常占到三分之一到三分之二的版幅，内容上也改为以文化艺术类新闻为主。

开设专栏是凸显版面内容与设计特色的常用手段。专版自2010年起开设专栏，九年间共出现16个专栏，如"新视点""文化观察""北京人物""北京特写"等，基本两三期出现一次，有时期期都有，一期一栏。专栏设计上，2012年前的专栏以"北京人"和"北京特写"为主。"新闻调查"是为数不多的深度调查类专栏，涉及文化和经济领域的新闻较多。2017年，专版推出凸显北京地域特色的专栏，如"北京新16景"，盘点北京名胜风光，其标题是仅有的采用艺术字体、仿印章式设计的标题，且标题制作富有诗意。虽然此专栏常排在处于版面右下角的"报尾"，但在众多文章中，其充满古韵的编排设计还是很吸引读者注意。专版还推出了"京粹"系列专栏，该系列细分出"京粹·京味""京粹·非遗""京粹·展览"等子栏目。2018年，专版推出"创新北京"专栏，旨在呈现与古都国粹不一样的现代科技文明，这是最为频繁登上头条的专栏。此外还有以国内重大活动为背景的专栏，如冬奥会、国庆70周年专栏等。

**3. 选题类型**

选题类型分析旨在分析专版的议题选择特点。

为方便样本统计，本报告特在一般新闻选题类型的基础上，根据专刊报道的选题特点，将选题类型细分为以下几大类：政治新闻（如领导人会晤、访问、时事政策);经济新闻(如经济政策、经济形势、招商引资、人才引进、创新创业、地产股市、进出口贸易、企业活动);文教新闻(如文化、旅游、艺术、展览、文物考古、教育、医疗卫生);社会新闻(如社会治理、民生、就业形势与政策、环境治理、生态环保、城市规划、基础设施建设、交通发展);体育新闻(如体育赛事、体育运动、运动员);科技新闻(如科技创新、科技项目扶持);人物新闻(如普通市民、志愿者、华人、外国人、取得成就或为国家城市建设作出贡献的人)。本报告之所以将人物新闻类选题单列出来,是因为专版非常重视人物专访,不仅数量较多,而且辟有专门的人物专栏。

本报告对系统抽样得到的 120 个版面的 1056 篇报道进行选题类型统计,发现数量排在前三的是文教、社会和经济新闻类选题,占比分别约为 40%、26%、20%,其余依次为人物、科技、体育、政治新闻类选题(见图 1)。

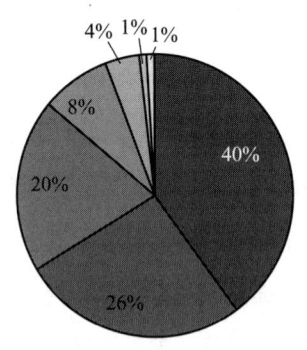

图 1 《欧洲时报》"北京新闻"专版选题类型统计

占比最大的文教新闻类选题以文化旅游、艺术展览、文物考古为主。由于 2017 年以后,专版开始明显减少单期报道篇数,增加头条新闻的报道篇幅,且重点保留软新闻,因此文教类新闻——尤其是其中的文艺演出和京韵文化类内容,出现在头条的频率大幅升高;社会新闻类选题以城市规划、环境保护、百姓生活为主;经济新闻类选题以城市经济发展、创新创业、招商引资、地产新闻为主。人物新闻类选题是专版的一个独特的报道类型，主要集中在"北京人"及2016年后改名为"北京人物"的专栏里。专版上的"北京人"来自各行各业，既有知名人士也不乏小人物，还有不少在北京创业、做志愿者的外国人。

专版涉及政治、法律和军事新闻的选题占比极少，其中，法律和军事新闻类选题在抽样统计中结果均为零。

## （二）中层结构

在中层结构分析中，本报告主要分析"北京新闻"专版的材料与体裁，旨在研究专版的议题设置定位如何借助新闻事实与新闻文体表现出来。

### 1. 材料

本部分以前文对选题类型的统计结果为基础，重点分析数量最多的三大类选题，即文教、社会和经济类选题的新闻材料来源（即消息来源），以及这三类选题对材料的表现手法。

文教类新闻所涉领域广泛，材料来源丰富，其中反映艺术展演、文化旅游、非遗技艺等的内容本身就非常适合采用各种生动灵活的叙事方式，所以，此类报道注重刻画人物、描摹现场，细节材料丰富，富有镜头感。例如，《挂宫灯 看展览 写春联 故宫上新：到紫禁城过春节》（2018年12月5日）写道："（人们）挂宫灯、贴门神，左手举着慈宁宫'买卖街'上淘换来的风车，右手拿着老北京冰糖葫芦，再到畅音阁听一场年味十足的大戏……"

社会类新闻的取材介于文教类和经济类新闻之间，兼有比较"硬"的时事政策类材料，与比较"软"的日常生活类材料，如《北京人真能喝 人均年喝啤酒150瓶》（2011年1月6日）、《北京小姐领跑科隆狂欢巡游》（2012年3月1日）。普通民众是该类新闻重要的采访对象和消息源，因而该类新闻对富有现场感的直接引语类材料的使用也较频繁，如在《听鸟叫虫鸣 品浓浓京味 北京打造多样城市森林》（2019年10月3日）中，记者采访了住在"城市森林"附近的人，记录下了他们带着京腔的感言："没事儿就约上老姐妹儿去林子遛弯儿""小皮球、香蕉梨、马兰开花二十一……看到公园里成片的马兰花，这首小时候跳皮筋哼唱的儿歌立马在耳畔回响起来"。

经济类新闻大量涉及宏观经济政策、行业发展、市场动态等专业信息，材料来源多为政府官员、会议文件、企业公告、研究机构等，概括类、数据类材料密集。典型叙事方式如《经济开局良好 一季度北京 GDP 增 6.9%》（2017 年 5 月 2 日）中的导语部分："今日，北京市统计局，国家统计局北京调查总队发布数据，一季度北京实现地区生产总值 6040.5 亿元人民币，同比增长 6.9%，增速比上年全年提高 0.2 个百分点，经济开局良好。分产业看，第一产业增加值 18.1 亿元，同比下降 2.2%；第二产业增加值 1090.2 亿元，增长 6.6%。"

前文提到，人物也是专版比较重视的选题类型，用小人物讲大故事是其主要的叙事策略。其实不仅是人物报道，其他类型的报道也注重以人为切口或由头引出核心事实、骨干材料。例如，《大山邮差》（2011 年 10 月 6 日）通过"报纸 982 份、平信 132 封、台阶 425 级……"等一系列数字，反映了门头沟区大台邮政所唯一一位投递员 16 年的岗位坚守；《非洲女孩扎根儿北京》（2018 年 9 月 17 日）看似在写一位非洲女孩，实则是在中非合作论坛召开背景下，报道中非合作交流进展。图片新闻也如此，专版选用的大量图片的主体都是人物，如报道动漫嘉年华的图片呈现的是一群在展馆内玩乐的孩子。

**2. 体裁**

不同体裁的报道风格特点不同，因此，对报道体裁的分析有利于把握专版风格。将 1056 篇报道分为消息、通讯、特写、图片新闻四类进行体裁统计可知：消息是其最主要的报道文体，占比 44%；然后依次是通讯、图片新闻和特写，分别占比 28%、19%、9%（见图 2）。

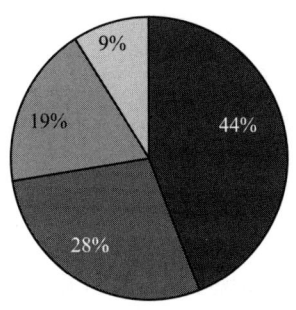

图 2 《欧洲时报》"北京新闻"专版报道体裁统计

专版中涉及时事政策、重大会议与活动的内容，大多用消息报道，经济类新闻也以消息为主。消息篇幅不长，但通常占据头条或上半版的重要位置，且标题多被制作为宽厚的多行题，以凸显其"字少事大"的气势。

相对于消息的客观、冷静、简洁，通讯融记叙、描写、抒情、议论等多种手法，是文教类新闻的主打体裁。千字左右的短篇通讯，既适配专版的有限空间，也契合文教类新闻选题对故事完整性与文字感染力的追求。例如，在一篇报道京派制扇传承人郑高的通讯《扇始扇终》（2016 年 10 月 19 日）中，记者用不长的篇幅将郑高从阴差阳错学习制扇，到一生守护这项技艺，再到为推广这项技艺四处奔走的心路历程描述得生动细腻、跌宕起伏。

图片新闻和特写主要用于社会类新闻，尤其是其下的民生类新闻。图片与文字的有效搭配，旨在美化版面和丰富新闻要素，增强读者的即视感、代入感，是展示民生类新闻的理想载体，契合其于细碎中散发市井"烟火气"的特性。特写在国内的报道体裁分类中，经常被划分在通讯之下，但本报告将特写单列出来，主要是因为专版有一个专门的特写专栏——"北京特写"。该专栏下的特写不追求叙事的完整，而是更看重叙事的聚焦与片段中的精彩，如《草根书画 大众墨香——潘家园市场见闻》（2014 年 1 月 23 日）在琳琅满目的卖品与各色人等中，就只"见闻"了市场中"草根""大众"的一面。

## （三）低层结构

在低层结构分析中，本报告主要分析"北京新闻"专版的高频词、主题词、报道倾向，旨在研究专版在议题设置中表达的主题与立场。

### 1. 高频词

高频词是指在文本统计中出现频率高的词语。本报告对高频词的分析采取针对全部专版报道（共496个）的全样本分析方法。借助中国科学院（以下简称中科院）计算所汉语词法分析系统，本报告统计出频数排名前30的实义词（见表1）。

表1 《欧洲时报》"北京新闻"专版高频词统计

| 编号 | 词语 | 频数 | 编号 | 词语 | 频数 |
| --- | --- | --- | --- | --- | --- |
| 1 | 北京 | 3477 | 16 | 海外 | 656 |
| 2 | 中国 | 1141 | 17 | 全球 | 656 |
| 3 | 京 | 1118 | 18 | 世界 | 652 |
| 4 | 国际 | 997 | 19 | 中心 | 550 |
| 5 | 京城 | 782 | 20 | 投资 | 549 |
| 6 | 创业 | 775 | 21 | 科技 | 544 |
| 7 | 文化 | 669 | 22 | 城市 | 540 |
| 8 | 人才 | 665 | 23 | 市场 | 539 |
| 9 | 企业 | 664 | 24 | 机场 | 538 |
| 10 | 中关村 | 664 | 25 | 产业 | 537 |
| 11 | 创新 | 662 | 26 | 开放 | 536 |
| 12 | 服务 | 662 | 27 | 旅游 | 536 |
| 13 | 故宫 | 661 | 28 | 项目 | 536 |
| 14 | 房 | 659 | 29 | 胡同 | 535 |
| 15 | 亮相 | 659 | 30 | 发展 | 534 |

分析上表可发现，高频词主要涵盖文化、经济、社会领域，与此前分析的选题类型分布一致。

与"北京""京城"等相关的地域词占据最靠前的位置，这是"北京新闻"专版的题中应有之要义。"国际""海外""全球""世界"则说明专版也关注北京和世界的交往，相关报道如《城市副中心征集国际方案》（2016年8月4日）、《聚焦四合院改造 全球建筑奖花落小胡同》（2016年9月7日）。

"文化""故宫""胡同""亮相""科技""机场""旅游"，这一系列高频词印证了文化旅游是文教类新闻的主体，也显示了专版在积极促进北京对外文化与旅游交流方面的努力。"京粹"系列是代表，报道了很多戏曲、非遗、展演方面的新闻，如"文玩核桃展""故宫'过春节'""东四胡同博物馆免费开放"等。

"创业""创新""投资""市场""项目""发展"等经济类高频词，反映了专版对创新创业、招商引资的重视，这也正是专版开设"创新北京"专栏的动机。该专栏对北京市创业政策、"海归"来京创业、中外创业者交流的大量报道，凸显经济发展向好、有成熟政策支持与良好发展环境的北京形象，以此鼓励外资来京投资。高居排名前十的高频词"人才"是对这一诉求的有力印证，进一步传递出北京广纳海内外人才的信号，相关报道如：《外籍人才永久居留新政开启》（2016年3月3日）、《北京发布人才引进新政 海外人才引进可按需设岗》（2018年4月4日）。

排在第14位的"房"这个高频词，与经济类新闻关注的地产新闻有关，也与社会类新闻侧重反映百姓在"衣食住行"中最关注的"住"有关。专版中的"房"，包括出租房、二手房、保障房、政策房，内容上以保障房建设、购房政策、二手房交易、房价调控为主，凸显积极改善困难家庭和来京人员居住条件、开放且福利政策完善的亲民北京形象。

**2. 主题词**

本报告进一步进行了主题词提取。主题词提取是将A语料库（观察语料库）与B语料库（参照语料库）进行对比，使用频率达到统计显著性的词被称作主题词。①

本报告选择中科院计算所汉语词法分析系统为观察库，100万词的现代汉语语料库 ToRCH2014 Corpus 为参照库，统计词频为300次及以上的实义词，并根据这些实义词对应的报道选题类型对其进行分类处理（见表2）。在系统整理出主题词后，本报告将有代表性的主题词带回相关报道，进行对应文本检索，整理出典型报道例句，以便考察这些主题词出现的上下文语境。

表2 《欧洲时报》"北京新闻"专版主题词统计

| 主题词对应的报道选题类型 | 主题词所属的语义范畴 | 主题词 |
| --- | --- | --- |
|  | 国家\地区 | 北京、京、京城、老北京、京郊、京津冀、通州、国际、海外、洋、非洲、境外 |
| 人物 | 居民\人群 | 北京人、华人、留学生、侨商、外籍、老外、外国人、人才 |
| 经济 | 经济 | 创业、投资、美元、签约、成交、交易、外资、房价、楼市、楼、上市、总部、人均、服务、跨境 |
| 科技 | 科技 | 中关村、科技、机器人、高精尖、高科技、互联网、共享、手机、创意 |
| 社会 | 政策\民生 | 新政、一带一路、落户、签证、绿卡、进京、居留、通关、积分、养老、菜、房、租房、二手房、社区、网上 |
|  | 交通出行 | 机场、地铁、高铁 |
| 文教 | 民俗\文化\旅游 | 故宫、长城、胡同、四合院、公园、王府井、前门、颐和园、圆明园、什刹海、世园会、博物馆、京剧、春节、年货、庙会、国庆、民俗、老字号、旅游、文物、吃、京味、体验、萌 |
|  | 教育 | 清华、名校、北大、留学 |
|  | 医疗卫生 | 中医 |
|  | 修饰词 | 增、高端、涨、升级、增速、最大、首次、首批、新增、领跑、永久、展出、上线、开放、开通、开建、开工、竣工 |
|  | 其他 | 冬奥会、大街、中心、大赛、首钢 |

① 王雁，周桔．基于语料库的以色列媒体涉英文报道批评性话语分析［J］．吉林广播电视大学学报，2020（1）：38-43．

根据主题词统计结果，可以更直观地梳理出各选题下对应的报道主题。从国家/地区一栏可以看出，专版重视对"北京"的报道，主题词中一半以上的词语都带着"京"元素，这一点与高频词也对应，不过主题词对地域的呈现更多元。专版主要提及的人物群体包含本地群体"北京人"、目标读者群体"留学生""侨商""人才"，还有对外传播对象"老外""外国人"。

经济类主题词以"创业""投资""上市"等词语为代表，主题词对应的典型报道例句如："海淀区配合实施的中关村'雏鹰人才工程'提出，到2015年，围绕战略性新兴产业领域，聚集一批初创期的优秀创业人才"等。值得注意的是专版非常注重报道创业相关内容，主题词对应文本检索发现，"创业"与"人才"两个高频主题词关联紧密。前文提到，专版开辟创业系列专栏，鼓励侨商和外国人在京创业，由此在经济类选题上构建了一个"经济发展向好""广纳海内外人才""鼓励外资投资企业"的首都经济形象。

政策/民生在选题类型统计中属于社会新闻，专版中近三成都是社会新闻。就主题词分析来看，社会新闻以政策民生为大主题，前文高频词分析中也提到，社会新闻中"房"的提及频率最高，结合主题词统计可以发现，"房""二手房""出租房"是这一选题类型的热点话题，对应典型报道例句如："北京市政策性住房施工面积为4562.5万平方米，同比增长22%""因为'末班车'效应，北京二手房签约量出现井喷"等。此外，主题词分析还发现，"落户"这一类与户籍有关的主题词出现频率很高，对应典型报道例句如"北京积分落户征求意见"等；同时，"落户"还常与另一高频主题词"人才"关联，对应典型报道例句如"北京对于高端人才的吸引力也将明显提高"，可见，相关报道旨在促进留学生或有意来京人群的人才引进。相关选题构建了一个开放、福利政策完善的首都宜居形象。

文教类新闻作为数量最多的选题类型，其所含"文化"主题词占比最大。结合主题词统计可发现，该类新闻所涉领域最为丰富，包含北京历史遗迹、传统佳节、民俗文化、博物展览等。一些有明显老北京标识的高频词，"故宫""胡同"等也出现在了主题词统计结果中，对应典型报道例句如"'文玩核桃展'、故宫'过春节',不仅丰富了观众的文化生活,也有利于文物'延年益寿'""东四胡同博物馆免费开放"等,进一步印证了文教类选题的分量。此外,"中医"出现在主题词统计结果中,意味着专版有意宣介源远流长的中医文化,对其进行文本检索发现,相关报道重在表现中医研究成果与医疗效果。

### 3. 报道倾向

报道倾向是专版通过报道表达的特定态度、立场。正面倾向的报道是聚焦社会积极、光明的一面,意在鼓励和提倡的报道;负面倾向的报道是反映社会敏感问题或开展舆论监督,意在警醒社会、敦促变革的报道;中性倾向的报道是介于正面报道和负面报道之间,没有明显情感倾向的报道。统计发现,在1056篇报道中,中性倾向的报道最多,占比67%;其次是正面倾向的报道,占比31%;最后是负面倾向的报道,占比2%(见图3)。

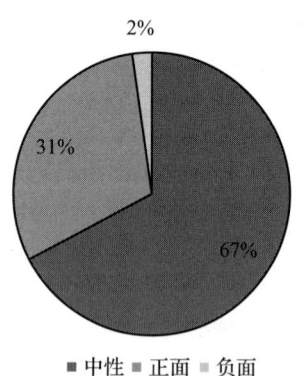

**图3 《欧洲时报》"北京新闻"专版报道倾向统计**

中性倾向的报道多为对时事政策、重大会议或活动、经济数据统计等动态新闻的报道,呼应了前文体裁分析中消息数量最多的结论。正面倾向的报道旨在展现创业的北京、创新的北京、和谐的北京、健康的北京、文化滋养下的北京,如展现北京独特的历史文化风貌、经济发展的成就、温馨的人情故事、各行业尤其是创新创业方面的优秀人才等。这二者相结合,构成了绝对的主体部分。少量负面倾向的报道集中在北京综合承载能力不足、老龄化问题日益加深、水资源短缺、楼市波动等问题。

## 四、《欧洲时报》"北京新闻"专版报道的框架特点及其带来的思考

### （一）《欧洲时报》"北京新闻"专版报道的框架特点

#### 1. 高层结构特点

从高层结构看，版面设计方面，"北京新闻"专版排版紧凑，以图片和专栏为特色，大量运用图片作为报道内容的补充，用图片与受众交流，一篇短文的配图便可达到三四张。各专栏则多展现北京特色，不仅关注北京人物、北京大事、北京政策，还关注北京展演、中外艺术团交流、老北京文化传承，以及稀奇有趣的小物件。在改为彩色印刷后，专版更加注重北京元素的表达，在专栏文字和背景的设计上，色彩丰富，展现京城韵味。由于专版只是当期众多版面的一张，第一眼能否引人注目至关重要，因此专版在版面美化和重要位置的内容选择上，非常注重突出办版宗旨，展现北京特色。

专版的选题以文教、社会和经济类选题最多，远超其他选题，占了近九成。其中，文教新闻占比最大，文教新闻中又以文化和旅游新闻为主，这一点与专版宗旨——传播京城文化，发展地方旅游业——高度契合。

#### 2. 中层结构特点

从中层结构看，材料方面，文教、社会、经济三大新闻选题的报道在消息源处理上，较好地秉持了报道的专业要求，绝大多数报道，尤其是深度调查类报道均采用了丰富且多元的消息源。相较之下，文教类新闻的消息源最为丰富，涉及领域广；社会类新闻的消息源获取渠道更"接地气"，报道经常采访普通市民和外国友人；经济类新闻的消息源多为政府官员、官方公告和专业研究报告。

体裁方面，专版中消息报道占比最大。消息在文教、社会和经济三大新闻选题中都较为常见，且在经济类新闻中的应用最为典型，这是与经济类新闻追求客观、冷静的风格相呼应的；文教类新闻以通讯为主要报道体裁，多深度

报道，注重对技艺的展现和对人物的描摹，且报道更具感染力；社会类新闻则以特写和图片新闻为主要体裁，在展现百姓生活场景、外国人在北京的故事方面，特写和图片的使用可以增强报道的带入感。

### 3. 低层结构特点

从低层结构看，在高频词和主题词方面，"人才""创业"与"文化"是专版中除地域相关词语外，提及频率最高的三个词，分别属于经济、文教类新闻。主题词中，经济类新闻以"创业""投资""上市"为代表，经常与"人才""侨商"这一类偏向特定群体的人物主题词相搭配；文教类新闻作为占比最大的选题类型，它的主题词也是种类最为丰富的，且具有京城特色，反映了北京的文化积淀；"中医"作为唯一上榜的医疗卫生类主题词，说明专版在有意突出我国特色中医文化，与专版为北京招商引资、引进人才、弘扬北京文化的宗旨相呼应；社会类新闻紧扣社会民生话题，以"房"为代表的高频主题词，包括"二手房""出租房"，经常与政策和政府行动相关联，表明专版有意构建一个福利政策完善的宜居首都形象。

报道倾向方面，中立与正面倾向的报道数量最多，说明专版侧重的是对正面事实的客观呈现，如对北京各方面飞速发展的展示、对北京优秀企业和杰出人物的宣传等。

## （二）《欧洲时报》"北京新闻"专版带给北京日报报业集团"走出去"战略的思考

综上，《欧洲时报》"北京新闻"专版报道的框架特点是：地域特色鲜明；重视文化旅游等"软"新闻题材；重视推介北京的创业投资环境和人才引进政策；普遍采用以"小"人物讲"大"故事、细节化处理新闻素材、图文搭配等报道与版面设计技巧。这一报道框架符合其创刊宗旨。

同时，分析专版的优点与不足，也可为专版、北京日报报业集团及其他地方媒体"走出去"提供经验与建议。

**1. 增加稿源供给，进一步提升议题设置意识**

总体来看，专版五至十二天的出版周期偏长，此外，在本报告取样的最后两年里，专版对减版、增版有些随意，这可能表明专版虽然有扩版增容的计划，但稿源供给不够充足与稳定。这是地方媒体"走出去"时面临的常见问题，建议从存量、增量两方面改善。

存量方面，相比文教、社会、人物类新闻，经济类新闻主要以消息形式报道，在内容的深度和叙事手法的灵活度上都稍显逊色，所以建议深耕经济类新闻，在现有基础上丰富、创新其内容与形式。另外，专栏作为专版的特色之一，也还可进一步挖掘既有潜力。例如，研究发现，一些与专栏主题相关的报道并没有出现在同期专栏内，同时专栏之间的定位也存在重复现象，这都使得专栏整合议题的功能不突出；其次，专版虽陆续开设了 16 个专栏，但不同专栏出现的频率不一，有的过高有的又过低，专栏的议题设置功能同样受到影响。因此，建议以更自觉的议题设置意识开发符合专版定位与特色的专栏。

增量方面，2018 年后，专版普遍增加单篇报道（尤其是头条）长度，导致报道总量减少，信息量也有所减少；同时，文教类新闻取代经济类新闻占据了头条等更多重要位置与版幅，虽有利于推介北京的文化旅游，但为北京招商引资的功能却在一定程度上被削弱。建议注意"软""硬"新闻之间的平衡，不宜太偏怡情消遣或休闲娱乐，而是要将其作为展示新时代首都北京的发展理念及其带给世界发展机遇的窗口。旨在突出北京地域文化的报道，也要注意不要囿于传统文化、国粹，而要不断开发古都现代化进程中彰显先进文化、高级文化，尤其是富有世界意义的传播符号与命题。从这个意义上说，进一步提升议题设置意识，其实也就是要有更加自觉的历史使命意识。

**2. 推动新闻的本地化落地**

《欧洲时报》与国内多个省市有专版合作，"北京新闻"只是其中一个专版，因此能否在众多地方版面中增强辨识度，对于能否提升专版的影响力至关重要。研究发现，目前专版比较重视的是来华外国人的在京工作与生活。本报告认为，既然专版面向欧洲发行，那么建议加入一些在欧洲发生的与北京相关的新闻故事，用更贴近海外受众喜好的方式，推动新闻的本地化落地；还建议在条件允许的情况下，适当引进当地新闻人才或定期组织采编人员的海外业务培训。

**3. 加大媒体融合力度**

受资金、人才等所限，地方媒体"走出去"的一大劣势是较难触达海外当地媒体，即当地受众，因为海外媒体在选择中国新闻的消息源时首选中央级外宣媒体，所以地方媒体"走出去"实际面对的主要是有限的华人华侨群体，难以"出圈"。因此，建议北京日报报业集团加强与中央外宣媒体或北京市其他媒体的合作，协同开展国际传播。

此外，报纸、网站这样的传播载体，在层出不穷的新媒体面前，对年轻一代华人华侨的吸引力逐渐式微，所以必须开辟新的传播平台。研究发现，专版于2016年后将《北京日报》海外版微信公众号"京聚"的二维码放于版面上，这就是一个对媒体融合的有益尝试。不过，从受众反馈看，关注量并不大，而且公众号内的诸多功能还未完善。建议不仅要在完善微信公众号上下功夫，还需在条件成熟的情况下，把更丰富的新媒体，尤其是用户量巨大的海外社交平台纳入平台、渠道建设视野，以期获得更好的对外传播效果。

# 北京市政府脸书账号 Discover Beijing 国际传播调研报告

## ——基于影像故事符号表征与意义建构的视角

### 范 敏 刘姝怡

**摘要**：作为首都国际传播中的重要组成部分，北京市政府及其下属部门创办的海外社交平台账号，多以影像作品为主，契合了当前国际传播领域移动化、社交化、可视化的趋势。在此背景下，如何充分发挥影像作品中的符号表征与意义建构功能，提升新时代北京故事讲述的质量和传播效能，是一个富有挑战性因而值得深入研究的问题。本报告以北京市政府脸书官方账号 Discover Beijing 发布的影像作品为研究对象，以影像传播、符号学等为研究理论，以内容分析、文本分析为研究方法，从影像作品讲述的故事类型、影像故事中的典型符号、典型符号的组合与聚合三方面，研究 Discover Beijing 影像故事的符号表征。在此基础上，从符号的直接意指、含蓄意指两个层面，研究 Discover Beijing 影像故事的意义建构。最后基于传播效果分析，探讨 Discover Beijing 符号表征与意义建构中的创新之处并给出进一步提升的建议，从而为首都国际传播能力建设提供参考。

**关键词**：Discover Beijing；影像故事；国际传播；符号表征；意义建构

海外社交平台已逐渐成为当下从中央到地方开展国际传播、对外讲好中国故事的重要阵地。作为首都国际传播中的重要组成部分，北京市政府及其下属部门积极创办海外社交平台账号，且大多主要发布影像作品，契合了当前国际传播领域移动化、社交化、可视化的趋势。影像作品通过精心挑选的符号、符号间的组合与聚合，以及增强组合与聚合的其他表意手段构成了一部完整的作品，符号在这里起到了讲述故事内容、表达故事情节的作用。符号表征是为符号赋予意义的过程，借助符号表征，符号可以形象生动地进行影像故事的意义建构，这种意义建构往往能产生胜过千言万语的巨大感染力，从而激发共鸣、促成认同，是跨文化影像传播中快速拉近与国际受众的心理距离，增进相互理解的重要且有效的手段。

北京影像故事对外传播的内容与媒介形式丰富多元，早期依托电影、电视剧、纪录片等展现北京城市的发展变迁，如今社交媒体成了更为重要的阵地。北京市政府新闻办也顺应国际传播的媒介潮流，在脸书、推特、照片墙等海外社交媒体平台开设 Visit Beijing、Stories of Beijing、Discover Beijing 等多个社交账号。其中，Discover Beijing 作为北京市政府 2019 年在海外社交平台开设的账号，被标注为"社会文化类专门性网站"，该账号在脸书、推特、照片墙、油管等主要海外社交平台上都收获了大量粉丝的关注，尤其在推特和脸书的粉丝量比较突出，截至 2023 年 3 月，分别获得了 2.1 万名和 295 万名粉丝的关注。Discover Beijing 结合不同平台的特点，通过丰富的图文和视频类内容向受众讲述北京这座现代化大都市的故事。

本报告通过对 Discover Beijing 在脸书发布的视频进行检索，收集整理出其于 2022 年 1 月 1 日至 12 月 31 日发布的共计 198 条视频，发现其视频内容类型多样，时长大概在三分钟以内，专题系列的视频时长较长，多在十几分钟。但是，其每个月的视频发布频率并不规律，2 月发布量最大，68 条，平均一天两条多，而 4 月至 5 月的发布总量仅为 3 条，平均 10 天 1 条。

## 一、Discover Beijing 影像故事的符号表征

本部分从影像故事类型、影像故事中的典型符号、典型符号的组合与聚合特点三方面，研究 Discover Beijing 发布的 198 条视频样本中影像故事的符号

表征，借此探讨 Discover Beijing 在通过影像作品对外讲述北京故事时，最常使用哪些符号，以及如何使用这些符号。

## （一）Discover Beijing 影像故事的类型

Discover Beijing 的影像故事通过不同类型的符号和符号之间的组合、聚合形成对故事内容的表达，所以在研究其影像故事中的典型符号，及其组合、聚合特点之前，需要先对 Discover Beijing 呈现的北京影像故事类型进行分类梳理，便于下一步对影像符号在不同类型的故事中的呈现做进一步分析。

通过对 198 条视频的梳理发现，Discover Beijing 呈现的影像故事类型分为古都文化故事、市民生活故事、科技发展故事和时尚活力故事，分别占比约 35%、32%、18% 和 15%（见图 1）。

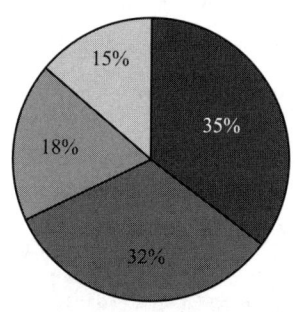

■古都文化　■市民生活　■科技发展　■时尚活力

图 1　Discover Beijing 影像故事类型占比

### 1. 古都文化故事

北京有 3000 多年建城史和 870 年建都史，历史长河留给北京的文化财富数不胜数，古都文化源远流长。古都文化类故事是指反映北京历史以及北京成为都城后形成的与都城性质关系密切的物质文化、制度文化和精神文化的内容。[①] 在 Discover Beijing 的 198 条视频样本中，讲述古都文化故事的视频有 70 条，占比约 35%。对古都文化故事进行细分，其又可被划分为标志性场景类

---

① 张勃. 北京古都文化的精髓［J］. 人民论坛，2018（18）：136-137.

和北京风物类两种故事类型。

标志性场景类故事取材于北京的古建筑、历史文化场景等,讲述该类故事的视频共有51条,占比约73%。其中北京古建筑是其经常使用的素材。长城的气势恢宏、中轴线的奇妙设计、传统村落的今昔对比等,都通过拍摄者多视角的记录和多元素的拼接组合,巧妙地向国外受众展现出来。以长城为例,作为北京的标志性古建筑,Discover Beijing 在 2022 年 2 月以长城为主要素材制作了一系列《外国领导人登长城》的短视频作品,在向受众讲述外国领导人游览长城的历史事件的同时,穿插了很多关于长城的历史掌故。

北京风物类故事取材于北京烤鸭、兔爷、燕京八绝、京绣等,讲述该类故事的视频共有19条,占比约27%。Discover Beijing 在讲述京绣这类非物质文化遗产时,往往借用外国体验者的视角,在他们的活动中穿插进关于京绣的图样内涵、色彩搭配等历史文化知识。在介绍北京烤鸭等北京特有美食类故事时,则会从食客和厨师的视角对其发展历程、制作方法、味觉感受等进行详细讲述。

古都文化故事的细分类型占比见图 2。

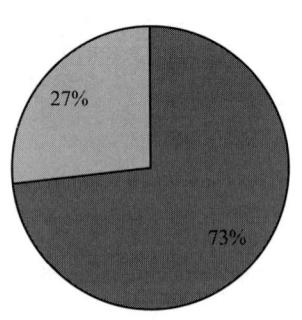

**图 2　Discover Beijing 古都文化故事细分类型占比**

### 2. 市民生活故事

市民生活类故事主要是指以市民为主角,展现北京市民生活起居、衣食住行、休闲娱乐等的内容。北京通过大规模、高效率的城市更新,在医疗、交通、教育以及其他基础设施建设方面有了长足的进步,同时北京市政府十分注重北京市民精神文化的培养,以文化论坛、社区课程活动等形式丰富市民的精神世界。在 Discover Beijing 的 198 条视频样本中，讲述市民生活类故事的视频有 64 条，占比约 32%。对市民生活类故事进行细分，又可将其划分为精神文化发展类、基础设施建设类和外国人体验北京生活类三种故事类型。

讲述精神文化发展类故事的视频共有 26 条，占比约 41%。这类故事主要展现了北京市政府为市民组织开展的社区日常活动、节日活动等，它们丰富了市民的精神文化生活。该类故事首先展现了北京市对于老人精神世界的关注，如北京社区街道为老年人提供手工课程、健康讲座与义诊等志愿服务，帮助退休老人学习新技能，丰富他们的生活；其次展现了政府对于青少年学习、日常生活、业余爱好等多方面的重视，如 Discover Beijing 讲述了冬奥期间丰台区对青少年冰雪运动的支持（2022 年 2 月 20 日），鼓励青少年成为冰雪运动的主要参与者，培养青少年的体育精神。

讲述基础设施建设类故事的视频共有 23 条，占比约 36%。这类故事主要展现了北京在医疗、交通、教育以及其他基础设施建设方面做出的努力，尤其是在医疗健康方面，Discover Beijing 展现了北京完善的医疗系统、北京为保障北京市民的身体健康所做的努力等内容。

讲述外国人体验北京生活类故事的视频共有 15 条，占比约 23%。这类故事以国外友人为主角，展现了他们体验北京文化、感受北京生活的经历。

市民生活故事的细分类型占比见图 3。

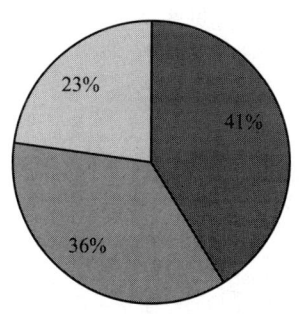

■ 精神文化发展类　■ 基础设施建设类　■ 外国人体验北京生活类

图 3　Discover Beijing 市民生活故事细分类型占比

### 3. 科技发展故事

科技发展类故事主要反映的是北京在科创领域的发展，包括科技的研发进度、研究成果及其在具体场景中的应用。在 Discover Beijing 的 198 条视频样本中，讲述科技发展类故事的视频有 36 条，占比约 18%。对科技发展类故事进行细分，又可将其划分为科技产品应用类和科技成果展示类两种故事。

讲述科技产品应用类故事的视频共有 22 条，占比约 61%。科技产品应用类故事讲述了智能设备服务于北京赛事和北京市民生活的故事。冬奥期间，Discover Beijing 发布了数个影像作品，讲述智能机器人向运动员提供贴心服务、高速摄像头让赛事变得更加公平等故事。通过主持人的讲解说明，视频让海外观众了解这些设备的运作原理，使他们对我国举办的冬奥会产生信任与支持。Discover Beijing 在市民生活领域重点突出科技产品给生活带来的便利，比如展现北京商场通过人工智能机器人打造虚拟现实的概念商店，给顾客提供了全新的购物体验；地铁站的全新购票系统自动检查乘客的健康码，确保了乘客们出行顺利。

讲述科技成果展示类故事的视频共有 14 条，占比约 39%。这类故事是对研发成果的展示，主角主要是在科技展览馆的一些科创展品，通过研究人员的讲解，使海外观众了解其运作特点和优势。

北京市立足新发展阶段、贯彻新发展理念、融入新发展格局，率先建设具有全球影响力的国际科技创新中心，以点带面，推动我国科研创新的高质量发展。Discover Beijing 抓住这一契机，积极向国外受众讲述北京的科技发展故事。

科技发展故事的细分类型占比见图 4。

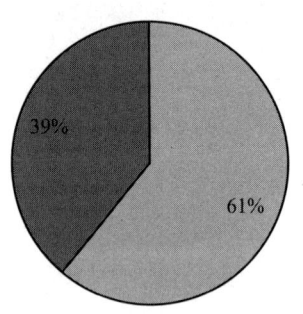

图 4　Discover Beijing 科技发展故事细分类型占比

### 4. 时尚活力故事

北京的高质量发展吸引着众多年轻人汇聚在这座城市，源源不断注入的新鲜血液让这座城市充满着活力与生机。时尚活力类故事是反映流行在年轻人中的各种时尚潮流，以及年轻人在北京的奋力打拼的故事。在 Discover Beijing 的 198 条视频样本中，讲述这类故事的视频共有 28 条，占比约 15%[①]。对时尚活力类故事进行细分，又可将其划分为潮流文化类和年轻人奋斗类两种故事类型。

讲述潮流文化类故事的视频共有 15 条，占比约 54%。这类故事主要是对北京潮流聚集地、小众文化、新生代文化作品等的展现，比如对创新改造废弃工厂、充满设计感与科幻感的艺术作品的讲解等。

讲述年轻人奋斗类故事的视频共有 13 条，占比约 46%。这类故事主要以外来青年群体——"北漂一族"为主角，讲述他们奋斗在这座城市的各个领域的故事，这一群体也成为助推城市高质量发展的关键力量。以 Discover Beijing 发布的一则讲述冬奥会服装设计师刘力的故事（2022 年 2 月 6 日）为例，她带领的一支年轻的设计团队，不仅在服装制作时一丝不苟、精益求精，还创造性地使用科技元素来完善设计作品，展现了年轻人勇于挑战、不断创新的精神。

时尚活力故事的细分类型占比见图 5。

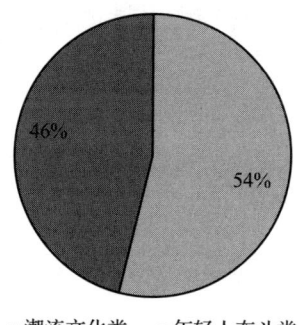

图 5　Discover Beijing 时尚活力故事细分类型占比

---

① 为使结果总和达到 100%，此处将原数据 14% 约为 15%，不影响本报告研究结论。

## （二）Discover Beijing 影像故事中的典型符号

Discover Beijing 影像故事中的典型符号是指在其影像作品中经常出现的符号，经统计分析，这些符号可被划分为典型人物符号、典型器物符号、典型场景符号和典型细节符号四类。为方便统计，本报告在记录单个影像符号出现频次时，无论该影像符号在一条视频作品中出现几次都计为"1"，即以其出现的视频作品条数为单位做统计。

### 1. 典型人物符号

典型人物符号是 Discover Beijing 发布的影像作品中出现频次较高的符号类型，有不同的职业、年龄、国别。经统计，在 Discover Beijing 的 198 条视频样本中，共有 141 条作品出现了典型人物符号，这些典型人物符号又可被分为市民或游客类人物符号、各个领域的工作人员类人物符号、国外友人类人物符号，它们分别出现在 40 条、24 条、21 条视频样本中（见图 6）。

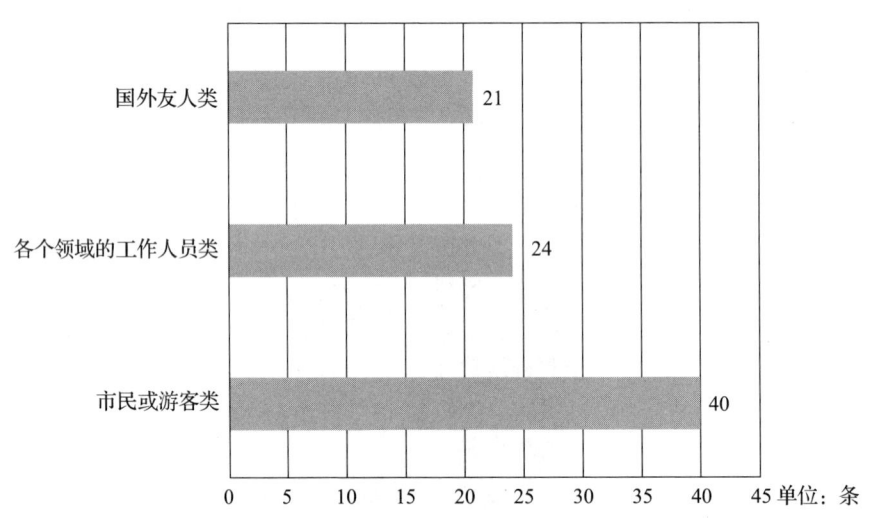

图 6　Discover Beijing 典型人物符号分类图

在占比最高的市民或游客类人物符号中，老人和小孩这两种符号又是其中占比最高的符号，老人共出现在 17 条视频样本中，小孩共出现在 15 条视频样本中。这类符号多出现在 Discover Beijing 的市民生活类故事中，尤其是在社区服务、传统节日活动等有关市民精神文化的故事中。Discover Beijing 运用老人、小孩这类典型人物符号来展现北京城市的人文关怀、和谐宜居。

在各个领域的工作人员这一人物符号中，政府工作人员共出现在 4 条视频样本中，Discover Beijing 运用这一符号讲述北京政务工作者服务于市民生活的工作内容；讲解人员共出现在 9 条视频样本中，他们服务于博物馆、展览馆等场所，向市民、游客讲解展品信息；除此之外，还有中医、驾驶员、考古专家等各个专业领域的工作者，Discover Beijing 运用这类人物符号展现他们在专业领域的工作内容。

国外友人这一人物符号共出现在 11 条视频样本中，Discover Beijing 运用这一符号讲述国外友人体验北京文化、感受北京生活的故事，如学习包饺子、体验京绣魅力、了解北京人遗址历史等，该符号集中出现在市民生活类故事和古都文化类故事中。

**2. 典型器物符号**

器物是各种用具的统称，典型器物符号是指在 Discover Beijing 影像作品中经常出现的器具物品。经统计，在 Discover Beijing 的 198 条视频样本中，有 80 条作品出现了典型器物符号，这些典型器物符号又可被分为传统文化类器物符号和新兴科技类器物符号两类。前者出现在 30 条视频样本中，主要源于古都文化类和市民生活类故事类型；后者出现在 24 条视频样本中，主要源于科技发展类故事类型（见图 7）。

传统文化类器物符号主要有灯笼、葫芦、福字、兔爷以及其他北京非物质文化遗产，在视频作品中，它们大多被用来展现节日意义或烘托活动氛围。这之中，非遗类符号往往是主角，Discover Beijing 通过主持人的讲解让受众了解它们的历史。

新兴科技类器物符号主要有多重功能的智能机器人、艺术家创意设计作品、服务于日常生活的科技产品等，这类器物符号作为科技发展类故事的主角，主要被用于展示器物的工作原理和应用场景。比如，在介绍应用于冬奥会的科技产品的视频样本中,就多次出现 VR 全景摄像机这一器物符号,作品通过其快速 360°转动捕捉场景的影像烘托冬奥会的科技感。

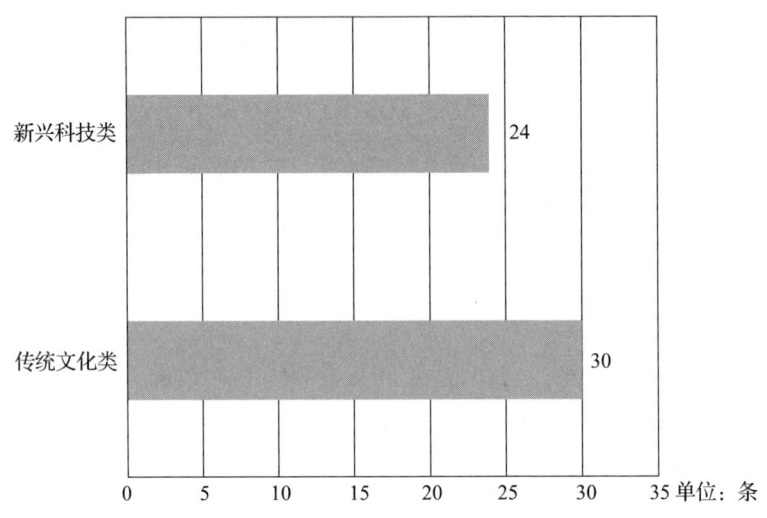

图 7  Discover Beijing 典型器物符号分类图

### 3. 典型场景符号

典型场景符号是指 Discover Beijing 影像作品中经常出现的场景。经统计,在 Discover Beijing 的 198 条视频样本中,有 112 条作品出现了典型场景符号,多来自古都文化类和市民生活类故事类型。这些典型场景符号又可被分为传统建筑类场景符号和生活类场景符号,分别出现在 34 条、30 条视频样本中(见图 8)。

传统建筑类场景符号主要指北京的历史古建筑。出现次数较多的传统建筑类场景符号有长城,出现在 15 条视频样本中;故宫,出现在 7 条视频样本中;天坛,出现在 6 条视频样本中。这些场景符号不仅展示了北京的古都风貌,更代表了中国源远流长的历史文化。值得一提的是,Discover Beijing 尤其重视对北京中轴线的场景展现。北京中轴线是元大都、明清时期京城建筑东西对称的一条对称轴,中轴线北至钟鼓楼,南至永定门,长约 7.8 千米,其上密集分布着北京城诸多历史悠久的建筑物。Discover Beijing 发布的影像作品对于这一符号的展示，往往是对中轴线掌故的详细讲解或是以中轴线上的标志性建筑作为转场镜头。

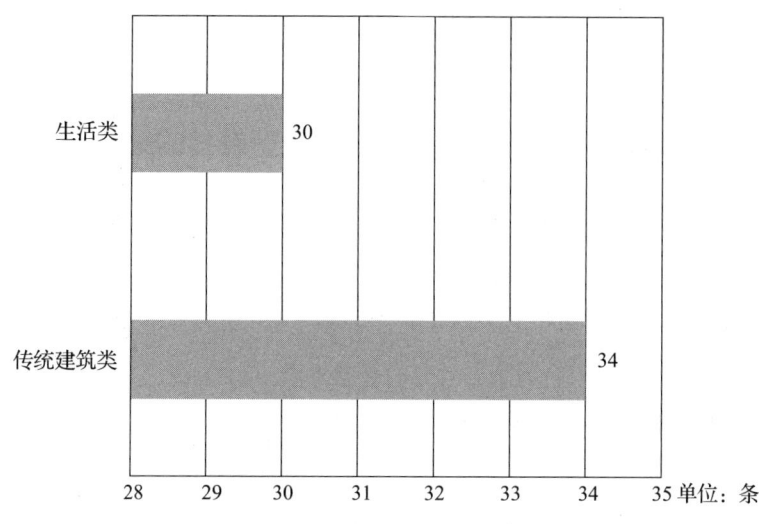

图 8　Discover Beijing 典型场景符号分类图

生活类场景符号主要包括北京的胡同、公园、社区等，主要出现在市民生活类故事中。有 9 条视频样本中出现了胡同，比如史家胡同、魏染胡同、燕儿胡同等；有 6 条视频样本中出现了公园，比如景山公园、玉渊潭公园等；有 2 条视频样本中出现了社区，比如朝阳区南新园社区、苹果社区等。

**4. 典型细节符号**

典型细节符号是指在特写类镜头中出现的符号。在 Discover Beijing 的 198 条视频样本中，有 76 条作品出现了典型细节符号。经常出现的细节符号是人物细节类符号，包括人物的表情、衣着、动作等。这些细节符号主要服务于表达影像中人物的活动、情感等，让故事的内容更加生动写实。以国外友人体验北京文化的影像作品为例，镜头经常聚焦国外友人身着的传统中国服饰，还经常在他们体验包饺子、画兔爷等典型北京节日活动时呈现手部或脸部特写。

除此之外，典型细节符号还常在文化艺术作品中出现，包括花纹、脉络等设计特写等，这一类细节符号主要服务于展现北京文化艺术作品的精美，向受众展示古人的生活美学与智慧。以 Discover Beijing 介绍北京燕京八绝博物馆的影像作品（2022 年 7 月 26 日）为例，它不仅对景泰蓝、牙雕、玉雕、京绣、雕漆、宫毯、花丝镶嵌、金漆镶嵌这八种宫廷重器有整体的呈现，还有特写镜头重点展示这些器物细腻繁复的花纹脉络。

## （三）Discover Beijing 影像故事中典型符号的组合与聚合

Discover Beijing 影像故事的意义是通过典型符号间的组合与聚合传递的，同时，配乐、旁白、字幕也起到了增强意义表达效果的作用。本部分将分别分析 Discover Beijing 影像作品的符号组合与聚合方式，及其使用的配乐、旁白、字幕等其他增强符号组合与聚合效果的表意手段。

**1. 典型符号的组合与聚合方式**

在影像作品中，典型符号的组合方式是指符号之间历时性的时间关系，即各种符号相继出现，构成了特定的故事情节；典型符号的聚合方式是指符号之间共时性的空间关系，即有某种内在联系的不同符号的同时出现，特写镜头是其典型代表。因此，本报告对 Discover Beijing 典型符号组合方式的分析，重在探究典型符号如何通过某种时间关系组合在一起，构成了特定的故事情节；对 Discover Beijing 典型符号聚合方式的分析，则重在探究典型符号如何通过某种空间关系聚合在一起，构成了故事情节中的重点内容或特写镜头。

（1）典型符号的组合方式

本部分对 Discover Beijing 典型符号组合方式的分析，旨在分析典型符号如何通过某种时间关系组合在一起，构成了特定的故事情节。据此，本报告将 Discover Beijing 典型符号的组合方式分为顺序式组合、插叙式组合和倒叙式组合。

符号的顺序式组合是指各种符号按照故事情节发生、发展的先后顺序依次出现，这类符号组合方式可以清楚表达故事脉络，符合受众感知故事情节的一般规律。以一条名为《梦想的北京》（2022 年 1 月 2 日）的影像作品为例，该作品记录了北京早、中、晚的不同景象：在清晨出现了早起的市民、自行车、鸟笼等人物和器物符号；在中午出现了忙碌的工作人员、办公写字楼等人物和场景符号；在下午出现了传统建筑、精美茶点的场景和器物符号；在夜晚出现了充满消费活力的年轻人、铜锅火锅等人物和器物符号。这些符号通过顺序式组合，构成了两位外国友人在北京一天从早到晚的生活体验故事，作品还展现了北京市和谐宜居的环境。

符号的插叙式组合是指在原本按顺序排列的符号之间，插入按另一种时间顺序排列的符号，这种打断原有符号排列顺序，暂时中断叙述时间线的符号组合方式，有助于补充相关信息，增加受众对故事背景、环境等的理解。以一则反映北京丰台火车站历史变迁的影像作品（2022年4月20日）为例，作品出现了火车站大厅、工作人员、火车等场景、人物和器物符号，这些符号呈现了丰台火车站当今现代化的样貌。同时，该作品在这些符号之间插入了20世纪丰台火车站的站牌等老旧器物符号，与重建完成的丰台火车站形成了鲜明的时代对比，展现了北京交通业的飞速发展及市民出行条件的巨大改善。

符号的倒叙式组合是指让反映事件结局或某个最重要、最突出片段的符号提前出现，然后再按照故事情节发生、发展的顺序组合符号。这种"蒙太奇"式的符号组合方式与消息类新闻"倒金字塔"式的符号组合方式的表意效果异曲同工，既适合快节奏下的信息获取，也有助于增加悬念、突出冲突，增强故事的吸引力。以一则介绍冬奥会科技应用的影像作品（2022年2月18日）为例，作品采用倒叙的符号组合方式，先出现的是人物符号——主持人，由她介绍冬奥会即将结束，然后按赛中、赛前、开幕的顺序，从后往前、倒序展现比赛期间的科技产品、做赛前准备的工作人员、开幕式上的志愿者和高科技应用等各种器物和人物符号。借助倒叙式的符号组合方式，该作品串联起北京冬奥会充满人性化设计的丰富的科技符号，由于以情节为依托，又以倒序式的时间线展开，所以作品中的这些符号的组合不仅无堆砌之感，而且还很有故事性。

（2）典型符号的聚合方式

本部分对 Discover Beijing 典型符号聚合方式的分析，旨在分析典型符号如何通过某种空间关系聚合在一起，构成了故事情节中的重点内容或特写镜头。据此，本报告将 Discover Beijing 典型符号的聚合方式分为散点式聚合、映衬式聚合和隐喻式聚合。

符号的散点式聚合指的是，让看似不相干的若干影像符号突出地共现于一个画面中，使其展现的内容产生一加一大于二的表意效果。以一条介绍北京杨梅竹斜街胡同的影像作品（2022年5月1日）为例，在杨梅竹斜街胡同这一空间里同时出现了胡同里居住的市民、胡同里开设的商店、胡同内的创意雕塑等人物、器物符号，这些符号共同凸显了杨梅竹斜街胡同市井气息浓郁、传统与现代交融的风貌。

符号的映衬式聚合指的是在同一空间里用次要符号来映衬主要符号，让符号之间产生衬托与被衬托的关系。以一则介绍马凯餐厅的影像作品（2022年2月1日）为例，马凯餐厅是北京中轴线上的一家老字号餐厅，该作品以络绎不绝的食客、店内保留的传统装饰以及各种菜品等次要人物、器物符号，衬托马凯餐厅这一主要场景符号，凸显了马凯餐厅代代传承的品牌历史及其生意兴隆的景象。

符号的隐喻式聚合指的是在同一空间里将某事物比喻成和它有相似关系的另一事物，这种符号聚合往往出现在带有祝福、希冀等美好寓意的影像作品中。以名为《外国领导人登长城》（2022年2月11日）的外交类专题影像作品为例，该作品多次将我国的长城与他国的标志性建筑符号同时呈现，寓意着国家间的团结合作，友好往来。除此之外，一些影像作品中的空镜头也多采用隐喻式聚合方式，如清晨的朝阳、飞速的列车等相伴出现，隐喻北京正飞奔在快速发展的车道上，有着充满生机和活力的光明未来。

2.增强组合与聚合效果的其他表意手段

影像作品是一个综合了文字、音频、视频等多种传播介质和表意手段的传播形式，为了更好地表达传播者的意图，影像作品在精心搭配各种典型符号外，还经常会使用配乐、旁白、字幕等其他表意手段，增强符号的组合与聚合效果。

### （1）配乐

音乐是一种抽象的艺术表现形式，能借助乐音、旋律、曲调等对影像作品的情感表达、节奏控制、氛围营造发挥重要作用。Discover Beijing 为增强典型影像符号的组合与聚合效果，非常重视配乐——主要是配背景音乐，让背景音乐和视频中的画面相辅相成，从而加深受众对作品的理解，并激发受众与作品的情感共鸣。

Discover Beijing 展现不同类型的符号时，使用的配乐类型不同。展现典型人物类符号时，多使用欢快活泼的音乐，表现市民生活的舒心、惬意。特别是在与节日相关的影像作品中，作品多通过京剧戏曲以及欢快的锣鼓声烘托热闹的节日氛围。

展现典型器物类符号中的传统文化类器物符号时，Discover Beijing 往往采用优美典雅的背景音乐，通过琵琶、古筝等中国古典乐器的演奏传递北京传统文化的柔美；而在展现新兴科技类器物符号时，则通过富有节奏感、活泼跳动的背景音乐，传递北京的发展活力。

展现典型场景类符号时，Discover Beijing 会针对不同的场景特点采用不同的背景音乐。例如，展现长城的绵延不绝、故宫的宏伟壮大时，通常会采用气势恢宏的交响乐；展现古北水镇的安宁闲适、自然公园的宁静美好时，则通常采用节奏舒缓的抒情类音乐。受众在欣赏画面时，听觉上也会得到美的享受，全方位、沉浸式地体验北京不同特质的美。

### （2）旁白

旁白是以画外音形式出现在影像作品中的解说性语言，能发挥伴随剧情展开而对故事发生的时间、地点，以及社会、时代背景做简要说明的作用。影像作品中旁白的加入可以方便受众了解故事内容，避免画面信息不足导致受众对故事内容产生理解上的偏差。

Discover Beijing 影像作品往往在画面中出现某个重要符号时插入旁白，尤其是对于内涵比较复杂或具有多重含义的事物，往往会采用主持人旁白的方式进行解释说明。以一条介绍北京冬奥会体育馆内智能设备运作原理的影像作品为例（2022年2月18日），该作品在展示智能设备的画面时，搭配了主持人对该设备工作原理的介绍，使受众可以更加清楚地配合画面了解这些高科技的神秘之处。另外，Discover Beijing在表现北京特色风物时，也经常使用旁白，通过活泼的语调把北京特色风物展现得生动有趣。以一条介绍栖息于北京正阳门多年的雨燕的影像作品为例（2022年9月25日）。"北京雨燕"因1870年在北京首次被发现而得名，它们主要栖息在适宜建巢的古建筑物或仿古建筑横梁的缝隙中。每年8月初，雨燕飞离北京前往南方过冬，第二年3月底回到北京。在介绍这一独特的北京物种时，视频使用了旁白，而且采用了童声、让儿童来朗读旁白，孩子稚嫩的声音与雨燕的画面融为一体，仿佛视频的主角雨燕在亲口向受众讲述它们的故事。

（3）字幕

影像作品的字幕是指出现在荧幕上与画面、声音内容相匹配的文字，它也是一部完整的影像作品不可缺少的一部分，发挥着辅助解释的作用。文字的基本功能就是传递信息，Discover Beijing发布的所有影像作品都配有字幕，文字与画面的结合更有助于充分地传递作品想要表达的意义。

Discover Beijing发布的影像作品对于字幕的应用有以下几种。首先是影像内讲述者同期声的英文字幕，Discover Beijing影像作品中的大多数讲述者使用的都是汉语，不利于不懂中文的海外受众理解，因此必须配有英文翻译字幕。其次，Discover Beijing注意对字幕的美化，比如与冬奥主题相关的视频中，字幕条上会附加冰雪、冰墩墩等元素符号；在与春节有关的视频中，文字周边会配有"福"字、灯笼等，这样的搭配可以突出主题、烘托气氛。

## 二、Discover Beijing影像故事的意义建构

本部分将在符号表征分析的基础上，从符号的直接意指、含蓄意指两个层面，挖掘符号的表层含义和深层文化内涵，以此研究Discover Beijing影像故事的意义建构。

## （一）基于符号直接意指的意义建构

符号表征作为一种意指的、实践的动态过程，表达了符号的意义，即完成了符号对意义的建构，不过这个意义的建构通常不是一次完成的，而是分为直接意指和含蓄意指两个步骤。前者建构符号的表层意义，后者则建构符号的深层内涵。下面先探讨 Discover Beijing 影像故事中的典型人物符号、器物符号、场景符号、细节符号，借助组合与聚合的直接意指而建构的表层意义：生活之"和"、城市之"静"和发展之"动"。

### 1. 生活之"和"

生活之"和"中"和"的本指人的和谐，Discover Beijing 表达的生活之"和"是人与人、人与自然、人与社会的和谐发展。在 Discover Beijing 影像故事中的典型符号里，人物符号是经常出现的一种符号。"老人""小孩""工作人员"等人物符号，与"公园""社区"等场景符号，"脸谱""剪纸"等器物符号，以及"笑容"这类细节符号，借助彼此的组合与聚合，表达了北京市民之间的和睦交往、人与城市生态的和谐发展、人们对文化的尊重爱护。因此，Discover Beijing 建构的这方面的意义可被分别概括为市民之"和"、生态之"和"与文化之"和"。

市民之"和"是指 Discover Beijing 发布的影像作品中表达出的北京市民家庭和睦、交往和气、生活和谐——市民生活类故事经常会表达出这些意义。比如，在 Discover Beijing 发布的一条展示北京社区市民生活的影像作品（2022年8月2日）中，出现了"社区工作者""老人"这两种人物符号和"广场舞"这一动作类细节符号，这些符号共同表现了社区工作者服务老人、老人参与社区活动的温馨场景，显示了北京市政府对于退休老人精神生活的重视和关心。

生态之"和"是指 Discover Beijing 发布的影像作品中表达出的人们敬畏自然、尊重自然、与自然和谐发展的理念。比如，对北京八大公园古树的研究（2022年9月29日）、对正阳门上的雨燕的保护（2022年9月25日）等故事，通过"古树保护专家""市民游客"等人物符号,"公园""正阳门"等场景符号和"古树""雨燕"等北京风物类器物符号在同一空间内的聚合,表达了北京市民保护当地植物和动物,市民与自然和谐共生的生态之"和"。

文化之"和"是指 Discover Beijing 发布的影像作品中表达出的北京对于多元文化的包容、发展与创新——古都文化类和市民生活类故事经常会表达出这一意义。仍以《梦想的北京》(2022 年 1 月 2 日)为例,该视频出现了"交响乐""京剧"等场景和器物符号和"北京市民""国外友人"等人物符号,表达了北京对多元文化的兼收并蓄以及对传统文化的创新发展,塑造了北京全国文化中心的形象。

**2. 城市之"静"**

城市之"静"指的是一种静谧、安宁的氛围。在 Discover Beijing 发布的影像作品中,"中轴线""胡同""古北水镇""白河峡谷"等场景符号,与"朝阳""木船""鸟笼"等细节和器物符号聚合在一起,展现了一个与繁华都市不一样的、静谧的、安宁的北京城市形象。具体来说,Discover Beijing 建构的这方面意义可被分别概括为经典文化之"静"和自然之"静"。

经典文化之"静",是指主要呈现在古都文化类故事中的北京传统经典文化的厚重、深沉,往往借古代和近现代建筑群、北京文化遗址、传统手工艺等传达出来,这些器物和场景符号以一种静态的形式出现在影像作品中,让受众感知文化经典的力量。以一条关于周口店遗址的影像作品(2022 年 8 月 17 日)为例,视频中的"化石""石制工具"等静态器物符号,与"市民游客"类动态的人物符号,在博物馆这一空间里形成一静一动的对比,表达了北京经典文化的历史积淀和文化脉络的延续。

自然之"静"是指北京的自然风光和一些亲近自然的生活场景表达出的北京城市的安静闲适。在一条表现北京古北水镇的影像作品(2022 年 8 月 25 日)中,画面同时出现了"河流""高山""木船"等场景和器物符号,通过这些符号的聚合表现了古北水镇景色优美、环境静谧。除此之外,Discover Beijing 对北京生活场景的刻画也是一种对自然之"静"的意义建构。比如,在展现北京清晨市民生活的影像作品中，会依次出现"鸟""晨光""树"等场景和细节符号，这些符号的组合讲述了北京清晨万物苏醒的情景，在表达北京生活闲适、安静的同时展现了城市的静谧形象。

总的来说，Discover Beijing 影像故事中展现的城市之"静"是一种相对的静，是这座城市在川流不息的动态发展中保留下的一种"静"，这种城市的"静"其实是为了给城市积蓄力量，带动城市更好地"动"。

**3. 发展之"动"**

发展之"动"顾名思义就是展现动态发展的北京城市形象，让受众看到它无论是在科技、经济还是文化方面都在不断发展变化、与时俱进。Discover Beijing 讲述科技发展类故事和市民生活类故事的影像作品对于该意义的建构比较突出，视频中经常出现一些智能设备、科研工作室、设计展品、潮流聚集地等器物和场景符号。具体来说，可将 Discover Beijing 建构的这方面的意义分别概括为科技之"动"和经济之"动"。

科技之"动"是指北京科技发展动态。Discover Beijing 的影像作品通过对北京科技展览、渗透于市民生活的智能设备、产业园区内的机械手臂等新闻故事的讲述，建构了北京科技发展之"动"的意义，展现了北京市立足新发展阶段、贯彻新发展理念、融入新发展格局的发展状态。例如，在一条反映冬奥会场馆科技应用的影像作品中（2022年1月12日），出现了"减震器""360° VR 设备"等科技类器物符号，它们在体育场馆这一空间内的聚合展现了高科技在北京冬奥会中的广泛运用。

经济之"动"是指北京经济高质量发展。比如，Discover Beijing 通过"工作人员"人物符号和"智能机器人"器物符号的组合与聚合，生动展现了某北京公司人力资源的配置优化以及工作效率的显著提升。通过"三里屯""SKP（北京华联百货有限公司）""王府井"等场景符号和"消费者""轻奢产品"等人物和器物符号的组合与聚合，表现了北京市民的消费升级，以及北京市民生活品质的大幅提高。

## （二）基于符号含蓄意指的意义建构

含蓄意指是在直接意指的基础上更进一步，让符号除了表征外部世界的基本意义外，还表征象征性的、指向性的意义。故下面将在上一部分的基础上，探讨 Discover Beijing 影像故事中的典型人物符号、器物符号、场景符号、细节符号，借助组合与聚合的含蓄意指而建构的深层文化内涵："和合"文化、"动静相谐"哲学。

### 1. "和合"文化

"和合"思想作为中国传统文化的思想精髓，对我国哲学发展和价值观形成具有重要意义。"和合"理论最初由中国人民大学教授张立文提出，其著作《和合学概论——21世纪文化战略的构想》是对新时代中国文化面临的三大挑战的深刻回应，在这部著作中，"和合学"首次以一种独立理论体系的形态出现在读者面前。[①] "和"是中国哲学中一个很重要的概念，在价值观的体现上主要代表了"和谐"，暗含着不同甚至相互对立的事物相互补充、和谐共存的意思。除此之外，"和"在方法论上体现为融合，指使不同的因素和谐地互补与共存以达到最高价值。"合"也是中国哲学中一个很重要的概念，也具有多义性，且与"和"的内涵有交叉之处，只是更侧重强调符合、契合。例如，"天人合一"思想就是指人做事要契合规律法则，这一典型的中国哲学认识论与宇宙观，表达了对人置身于天地之中，该如何体悟世界、与外物实现和谐统一的思考，体现了人与自然的辩证统一关系。[②] 综上，"和""合"含义大体一致，细微区别只在于"和"更强调和谐，"合"更强调契合、符合。中国传统的和合文化是一种生存哲学。

如今这一生存哲学已融入我国的外交思想与外交话语。在面对霸权主义、恐怖主义、资源短缺、贫富差距等各种严峻的全球问题时，"零和博弈"还是

---

① 张立文.和合学概论：21世纪文化战略的构想［M］.北京：首都师范大学出版社，1995.
② 王育平，吴志杰.中国传统"和合"文化探源［J］.南京理工大学学报（社会科学版），2009，22（1）：86-91+124.

"合作共赢"这一关乎人类命运的抉择摆在了我们面前。中国坚定地向世界发出了合作共赢的倡议，提出以合作共赢为核心的新型外交理念。从"以邻为善、以邻为伴"到"一带一路"再到如今"你中有我、我中有你的人类命运共同体"，一系列我国新时代外交思想中都蕴含着中国传统"和合"思想的文化意蕴，为促进世界局势和全球关系的良好发展贡献了中国智慧和中国方案。[①]从 Discover Beijing 发布的影像作品中也能看出，其在对外传播北京故事时，将"和合"文化融进了我们的外交话语中。

在生活之"和"的意义建构中，Discover Beijing 发布的影像作品中出现了"老人""小孩"等人物符号，它们与"公园""社区"等场景符号和"广场舞""笑容"等细节符号在时间和空间上的组合与聚合，表达了北京市民之间交往和睦的表层意义；"国外友人"人物符号与"京绣""交响乐"等场景和器物符号的组合与聚合，表达了我国对于多元文化的包容与交流的表层意义。这些表层意义都十分契合当前我国提出的"你中有我、我中有你的人类命运共同体"发展理念。尤其是在当前的百年未有之大变局下，某些西方国家的霸权主义和强权政治严重威胁了世界的稳定。Discover Beijing 通过这些影像作品向海外受众传达了市民生活和谐、对外交往友好、"以邻为善、以邻为伴"的北京故事，以其内含的"和合"文化，展现我国走和平发展道路，建设持久和平、普遍安全、共同繁荣、开放包容、清洁美丽世界的决心。

例如，在一则展现北京社区生活的影像作品（2022 年 8 月 2 日）中，出现了"社区工作者""老人"等人物符号和"笑容"等细节符号，展现了社区工作者服务老人的景象。在道家文化中，"老人"经常被视为阅尽人世后归于宁静淡泊的智者，"笑容"可引申为生活的幸福美满。所以"老人""笑容"等符号聚合后表达了北京市民共建共享、生活和睦的意义，可以让受众了解我国"和合"文化中互帮互助、互为补充的意蕴。在《外国领导人登长城》（2022 年 2 月 11 日）专题作品中，我国的"长城"这一场景符号与他国的标志性建筑符号经常

---

① 马倩. 合作型外交话语的话语空间建构研究［D］. 北京：北京外国语大学，2021.

同时出现。"长城"凝聚着古代劳动人民的血汗和智慧，象征着中华民族众志成城、锐意进取的民族精神，与此同时，他国的标志性建筑符号也象征着他国相应的文化精神。所以，当这些象征不同国家、民族精神的符号聚合在一起时，就表达出各国之间平等合作、友好往来的意义，这种"和平共处"的外交理念可以让受众感知我国"和合"文化中和谐与共的文化意蕴。还有，在一则倡导保护雨燕的影像作品（2022年9月25日）中，"雨燕"这一符号象征大自然，对它的保护将北京市民保护当地生物的表层含义向人与自然和谐共生的深层意义延伸，让受众体会"和合"文化中"天人合一"思想的文化意蕴。

综上所述，Discover Beijing影像故事表达的"和合"文化倡导的是人与自然，以及不同文明文化间的和谐共存、多元互鉴、共同发展。

### 2. "动静相谐"哲学

"动静相谐"是指"动"和"静"之间相互滋生和助长的关系。从艺术的角度看，这一对辩证关系揭示了情境建构的形态特征中蕴含的辩证逻辑；从日常生活的角度看，它们也是人类生活和自然界中常见的现象[①]，静中有动，动中有静，二者相辅相成。世间万物无一不处于运动状态之中，运动是物质的根本属性，静止则是相对于运动而存在的，二者的对立统一共同构成了这个精彩的世界。在绘画领域，有关"动"与"静"的应用最为常见："动"，能够吸引人们的视线，从而增强事物的视觉张力；"静"，则使观察者在动态的事物中得以休憩，进而找到视觉上的平衡点。[②]将这种"动静相谐"的关系应用于影像作品中，也会产生妙不可言的艺术效果。

Discover Beijing发布的影像作品中经常出现"动"与"静"相互映衬、相辅相成的画面。北京城内的古建筑伫立在大地上岿然不动，与四季更替、草木枯荣、人来人往的环境形成鲜明对照；清晨北京的胡同内鸟鸣犬吠，衬托了生活在其中的市民安静闲适的心境；市中心的灯红酒绿、车水马龙，也与城郊的

---

① 姜耕玉.艺术情境创造隐与显动与静：艺术辩证法之一［J］.东南大学学报（哲学社会科学版），2002，4（2）：68-73.
② 丁力.中国画的形式美之动与静之意境［J］.书画世界，2019（10）：23-24.

青山绿水、田园风光互补。这些影像作品暗合了我国"五位一体"的总体布局和发展理念，尤其体现了文化建设的守正创新和生态文明建设的绿色发展。当前，我们强调建设社会主义文化强国，关键就是要增强民族文化的创造活力，这需要我们增强文化自信，在挖掘与保护优秀传统文化的基础上进行开发与创新。生态文明建设中也是此，其虽然是对工业文明的反思，但也并不意味着对工业文明的全盘否定，而是要通过改变工业文明固化后形成的价值理念、行为模式，来实现社会整体的可持续发展，确保我国经济发展水平、民主政治范围、文化创新方式、社会和谐程度都有一定程度的进步。[①] 这些理念揭示了我国保护传承与创新发展之间的关系，暗含了我国"动静相谐"的哲学意蕴。Discover Beijing 发布的影像作品在对外宣传北京城市建设、发展的新理念和新价值的同时，努力建构了这种"动静相谐"的哲学。以 Discover Beijing 发布的关于周口店遗址的影像作品（2022年8月17日）为例，视频中的"头骨化石""石制工具"等静态器物符号与"市民游客"类动态的人物符号形成对比，同一空间的符号聚合又展现了周口店文化遗址保存完好的意义。与此同时，"头骨化石""石制工具"等符号能使受众联想到人类进化这一动态的过程，蕴含着人类文明兼收并蓄、发展创新的文化意蕴，一静一动之中体现着"动静相谐"的哲学。

由此可见，Discover Beijing 发布的影像作品通过一些永久不变的传统建筑、历史器物等典型场景和器物符号向受众展示了北京城市文化静态的一面，而这些符号与其他符号的组合与聚合同时又表现出北京城市不断发展变化、与时俱进的动态节奏，二者交融共生，生动诠释了"动静相谐"哲学的文化内涵。

## 三、Discover Beijing 影像故事的传播效果与对其的评价

本部分重点从传播数据、受众评论两方面分析 Discover Beijing 影像故事

---

[①] 唐辉，杨海莺. 论"五位一体"总体布局中的生态文明建设：学习习近平生态文明思想［J］. 社会主义研究，2022（5）：9-16.

的传播效果,再从影像故事类型、符号表征以及意义建构三方面对其创新之处和还可进一步提升之处进行探讨。

## (一) Discover Beijing 影像故事的传播效果

本报告从传播数据反馈与受众评论反馈两方面分析 Discover Beijing 影像故事的传播效果。传播数据指 Discover Beijing 影像作品的发布量,以及受众对作品的转发量、点赞量和评论量;受众评论反馈既包括受众对 Discover Beijing 影像作品发表的文字性评价,也包括受众通过表情等符号表达的符号性评价。

**1. 传播数据反馈**

本报告按月对 Discover Beijing 的 198 条视频样本的发布量、转发量、点赞量和评论量进行统计,见表1。

表 1　Discover Beijing 传播数据

| 月份 | 发布量 | 转发量 | 点赞量 | 评论量 |
| --- | --- | --- | --- | --- |
| 1 | 12 | 49 | 21733 | 78 |
| 2 | 68 | 371 | 16324 | 74 |
| 3 | 13 | 136 | 5616 | 50 |
| 4 | 3 | 194 | 10893 | 71 |
| 5 | 3 | 338 | 36559 | 129 |
| 6 | 9 | 363 | 33987 | 188 |
| 7 | 13 | 717 | 34351 | 186 |
| 8 | 19 | 751 | 22898 | 441 |
| 9 | 13 | 123 | 29558 | 41 |
| 10 | 30 | 192 | 21091 | 74 |
| 11 | 6 | 71 | 18501 | 31 |
| 12 | 8 | 253 | 50149 | 186 |
| 总和 | 197 | 3558 | 301660 | 1549 |

从发布量看，Discover Beijing 在 2022 年 2 月发布的影像作品数量最多，这主要是因为二月不仅有中国的传统节日——春节，还有全球瞩目的北京冬奥会，需要发布大量的视频作品向海外受众进行宣传。但是，从更能反映传播效果的转发量、点赞量和评论量看，Discover Beijing 在 5 月和 12 月的表现更突出——尽管这两个月的发布量并不高。例如，5 月 5 日，Discover Beijing 发布的国子监紫藤花开的视频收获了 186 次转发、2.4 万个点赞和 85 条评论，而其于 12 月发布的 8 条影像作品中有 2 条都获得了上万级的点赞量。

本报告提取点赞量超过 5000 的 23 条作品进行分析。从故事类型来看，市民生活类有 9 条，占比约 40%；古都文化类有 7 条，占比约 30%；科技发展类有 7 条，占比约 30%。可以看出海外受众更关注这三类故事类型，尤其是对市民生活类故事感兴趣。从典型符号方面来看，典型人物符号共出现在 16 条影像作品中，说明影像作品中人物符号对海外受众更具吸引力。从意义建构方面来看，反映城市之"静"和发展之"动"的作品各有 7 条占比较多，共占比 61%，可见这两类意义的建构比较受海外受众的欢迎。

本报告又提取转发量超过 50 的 19 条作品进行分析。从故事类型来看，古都文化类有 8 条，占比约 42%；市民生活类有 7 条，占比约 37%；科技创新类有 4 条，占比约 21%。从典型符号来看，典型场景符号出现得最多，共出现在 15 条影像作品中，一些展现北京特殊场景的作品会格外受海外受众的喜爱。从意义建构来看，反映城市之"静"的作品最多，有 12 条，占比约 63%。可见，海外受众尤其青睐反映古都文化和市民生活、展现城市之"静"的影像作品，这类作品更有可能促使他们进行转发分享。

除了单个的视频作品，Discover Beijing 在 2022 年还发布了《Counting Down to the Beijing Winter Olympics with Lucien》（与 Lucien 一起为北京冬奥会倒计时）、《Together in Beijing》（一起在北京）、《外国领导人登长城》、《京味》等专题视频，也收获了不少海外受众的关注。以冬奥主题的影像作品《Counting Down to the Beijing Winter Olympics with Lucien》（与 Lucien 一起为北京冬奥会倒计时）为例，仅两条视频就收获了两万多的点赞量和近百条的评论转发量,国际受众对北京冬奥会的关注度可见一斑。

总体来说,结合点赞量、转发量两项传播数据可知,Discover Beijing 最受海外受众欢迎的影像作品的共同点一是展现了北京市民的日常生活,体现了北京生活的和谐、安宁、静谧;二是展现了北京独特的历史文化。

从统计数据还可看出,Discover Beijing 发布的影像作品有一定的传播效果,许多短视频都获得了上万级的点赞量。但是,相对其 295 万的脸书粉丝关注量来说,Discover Beijing 影像作品的平均转发、点赞、评论量还是偏低——尤其是转发量和评论量偏低,这说明 Discover Beijing 的影像故事对于受众的吸引力还有待提升。

**2.受众评论反馈**

通过对 Discover Beijing 的 198 条视频样本的数据整理,本报告共得到 1549 条受众评论,对这些评论中的高频词和表情符号做词云图分析,见图 9。

图 9　Discover Beijing 评论词云图

通过词云图可以看出,受众经常使用"good""nice""beautiful"等表示称赞的褒义词汇,以及"wow""amazing""fascinating"等表达惊讶、赞叹的褒义词汇;高频表情也多为大拇指点赞、爱心、鼓掌等表示赞同、喜爱的符号图形。可见,Discover Beijing 发布的影像故事促进了海外受众积极正面的表达,展示的北京典型符号、城市形象受到了海外受众的欢迎和喜爱。

本报告提取评论量超过 30 的 17 条作品进行分析。分析发现古都文化类故事最多，共有 7 条，占比约 41%；其次为市民生活类，有 6 条，占比约 35%。可见从故事类型方面来看，这两类故事更能激发海外受众的互动。从意义建构方面来看，反映城市之"静"的作品占比最大，占比约 47%，其次是反映生活之"和"的作品，占比约 29%，可见这些意义的表达更能促发受众的评论行为。

除了表达观点，Discover Beijing 的部分影像作品还引发了受众的交流与讨论。例如，一则关于什刹海的视频展现了老北京的繁华、舒适与浪漫的文化情调，该视频的评论区就有受众询问什刹海具体的位置信息。还有一些表现北京特色建筑的视频，也引发了许多受众自发地对该建筑的相关信息进行补充和交流。比如，在一则介绍经改造后焕然一新的丰台火车站的视频（2022 年 4 月 20 日）的评论区，就有受众主动对其历史信息进行补充："For all who doesn't know about this old railway station. It was built in 1895 and has been reconstructed for 3 yrs and will soon be used by all Chinese people."（向所有不了解这个老火车站的人说明一下，它始建于 1895 年，经过三年的改建，不久后将供全中国人民使用。）

总体来看，尽管与点赞量、转发量一样，Discover Beijing 影像作品的评论量也偏低，但分析具体的评论反馈仍可发现，海外受众对于 Discover Beijing 展现的北京形象持积极的接受、喜爱的态度，他们对北京、中国的传统文化有很大的兴趣，并且希望能够更深入地了解它们。

## （二）对 Discover Beijing 影像故事符号表征与意义建构的评价

本部分对 Discover Beijing 发布的影像作品在故事类型选取、符号表征与意义建构方面的创新之处和还可进一步提升之处进行探讨。

### 1. 创新之处

Discover Beijing 发布的影像作品在故事类型、符号表征和意义建构方面都有创新之处。

从影像故事类型来看，Discover Beijing 从经济、科技、文化、日常生活等多角度进行叙事，对多元的海外受众群体讲好了具有北京特色的中国故事，透过北京塑造了可信、可爱、可敬的中国国际形象，也成为了海外受众了解北京的重要窗口。

从影像故事的符号表征来看，Discover Beijing 典型符号类型多元，典型人物类、器物类、场景类和细节类符号的选取贴合北京特色，符合海外受众的兴趣。符号的组合按照时间顺序排列，构建了完整的影像故事情节，符号的聚合则突出呈现了某一特定空间内的故事特写。除此之外，Discover Beijing 对配乐、旁白、字幕等能增强符号组合与聚合效果的其他表意手段的选取也十分契合影像符号的类型，使符号表征更加直观生动，易于被海外受众接受。

从影像故事的意义建构来看，Discover Beijing 基于符号直接意指形成的北京生活之"和"、城市之"静"与发展之"动"的意义建构有一定代表性，它们不仅体现在北京这座城市中，也代表了中国其他城市的故事。因此，海外受众在接收 Discover Beijing 北京影像故事传达的意义时，也是在感知中国的整体形象。基于符号含蓄意指形成的"和合"文化、"动静相谐"哲学，契合我国提出的全面、协调、可持续的科学发展观等重大战略思想以及构建人类命运共同体的全球发展理念，在当前时代背景下，对外宣传此类文化意蕴有助于维护世界的和平稳定。

### 2. 还可进一步提升之处

尽管 Discover Beijing 讲述的北京故事从多方面丰富了北京的形象，给受众呈现了一个可观可感的北京，但从数据统计来看，其传播效果离我们的预期仍有较大距离。本报告针对 Discover Beijing 影像作品如何进一步提升传播效果、吸引更多的海外受众提出以下建议。

一是在影像故事类型方面。从统计数据来看，市民生活类故事更加符合海外受众的观看需求与兴趣，所以在讲述这类故事时对故事讲解视角、故事主角、故事场景的选择应该更加贴近普通人的生活。虽然讲述高档商场与奢侈产品的故事能够展现北京市民消费升级的大趋势，但那些围绕菜市场、日用品等生活场景、生活内容的故事，更能生动地体现市民生活中浓厚的人情味。因此，在讲述这类故事时，我们应更深地沉入城市基层，多讲一些普通人的温情故事，并辅以更多生活化的场景，以此让海外受众了解更加真实的北京生活。

**在进行故事化叙述时，我们要善于设置悬念、制造兴奋点，让情节跌宕起伏、引人入胜，以此来引起受众的情感共鸣。但同时，我们也要注意在展示本土特色时体现国际视野。全球化背景下，国际文化交流既有隔阂和鸿沟，又相互渗透，因此，我们在对外传播中国故事、北京故事时，要多在与海外受众有兴趣、关切交集的领域找话题，还要注意避免宏大叙事和单一的表达手段，让海外受众充分感知我们对人类命运共同体的理解以及对这一理念的身体力行。**①

二是在影像故事的符号表征方面。在符号的选取上，首先要考虑与故事类型相贴合，更清晰地传达城市形象。其次，要注重选取能够体现北京特殊性的符号。Discover Beijing 发布的许多影像作品中的符号都具有一定的代表性，可以展现我国城市的整体风貌，但是，Discover Beijing 作为一个宣传北京的海外社交平台账号更应该选取一些北京专有的符号，体现其与其他城市的不同之处。最后，我们应丰富符号的组合与聚合方式，在通过符号的组合让故事情节更连贯完整、易于理解的同时，通过符号的聚合突出故事的焦点和亮点。

三是在影像故事的意义建构方面。我们首先要让海外受众产生价值认同，这就需要提升意义建构的能力，在保障国家意识形态安全的基础上，通过跨

---

① 陈莹莹.中国纪录片如何"讲好中国故事"：《以舌尖上的中国》为例［J］.视听，2016（3）：87-88.

文化的价值沟通让受众产生价值观认同，进而提升影像作品的传播力、影响力。其次，意义建构需要我们在呈现形象时融入感情，充分展现我们的人文关怀，因为一个传播作品只有表现了人类共通的感情才有可能够感动不同国家的受众。

# 参考文献

**习近平重要讲话（按时间顺序排列）：**

习近平：胸怀大局把握大势着眼大事 把宣传思想工作做更好[EB/OL].（2013-08-20）[2023-08-08］. http：//jhsjk.people.cn/article/22634049.

习近平：建设社会主义文化强国 着力提高国家文化软实力[EB/OL].（2014-01-01）[2023-08-08］. http：//jhsjk.people.cn/article/23995307.

习近平：把培育和弘扬社会主义核心价值观作为凝魂聚气强基固本的基础工程[EB/OL].（2014-02-26）[2023-08-08］. http：//cpc.people.com.cn/n/2014/0226/c64094-24464564.html.

习近平：共同为改革想招一起为改革发力 群策群力把各项改革工作抓到位[EB/OL].（2014-08-19）[2024-02-07］. http：//cpc.people.com.cn/n/2014/0819/c64094-25490968.html.

习近平在党的新闻舆论工作座谈会上强调：坚持正确方向创新方法手段 提高新闻舆论传播力引导力[EB/OL].（2016-02-20）[2023-08-08］. http://jhsjk.people.cn/article/28136289.

习近平：举旗帜聚民心育新人兴文化展形象 更好完成新形势下宣传思想工作使命任务[EB/OL].（2018-08-22）[2022-10-15］. http：//jhsjk.people.cn/article/30244975.

习近平谈媒体融合发展：关键在融为一体、合而为一[EB/OL].（2018-08-22）[2024-02-08］. http：//jhsjk.people.cn/article/30242991.

习近平致中央电视台建台暨新中国电视事业诞生60周年的贺信[EB/OL].（2018-09-26）[2022-10-15］. http：//jhsjk.people.cn/article/30314694.

习近平.让全世界都能听到并听清中国声音[EB/OL].（2019-01-10）[2022-10-15］. http：//jhsjk.people.cn/article/30514168.

习近平主持中共中央政治局第十二次集体学习并发表重要讲话［EB/OL］.（2019-01-25）［2024-02-08］.http：//www.gov.cn/xinwen/2019-01/25/content_5361197.htm.

习近平：加快推动媒体融合发展 构建全媒体传播格局［EB/OL］.（2019-03-15）［2024-02-07］.http：//jhsjk.people.cn/article/30978511.

习近平主持召开中央全面深化改革委员会第十四次会议［EB/OL］.（2020-06-30）［2022-10-15］.http：//jhsjk.people.cn/article/31765476.

习近平主持中共中央政治局第三十次集体学习并讲话［EB/OL］.（2021-06-01）［2023-08-08］.http：//www.gov.cn/xinwen/2021-06/01/content_5614684.htm?lsRedirectHit=20481191.

习近平：在庆祝中国共产党成立100周年大会上的讲话［EB/OL］.（2021-07-01）［2023-08-08］.http：//jhsjk.people.cn/article/32146278.

习近平出席第七十六届联合国大会一般性辩论并发表重要讲话［EB/OL］.（2021-09-22）［2023-08-08］.http：//jhsjk.people.cn/article/32232697.

习近平：新发展阶段贯彻新发展理念必然要求构建新发展格局［EB/OL］.（2022-08-31）［2023-01-01］.https：//www.gov.cn/xinwen/2022-08/31/content_5707604.htm.

习近平：高举中国特色社会主义伟大旗帜 为全面建设社会主义现代化国家而团结奋斗——在中国共产党第二十次全国代表大会上的报告［EB/OL］.（2022-10-25）［2022-11-10］.http：//www.gov.cn/xinwen/2022-10/25/content_5721685.htm.

习近平在文化传承发展座谈会上强调 担负起新的文化使命 努力建设中华民族现代文明［EB/OL］.（2023-06-03）［2023-12-08］.http：//jhsjk.people.cn/article/40005345.

中共中央文献研究室.习近平关于社会主义文化建设论述摘编［M］.北京：中央文献出版社，2017.

**政府公告（按时间顺序排列）：**

中共中央关于全面深化改革若干重大问题的决定（全文）国务院新闻办公

室官网［EB/OL］（2013-11-15）［2023-08-08］. http：//www.scio.gov.cn/zxbd/nd/2013/Document/1374228/1374228.htm.

耿诺.《北京城市总体规划（2016年—2035年）》发布［N/OL］.北京日报，2017-09-30［2022-09-01］.http：//www.gov.cn/xinwen/2017-09/30/content_5228705.htm.

中共北京市委关于新时代繁荣兴盛首都文化的意见［EB/OL］.（2020-02-14）［2023-08-05］. http：//www.beijing.gov.cn/zhengce/zhengcefagui/202004/t20200410_1799129.html.

北京市推进全国文化中心建设中长期规划（2019年—2035年）［EB/OL］.（2020-04-09）［2023-08-08］. http：//www.gov.cn/xinwen/2020-04/09/content_5500586.htm.

中共中央办公厅国务院办公厅印发《关于加快推进媒体深度融合发展的意见》［EB/OL］.（2020-09-26）［2024-02-08］. https：//www.gov.cn/zhengce/2020-09/26/content_5547310.htm.

中共北京市委关于制定北京市国民经济和社会发展第十四个五年规划和二〇三五年远景目标的建议［EB/OL］.（2020-12-07）［2023-08-08］. https：//www.beijing.gov.cn/zhengce/zhengcefagui/202012/t20201207_2157969.html.

北京市广播电视局关于实施2021年媒体融合创新技术与服务应用遴选推广计划的通知［EB/OL］.（2021-07-05）［2024-02-07］. https：//gdj.beijing.gov.cn/zwxx/tzgg2/202107/t20210705_2429097.html.

中共北京市委办公厅 北京市人民政府办公厅印发《北京市关于加快建设全球数字经济标杆城市的实施方案》［EB/OL］.（2021-07-30）［2024-02-07］. https：//www.beijing.gov.cn/zhengce/zhengcefagui/202108/t20210803_2454581.html.

陈雪柠.首次编制重点任务、重大项目、创新政策三张清单 北京国际交往中心功能建设五年规划出炉［N/OL］.北京日报，2021-09-17［2022-06-12］. http：//www.beijing.gov.cn/fuwu/lqfw/gggs/202109/t20210917_2495881.html.

重磅! 北京培育建设国际消费中心城市实施方案全文发布［EB/OL］.（2021-09-24）［2022-06-12］. https：//mp.weixin.qq.com/

s/5aP4rNmDTiagQe4ZyFDvMw.

全文来了！北京市"十四五"时期国际科技创新中心建设规划［EB/OL］.（2021-11-24）［2023-08-08］.https：//baijiahao.baidu.com/s?id=1717261642904419341&wfr=spider&for=pc.

蔡奇.北京市第十三次党代会报告全文公布［N/OL］.北京日报，2022-07-04［2022-09-01］.http：//www.bjsupervision.gov.cn/ttxw/202207/t20220704_78419.html.

北京市广播电视局关于公布2022年度媒体融合创新技术与服务应用遴选推广计划评审结果的通知［EB/OL］.（2022-12-27）［2023-03-07］.https：//gdj.beijing.gov.cn/zwxx/tzgg2/202212/t20221227_2885035.html.

**著作（按作者姓氏拼音首字母排序）：**

《习近平新闻思想讲义（2018年版）》编写组.习近平新闻思想讲义：2018年版［M］.北京：人民出版社，2018.

雷诺.福柯十讲［M］.韩泰伦，译.北京：大众文艺出版社，2004.

陈望道.修辞学发凡［M］.上海：复旦大学出版社，2011.

中央宣传部办公厅.党的宣传工作文件选编（1976—1982）［M］.北京：中共中央党校出版社，1994：680.

丁金国.语体风格分析纲要［M］.广州：暨南大学出版社，2009.

段连城.对外传播学初探［M］.北京：中国建设出版社，1988.

戴伊克.话语心理社会［M］.施旭，冯冰，译.北京：中华书局，1993.

凯勒.战略品牌管理：第4版［M］.吴水龙，何云译.北京：中国人民大学出版社，2014.

林奇.城市形态［M］.林庆怡，陈朝晖，邓华，译.北京：华夏出版社，2001.

李杰琼，等.媒介融合时代的经济新闻报道［M］.北京：清华大学出版社，2020.

刘滢，等.主流媒体对外传播的新媒体策略［M］.北京：清华大学出版社，2018.

罗远林.新闻修辞研究[M].大连：辽宁师范大学出版社，1994.

苗力田.亚里士多德全集：第9卷[M].北京：中国人民大学出版社，1994.

彭刚.叙事的转向：当代西方史学理论的考察[M].北京：北京大学出版社，2009.

范迪克.作为话语的新闻[M].曾庆香，译.北京：华夏出版社，2003.

王德春，陈瑞端.语体学[M].南宁：广西教育出版社，2000.

袁良卓.修辞劝说视角下的外宣翻译研究[M].北京：中国传媒大学出版社，2017.

张弓.现代汉语修辞学[M].天津：天津人民出版社，1963.

张昆.国家形象传播[M].上海：复旦大学出版社，2005.

中国外文局五十年回忆录[M].北京：新星出版社，1999.

周恩来生平和思想研讨会组织委员会.周恩来百周年纪念：全国周恩来生平和思想研讨会论文集[M].北京：中央文献出版社，1999.

朱立元.艺术美学辞典[M].上海：上海辞书出版社，2012.

**论文（按作者姓氏拼音首字母排序）：**

步新娜，魏继昆."构建网上网下一体、内宣外宣联动的主流舆论格局"：基于习近平相关论述的分析[J].党的文献，2021（2）：56-63.

陈红梅.论地方媒体在国际传播中讲好中国故事的策略：以北京日报海外版为例[J].新闻前哨，2022（11）：56-57.

陈立民.把握新闻评论写作中的四对关系[J].青年记者，2022（14）：74-76.

陈伟军.新闻语言的力度、温度和锐度[J].新闻与写作，2020（11）：110-112.

陈先红，李旺传，邓思蕊."英雄武汉"城市品牌塑造与传播策略研究[J].武汉理工大学学报（社会科学版），2022，35（1）：22-34.

程曼丽.从信息流动结构的变化看我国对外传播的走势[J].电视研究，2009（1）：8-10.

丁柏铨.时代变迁与中国对外传播理论和实践的发展［J］.中国地质大学学报（社会科学版），2011，11（4）：96-103.

丁金国.从语篇到语体寻找回家的路［J］.当代修辞学，2018（3）：55-66.

东阳.北京形象研究图谱［J］.传播与版权，2020（5）：165-167.

《对外传播》编辑部课题组.新形势下地方国际传播实践探索与发展路径［J］.对外传播，2021（7）：57-62.

范敏，李司麒.北京日报报业集团二十年"走出去"的报道框架分析：以《欧洲时报》"北京新闻"专版为例［J］.燕京创意文化产业研究，2022（11）：64-73.

方兴东，钟祥铭.重估媒体融合：50年数字技术驱动下的媒体融合演进历程与内在价值观［J］.西北师大学报（社会科学版），2022，59（2）：5-19.

傅洁.从拉波夫的分析模式看话本小说的叙事结构［J］.邢台学院学报，2009，24（1）：83-85.

高金萍.开启北京"四个中心"建设新时代：基于2017年度关于北京的国际舆论研究［J］.湖南大学学报（社会科学版），2018，32（6）：155-160.

高金萍，王纪澎.奥运光环下北京的嬗变：2009—2016年国外主流媒体关于北京报道的分析报告［J］.现代传播（中国传媒大学学报），2017，39（6）：39-43.

高璐.从格雷马斯叙事学理论解读电影《复仇者联盟4》［J］.青年文学家，2020（14）：150-151.

韩庆祥，陈远章.构建当代中国话语体系的核心要义［N/OL］.光明日报，2017-05-16［2021-06-12］.http：//www.xinhuanet.com/politics/2017/05/16/c_1120977542.htm.

韩喜平，杨羽川.深刻把握新发展阶段、新发展理念、新发展格局的内在逻辑［EB/OL］.（2022-12-09）［2023-02-09］.http：//pinglun.youth.cn/ll/202212/t20221209_14186109.htm.

胡正荣，李润泽.以智慧全媒体平台赋媒介未来之力：省级国际传播中心的时代机遇［J］.对外传播，2024（1）：15-18.

黄典林，张毓强.国际传播的地方实践：现状、趋势与创新路径［J］.对外传播，2021（9）：67-71.

姜飞，张楠.中国对外传播的三次浪潮（1978—2019)[J].全球传媒学刊，2019，6（2）：39-58.

孔繁丽，刘国良.从融媒到智媒，新京报融媒体转型中有哪些探索与挑战？［EB/OL］.（2021-04-23）［2023-02-07］.https：//baijiahao.baidu.com/s?id=1697830349304086888&wfr=spider&for=pc.

李昌，马贝贝，刘纯怡.我国国际传播能力建设研究述评［J］.昆明理工大学学报（社会科学版），2019，19（1）：101-108.

李海涛.试析新时代中国国际传播［J］.现代国际关系，2022（3）：43-51+62.

李军凯，张婷.城市文化品牌塑造与传播［J］.新闻战线，2021（9）：86-88.

李岚.新形势下广播电视构建对外话语体系的战略路径［J］.现代传播（中国传媒大学学报），2022，44（8）：58-66.

李明.融媒体时代广播电视媒体国际话语权建设：以北京广播电视台为例［J］.中国广播影视，2019（11）：94-95.

李芮.巴黎城市形象宣传片的传播策略［J］.青年记者，2020（12）：98-99.

李熙宗.关于语体的定义问题［J］.复旦学报（社会科学版），2005（3）：176-186+196.

刘小燕，李静.中国共产党百年对外传播思想源流考察［J］.编辑之友，2021（6）：80-90.

李彦冰.全球化背景下我国对外传播"内外有别"原则的困境与出路［J］.华北水利水电大学学报（社会科学版），2010（2）：24-27.

刘亚琼.论新时代宣传思想工作对内与对外的统一［J］.思想教育研究，2019（8）：97-100.

龙添启.城市品牌的类型和评价指标体系［J］.西部皮革，2019，41（16）：88.

卢迪，林芝瑶，庄蜀丹.从5G+融合媒体到媒体融合+5G：先进技术驱动下的媒体深度融合发展［J］.中国编辑，2022（8）：87-91.

马诗远，郑承军.新信息环境下海外社交媒体中的北京形象研究［J］.现代传播（中国传媒大学学报），2021，43（7）：150-157.

聂恒玉.如何提升新闻的二次传播价值［J］.新闻战线，2008（12）：53-54.

欧亚.推特平台的北京国际形象及其传播模式研究［J］.对外传播，2021（5）：61-64.

欧亚，熊炜.从《纽约时报》看北京城市形象的国际传播［J］.对外传播，2016（6）：48-50.

史安斌.推动国际传播上升为战略传播［EB/OL］.（2021-06-05）［2022-10-05］.https://www.sohu.com/a/470551702_162522.

史安斌，钱晶晶.习近平外宣思想初探［J］.对外传播，2015（11）：46-49+1.

史安斌，张耀钟.新中国形象的再建构：70年对外传播理论和实践的创新路径［J］.全球传媒学刊，2019，6（2）：26-38.

史小今.地方国际传播能力建设新路径探析［J］.对外传播，2022（6）：63-66.

孙超，张刘卓，李旭峰，等.后G20时代，用"四大传播"讲好杭州故事［J］.对外传播，2017（10）：69-71.

唐佳梅.区域对外传播共识的补充与修正：《纽约时报》《泰晤士报》《海峡时报》十年涉穗报道分析［J］.现代传播（中国传媒大学学报），2010（5）：153-154.

唐润华，韩娜.我国反恐战略传播机制初探［J］.新闻记者，2017（3）：14-21.

童兵，任桐.向世界展示真实立体全面的中国：学习习近平加强和改进国际传播工作的论述［J］.新闻爱好者，2021（8）：14-17.

童猛.努力扩大"二次传播"切实增强外宣实效：以《中国日报》稿件被境外媒体转载情况为例［J］.新闻战线，2009（9）：22-24.

王宁，郭可.新时代中国对外传播媒体的变革和发展［J］.对外传播，2018（12）：19-21.

王宁，张璐，曹斐.英国媒体中的北京形象：基于《泰晤士报》2000-2015年的框架分析［J］.西安外国语大学学报，2017，25（4）：1-6.

王攀峰.教科书叙事分析：理论与方法［J］.课程·教材·教法，2021，41（1）：21-28.

王瑞林.地方对外传播中的网络新闻编辑素养［J］.电视指南，2018（13）：68-69.

王永杰，陈林会，刘青.大型体育赛事促进城市形象传播的价值、经验与推进路径［J］.体育文化导刊，2022（6）：36-41+61.

韦路.媒体融合的定义、层面与研究议题［J］.新闻记者，2019（3）：32-38.

吴奇志.北京形象国际传播的媒体表达：以部分中外主流媒体历史文化遗产报道为例［J］.中国记者，2019（7）：116-119.

夏康健，崔士鑫.习近平总书记关于推进国际传播能力建设重要论述的发展脉络和深刻内涵［J］.中国出版，2021（13）：8-13.

谢良鸿.向世界说明中国 让中国走向世界：新中国外宣事业五十年［J］.新闻战线，1999（10）：26-29.

徐和建.国际传播建构北京城市形象的思考［J］.对外传播，2020（2）：68-70.

徐和建.新形势下的首都国际传播新思考［J］.对外传播，2021（8）：35-39.

徐和建.构建中国话语体系和叙事体系的北京思考［J］.对外传播，2021（11）：25-30.

徐和建，张轶群.短视频赋能国际传播的实践与思考［J］.对外传播，2024（3）：33-35.

徐艳珠，张志安.中国共产党百年对外传播观念变迁轨迹［J］.出版发行研究，2021（10）：54-61.

阎立峰.外宣"内外有别"原则：地理与心灵的辩证法［J］.现代传播（中

国传媒大学学报），2008（4）：46-48.

杨景雯.格雷马斯符号矩阵下的《肖申克的救赎》[J].青年文学家，2021（9）：149-151.

杨奎松.新中国的革命外交思想与实践[J].史学月刊，2010（2）：62-74.

杨暖暖，于志强.现阶段我国报纸对老年人信息化报道的媒介取向分析[J].山东理工大学学报（社会科学版），2020，36（2）：63-72.

姚宜.广州城市国际形象探析：基于"外国人眼中的广州城市形象"调查[J].城市管理与科技，2015，17（5）：27-30.

叶莉.城市国际传播如何破局？成都"造船出海"走出一条创新之路[EB/OL].（2021-09-15）[2023-04-10］. https://mp.weixin.qq.com/s/TGLFrl5SqGmJBv77siIiag.

曾春.北京云融媒体市级技术平台建设的探索与实践[J].有线电视技术，2019（12）：68-71.

曾祥敏，董华茜.媒介认知、深度融合辨识与数字具身共存：2022年媒体融合研究综述[J].现代出版，2023（1）：28-42.

曾祥敏，刘思琦.媒体融合十年考：传播体系、社会治理与自主知识体系现代化的实践路径[J].现代出版，2024（1）：47-60.

张超.遵循传播规律 深耕疫情报道：打造国际一流新型主流媒体的契机与策略[J].中国广播，2020（5）：21-27.

张春槐.主题宣传的力度、锐度、深度：福建龙岩地区的红色文化传播[J].中国广播，2021（12）：65-67.

张发林.全球金融治理议程设置与中国国际话语权[J].世界经济与政治，2020（6）：106-131+159.

张恒军."一带一路"倡议与当代中国价值观的国际传播[J].传媒，2017（15）：85-88.

张江.当代西方文论的理论缺陷[EB/OL].（2014-08-19）[2023-12-20]. http://www.chinawriter.com.cn/2014/2014-08-19/215196.html.

章晓英.中国对外话语体系建构：一个叙事学视角[J].国际传播，2019

(1): 1-7.

张燚, 张锐. 城市品牌论 [J]. 管理学报, 2006 (4): 51-56.

张毓强, 潘璟玲, 主体性探询: 论中国国际传播创新的方法论基点 [J]. 新闻与写作, 2021 (10): 23-31.

张志安, 姚尧. 平台媒体的类型、演进逻辑和发展趋势 [J]. 新闻与写作, 2018 (12): 7.

赵继敏. 基于游客凝视理论的城市文化品牌与差异资源开掘: 以北京和上海为例 [J]. 上海城市管理, 2017, 26 (4): 86-89.

赵可金. 建设性领导与中国外交转型 [J]. 世界经济与政治, 2012 (5): 42-57+157.

赵启正. 对外宣传的继承与发展 [J]. 对外传播, 2014 (9): 20-21.

赵雪. 融媒体时代的新闻语体 [J]. 当代修辞学, 2019 (5): 15-25.

郑保卫, 王青. 当前我国国际传播的现状、问题及对策 [J]. 传媒观察, 2021 (8): 13-19+2.

周宇博. 国际传播能力提升的叙事策略研究: 以中央广播电视总台的新冠肺炎疫情报道为例 [J]. 中国广播, 2020 (10): 25-28.

庄永志. 平台与媒体的"协作式新闻生产": 以新京报"我们视频"为例 [J]. 新闻记者, 2023 (4): 36-43.

**新闻报道（按时间顺序排列）：**

"北京精神"表述语发布"爱国创新包容厚德"脱颖而出 [EB/OL]. (2011-11-03) [2023-08-08]. https://www.bjdclib.com/ztfw/ecwx/bjjs/201201/t20120106_9046.html.

张佳琪. 北京城市总体规划亮点多 [N/OL]. 人民日报海外版. 2017-04-03 [2022-06-12]. http://news.cnr.cn/native/gd/20170403/t20170403_523690993.shtml.

【看北京 Beijing in My Eyes】务实开展中外媒体间深入交流, 推进合作共赢成果丰硕 [EB/OL]. (2018-06-04) [2023-08-08]. https://www.sohu.com/a/234009548_108794.

戴武，康宁，周绍辉.“北京云”为市民打造指尖便利［N/OL］.北京广播电视报，2019-06-05［2024-02-12］.https：//www.sohu.com/a/318843500_120060070.

街乡吹哨 部门报到——北京以党建引领破解城市基层治理"最后一公里"难题［EB/OL］.（2019-07-18）［2023-12-15］.https：//www.12371.cn/2019/07/18/ARTI1563416799243226.shtml.

杨杰.“北京云”融媒体平台建设多项创新 具有重要借鉴意义［EB/OL］.（2019-11-23）［2024-02-08］.https：//m.sohu.com/a/355599128_114731.

又背锅！"中国人每吃一块肉，亚马孙雨林就冒出一股烟……"［EB/OL］.（2020-01-10）［2023-08-08］.https://baijiahao.baidu.com/s?id=1655245810034908565&wfr=spider&for=pc.

阿木爷爷、李子柒、滇西小哥……他们这样把中国文化"安利"给世界［EB/OL］.（2020-07-20）［2023-08-08］.https：//baijiahao.baidu.com/s?id=1672722282566809600&wfr=spider&for=pc.

北京市委常委、宣传部部长杜飞进：为媒体深度融合贡献北京路径［EB/OL］.（2020-09-08）［2024-02-15］.https：//weibo.com/ttarticle/p/show?id=2309404546874911883335.

杨月涵.北京市委副秘书长刘占兴：首都发展就是加强"四个中心"功能建设、提高"四个服务"水平［N/OL］.北京商报，2020-12-04［2022-09-01］.https：//baijiahao.baidu.com/s?id=1685149097284081162&wfr=spider&for=.

谢莲.《全球智库报告2020》：中国智库数量居世界第二［N/OL］.新京报，2021-02-01［2023-08-08］.https：//baijiahao.baidu.com/s?id=1690494736819568008&wfr=spider&for=pc.

胡宇齐.以制度力量推动接诉即办向前一步［N］.北京日报，2021-06-04（3）.

让文化走出去，北京三家企业挂牌新视听国际交流示范单位［EB/OL］.（2021-08-06）［2024-02-10］.https：//baijiahao.baidu.com/s?id=1707312283958003550&wfr=spider&for=pc.

杨月涵.划定31项重点任务 北京国际交往中心这样建［N/OL］.北京商报，2021-09-16［2022-06-12］.https：//baijiahao.baidu.com/s?id=17110735428630

47836&wfr=spider&for=pc.

新闻学院成立国际新闻与传播系［EB/OL］.（2021-10-18）[2023-08-08］. https：//news.ruc.edu.cn/archives/347143.

北京科创中心"十四五"规划解读②｜走出主动融入全球创新网络新路子［EB/OL］.（2021-12-02）[2023-08-08］. https：//www.ncsti.gov.cn/zcfg/zcjd/202112/t20211203_52519.html.

4月中国百企海外传播力报告：华为、小米、腾讯关注度最高［EB/OL］.（2022-05-18）[2023-08-08］. https：//baijiahao.baidu.com/s?id=1733132573997859256&wfr=spider&for=pc.

读懂北京Keywords 2022（一）［EB/OL］.（2022-05-28）[2023-08-07］. https：//mp.weixin.qq.com/s/uVqZp1mcyRHAob898qPzDg.

读懂北京Keywords 2022（四）［EB/OL］.（2022-05-31）[2023-08-08］. https：//mp.weixin.qq.com/s/euPnU-YX8yQL7wK72tPrrw.

开启媒体+高校合作！湖科大与国际在线合作［EB/OL］.（2022-06-21）[2023-04-10］. https：//www.163.com/dy/article/HACI6L7N05168VJR.html.

书写国际科技创新中心"担当答卷"［EB/OL］.（2022-06-24）[2023-06-12］. https：//baijiahao.baidu.com/s?id=1736455804967058281&wfr=spider&for=pc.

"五子联动"推动北京高质量发展［EB/OL］.（2022-06-27）[2023-08-08］. https：//baijiahao.baidu.com/s?id=1736758781337522666&wfr=spider&for=pc.

中国日报社与复旦大学签署战略合作框架协议［EB/OL］.（2022-07-07）[2023-04-10］. https：//baijiahao.baidu.com/s?id=1737661039206610964&wfr=spider&for=pc.

2022年第32届中国新闻奖获奖作品简介［EB/OL］.（2022-11-01）[2024-02-08］. http：//www.zgjx.cn/2022/11/01/c_1310667987.htm.

所想即所见——全息技术落地北京丰台［EB/OL］.（2022-11-25）[2024-02-10］. https：//weibo.com/2611712073/MgG59qW4G.

中国政府与巴勒斯坦政府签署共建"一带一路"谅解备忘录［EB/OL］.（2022-12-07）[2023-02-07］. https：//mp.weixin.qq.com/s/N2tRqQ5RrYtCMlWX5_ju2g.

高培勇. 坚持人民至上 共创美好生活——《北京党建引领接诉即办改革发展报告》发布稿［EB/OL］.（2022-12-18）［2023-12-15］. https：//cssn.cn/zzx/zzx_tpxw/202212/t20221228_5574774.shtml.

《2022 中国大学、央企、城市海外网络传播力建设系列报告》发布［EB/OL］.（2023-01-06）［2023-10-06］. https：//baijiahao.baidu.com/s?id=1754276239685409627&wfr=spider&for=pc.

触目惊心！起底西方媒体抹黑中国的套路［EB/OL］.（2023-02-06）［2023-12-08］. https：//mp.weixin.qq.com/s/ePXQ2WfIvsZ-Y14M4m9V8g.

一图读懂 | 北京推进国际交往中心功能建设领导小组 2023 年工作要点［EB/OL］.（2023-04-24）［2024-02-10］. http：//wb.beijing.gov.cn/home/gjjwzx/xxzl/202304/t20230424_3066870.html.

媒体融合发展新命题，国际传播融媒体平台应该怎么建？［EB/OL］.（2023-08-15）［2024-02-10］. https：//www.wenge.com/content/details_53_4471.html.

西安再度获评"中国国际传播综合影响力先锋城市"［EB/OL］.（2024-01-29）［2024-03-21］. https：//snydyl.shaanxi.gov.cn/article/59464.html.

北京外国语大学获批增设"国际新闻与传播"本科专业［EB/OL］.（2024-03-22）［2024-03-30］. https：//baijiahao.baidu.com/s?id=1794204857689321817&wfr=spider&for=pc.